建築構造力学 I

第3版

山田孝一郎・松本　芳紀
持田　泰秀・船戸　慶輔 共著

森北出版株式会社

第3版の序

本書は，第1版発行から38年という長い年月を経ているにもかかわらず，現在でも多くの方々に活用していただいている．

第2版発行から15年を経て，現在では構造力学専門用語・記号の用いられ方や，文章の表現，構造力学を学ぶ若者の志向および構造設計者を取り巻く環境などが変化している．これらの変化に対し，今回の改訂では，現役で教鞭をとる2名を新たに著者に加え，本書の本質を守りつつ，最低限必要と考えられる部分を改訂対象とした．

具体的な改訂内容を以下に述べる．

・構造物の支点の表現を，可動支点 → 回転支点 → 固定支点とした．
・静定梁を，静定梁（1）：片持梁 → 単純梁と，静定梁（2）：ゲルバー梁 → 影響線の2つの章立てとした．
・静定ラーメンを，静定ラーメン（1）：片持梁型 → 単純梁型 → 三支端と，静定ラーメン（2）：三ヒンジ式 → その他 → 対称性および逆対称性の利用の，2つの章立てとした．
・ひずみとひずみ度については，表現をひずみ度に統一した．
・静定アーチの章を削除した．
・部材の変形に含まれていた圧縮材の座屈を章立てにした．
・部材の設計への応用の章を削除した．
・全章にわたり，専門用語・記号の軽微な変更やわかりにくい表現の訂正を行った．
・各章末問題については，代表的なものについての解法を加え充実をはかった．

本書は，建築構造物を構造設計するときの力学的な基礎となる構造力学について，建築学を専攻する学生および技術者向きの入門書または教科書・参考書として活用されることを願って1977年に執筆された．2007年施行の建築基準法の改正を契機に，構造計算適合性判定制度，構造設計一級建築士制度を含め，構造設計者に社会から求められる職務が大きく変化した．

このように構造設計をとりまく環境が厳しさを増す中で，構造力学を学ぶ若者や技術者にとって，本書がますます役立つことを期待する．

2015年10月　　　　著　者

改訂の序

今回の建築基準法の一部を改正するにあたって，建築物の構造強度関係の基準の見直しが行われた．この中では，建築物の構造計算方法や荷重・外力の見直し等の他に，力の単位の変更や建築材料の基準強度F値および許容応力度の改訂も行われている．

通常，力は $P = m\alpha$ と表され，質量と加速度の積で表される．すなわち，地球上にある物体はその重力により，常に加速度 $g = 980\,\mathrm{cm/sec^2}$ を受けているから，質量 m グラムの物体は mg ダインの力を受けていることになる．また，質量1キログラムの物体が $1\,\mathrm{m/sec^2}$ の加速度を受けるときに作用する力を1ニュートンといい，これを1Nと表し，1Nは 1×10^5 ダイン，1kNは1000Nとなる．

しかし，我々は使用の便宜上，このような絶対単位を用いないで，mg ダインの力を m グラム (g)，あるいは，キログラム (kg) やトン (t) 等の力として取り扱う力の重力単位を用いてきた．

今回の改訂にあたって，力の単位としては絶対単位を使用するように改め，従来使用してきたkgやtを，NやkNに変更している．これに伴って，応力度の表現は $\mathrm{N/mm^2}$，曲げモーメントはkN·m等に変更した．また，「部材の設計」では建築材料の許容応力度が必要になるが，これには国土交通省の告示に示された値を用いることにして改訂を行った．建築材料の許容応力度はその基準強度F値によって示されるが，今回この値が示されたので，本書の改訂に踏み切ったものである．

2001年4月

著　者

まえがき

本書は，木構造・鋼構造および鉄筋コンクリート構造などの建築構造物を構造設計するときの力学的な基礎となる構造力学について，建築学を専攻する大学の学生および技術者向きの入門書または教科書・参考書として記述したものである．

したがって，本書では，まず，力の性質からはじまり，構造物に作用する力が構造物の各部をどのように流れかつ伝達されるかを解説し，次に，これらの力によって構造物の各部が変形し，これらが集積されて，構造物全体がどのように変形するかなどを順序を追って説明した．説明にあたっては，数式の展開をなるべく簡単にし，多くの例題によって構造力学の本筋を説明するようにつとめ，また，各章ごとに演習問題を添えて，その基礎的な理解を深めていただくように配慮した．

構造力学の本筋を理解するためには，自分でペンをもって式をたて，数値計算を行って答がでたところで満足することなく，その結果を吟味し，物理的・工学的な意味を理解するようにつとめることである．こうすることにより，コンピューター時代の技術者に必要なプログラムの適用性についての判断力とその計算結果の工学的意味の理解能力などが同時に涵養されるものと考える．

構造力学には多くの名著があり，また，構造力学の範囲も広く，限られた紙数の本書では足りないところが沢山あるが，本書が構造力学の本筋を理解しようと努力されている方々に多少とも役に立ち，将来の発展のためのステップとなれば幸甚であると考え，あえて執筆した次第である．

本書の執筆にあたり，ご尽力下さいました関係各位ならびに参考として利用させていただいた文献の著者に厚くお礼を申し上げます．

1977 年 1 月

著　者

目　次

1 構造力学

1.1 構造設計と構造力学

われわれがある目的のために建築を設計する場合，まず，その目的に適応した建築空間を，意匠と合理性を考慮して計画する．次に，この計画された建築を具体化するためには，初期の段階からこれら平面計画などにもとづいて，必要な**構造物** (structure) を安全かつ合理的に設計しなければならない．これが**構造設計** (structural design) である．

この構造設計においては，まず構造力学的判断と構造材料の特質を考慮して，構造物の立地条件，規模および想定外力などに適した合理的な構造形式，骨組の形態および基礎の形式などをもつ構造物を選定する．これが**構造計画** (structural planning) であり，平面計画での柱割りや耐震壁配置などと同時に行われる場合もしばしばある．

ここで，構造形式には，**鉄筋コンクリート構造** (reinforced concrete construction)，**鉄骨鉄筋コンクリート構造** (steel reinforced concrete construction)，**鉄骨構造** (steel construction) および**木構造** (wooden construction) などがあり，また，骨組の形態には，棒材からなる**軸組構造** (framework structure)，薄板からなる**平板構造** (plate structure)・**曲板構造** (shell structure) およびケーブルなどを用いた**吊構造** (suspension structure) などがあり，さらに，基礎の形式には，**直接基礎** (spread foundation) および**杭基礎** (pile foundation) などがある．

次に，構造計画から定められた構造物に想定外力が作用するとき，この構造物の応力と変形を**構造力学** (structural mechanics) にもとづいて求め，この応力と変形に対して安全なようにその構造形式にもとづき部材の状態とその接合部を算定し，この構造図面の作成を行う．

このように，構造力学は，構造物の構造設計において，力学的基礎をなすものであるといえる．

1.2　モデル化と構造力学

学問的な立場からみると，構造力学は，各種の形態をもつ現実の構造物をできるだけその特性を失うことなく理想化（いわゆるモデル化）し，これに静力学を適用して，この構造物の応力と変形との関係を究明する科学であるとみることができる．

現実の建築構造物では，柱および梁などには多少のでこぼこや曲がりなどがあり，その材質も全長にわたり均質でない場合が多い．また，柱と梁との接合部では，柱および梁にくらべてその形状も複雑であり，溶接接合などが用いられた部分では材質も変化している．

このように，現実の構造物は形および材質がかなり複雑であるから，その主要な特性を失うことなく，ささいな点を無視してできるだけ簡単な形にまとめる必要がある．これをモデル化という．

たとえば，前記の建築構造物において，柱および梁を直線材とみなし，かつ材質も一様に均質であるとしてモデル化を行うと，このモデル化された構造物には，静力学が簡単に適用でき，容易に構造物の応力解析ができるようになる．

したがって，構造力学においては，モデル化が有効であるが，その反面，モデル化には必ず現実とのずれがあることを忘れてはならない．すなわち，モデル化された構造物に対する理論は，現実の構造物に対してはあくまで近似式であり，必ず適用範囲があるので注意すべきである．

2 力

2.1 | 力の概要

2.1.1 力の作用と力の単位

力 (force) は目でみることはできないが，その作用は，運動している物体の**速度** (velocity) などの変化から知ることができる．たとえば，速度が 0 である静止している物体に力が作用すると，この物体は運動しはじめ，その速度が変わる．このことから，この物体に力が作用していることがわかる．

このような現象から，運動している物体はいつまでも同じ速度で運動しつづけるという**運動の第 1 法則**†(first law of motion) において，その速度を変える作用をするものが力である．すなわち，速度の時間的変化は**加速度** (acceleration) であるから，力は物体に加速度を与えるものということができる．

物体が力を受けると，力の方向に加速度が生じる．その加速度の大きさは，力の大きさに比例し物体の**質量** (mass) に反比例する．すなわち，物体の質量を m，加速度を a，力を F で表すと次の関係が成立する．

$$a \propto \frac{F}{m} \quad \text{または} \quad F \propto am$$

これが**運動の第 2 法則** (second law of motion) である．いま比例定数を k とすると，前記の関係は次の式で表される．

$$F = kam \tag{2.1}$$

物理学においては，質量 $m = 1\,\mathrm{g}$ の物体に加速度 $a = 1\,\mathrm{cm/s^2}$ を与えるのに必要な力を，力の単位として 1 **ダイン** (dyne) で表し，これを力の絶対単位と呼んでいる．このとき式 (2.1) の k は 1 となり，力は次の式で表される．

$$F = am \tag{2.2}$$

---

† **慣性の法則** (principal of inertia)

したがって，地球上にある物体は，その**重力** (gravity) により常に加速度 $g = 980\,\mathrm{cm/s^2}$ を受けるから，質量 m[g] の物体は mg ダインの力を受けていることになる．また，質量 1 kg の物体に加速度 $1\,\mathrm{m/s^2}$ を与える力を 1 **ニュートン** (newton) といい，地球上にある質量 1 kg の物体は，重力の加速度が $9.8\,\mathrm{m/s^2}$ であるから，9.8 ニュートンの力を受けている．なお，ニュートンは N で表す．したがって，1 N は 1×10^5dyne であり，1 kN は 1000 N である．

また，力が A の物体から B の物体へ作用するときは，同時に B の物体から A の物体へ，この力と大きさが等しく方向が反対の力が必ず作用する．これを**運動の第 3 法則** (third law of motion) または**作用および反作用の法則** (law of action and reaction) という．この 2 つの力はそれぞれ別々の A および B の物体に作用しているものであるから，A の物体の運動を考えるときは，A に作用する力だけを考えればよい．

2.1.2　力の表示

物理量を表示する場合，その大きさだけを示せば完全に表示できるもの，たとえば，長さ，面積などを**スカラー**（scalar・無向量）という．また，その大きさのほかに方向なども示さないと完全に表示できないもの，たとえば，速度，加速度などを**ベクトル**（vector・有向量）という．

力は物体に加速度を与えるものであるから一種のベクトルである．これを完全に表示するには，**力の大きさ** (magnitude of force)，**力の方向** (direction of force) および**力の作用点** (point of application of force) の 3 つが必要であり，これらを**力の三要素** (three elements of force) という．

力を図で表すと図 2.1 のようになり，図において，O 点：力の作用点，OA の長さ：力の大きさ，矢印：力の方向を表す．このとき O 点を通って力の方向に引いた直線を**力の作用線** (line of force action) という．また，力の作用している物体を**剛体** (rigid body) とみなすことができるとき，力の作用点は，力の作用線上の任意の点に移動しても力の作用効果は変わらない．

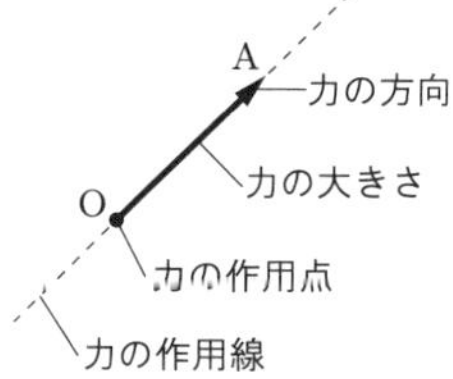

図 2.1

2.2 力の合成と分解

物体に多くの力が作用するとき，これらと等しい効果をもつ1つの力を，これらの力の**合力** (resultant) といい，この合力を求めることを**力の合成** (composition of forces) という．

また，反対に1つの力をこれと効果の等しいいくつかの力に分けるとき，この分けられた力を**分力** (components) といい，この分力を求めることを**力の分解** (decomposition of forces) という．

力の合力ならびに分力を求めるには，力をベクトルとして合成または分解すればよく，この方法には図式解法と数式解法とがある．

2.2.1 1点に作用する平面力の合成

(1) 図式解法

同一平面上にある力を**平面力** (coplaner forces) という．いま1点Oに作用する2つの平面力 P_1，P_2 を同一の縮尺で図 2.2(a) のように表し，これらを2辺とする平行四辺形 OACB をつくると，その対角線 $\overline{\mathrm{OC}}$ が2つの力 P_1，P_2 の合力 R を表す．この平行四辺形を**力の平行四辺形** (parallelogram of forces) という．また図 (b) あるいは図 (c) のように，同一の縮尺の2つの力 P_1，P_2 を順次連結して△OAC あるいは△OBC をつくると，一辺 $\overline{\mathrm{OC}}$ がこの2つの力 P_1，P_2 の合力 R を表す．この三角形を**力の三角形** (triangle of forces) という．

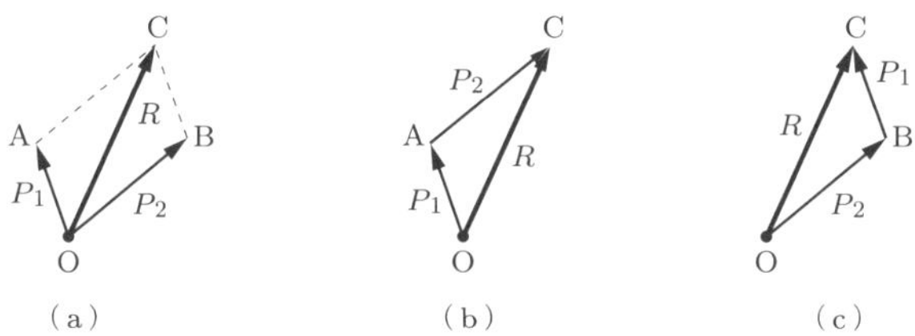

図 2.2

次に，図 2.3(a) のように，O点に作用する多くの平面力 $P_1, P_2, \cdots, P_n$ の合力を求めるには，まず図 (b) のように P_1，P_2 の合力 R_{12} を前記の方法で求め，次にこの R_{12} と P_i の合力を求め，この方法を順次繰り返せば，最終の $R_{12\cdots n}$ がO点に作用する平面力 $P_1, P_2, \cdots, P_n$ の合力 R となる．

簡単に求めるには，図 (b) における途中の合力を省略して，図 (c) のように，O点から始めて同一の縮尺で $P_1, P_2, \cdots, P_i, \cdots, P_n$ を順次に結び，その最終点をC点とすれば，結線 $\overline{\mathrm{OC}}$ が合力 R を表す．なお，図 (d) のように，力の連結する順序を変

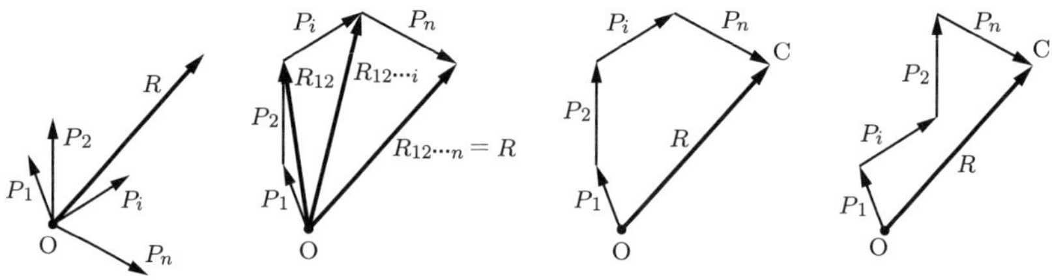

(a)　(b)　(c)　(d)

図 2.3

えても結果には変わりがない.

前記のようにして，O 点から始まり C 点にいたる多角形を**示力図** (force polygon) という. また，O 点と C 点とが重なるとき，「示力図は閉じる」といい，このとき合力は 0 となる.

図 2.4(a) のように平面力 $P_1 \sim P_4$ で区分された空間に ⓐ ～ⓓ の記号をつけ，まず空間 ⓐ と空間 ⓑ との間にある力 P_1 を $\overline{\mathrm{ab}}$，また空間 ⓑ と空間 ⓒ との間にある力 P_2 を $\overline{\mathrm{bc}}$ で表し，以下右まわりの順序で同様の方法により図 (b) のような示力図 abcda をつくるとき，始点 a と終点 a とを結ぶ結線 $\overline{\mathrm{aa}}$ が平面力 $P_1 \sim P_4$ の合力 R を表す. 力をこのような記号で表す方法を**バウの記号法** (Bow's notation) という.

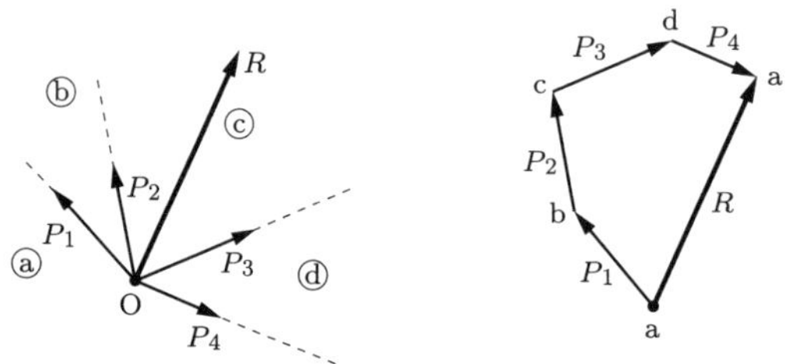

(a)　(b)

図 2.4

(2)　数式解法

O 点に作用する 2 つの平面力 P_1，P_2 とその合力 R ならびにそれらの力の間の角を図 2.5(a) のように表すと，合力 R の大きさと方向は次の式で表される.

$$\left.\begin{aligned} R &= \sqrt{(P_1 \sin\alpha)^2 + (P_2 + P_1 \cos\alpha)^2} = \sqrt{P_1^2 + P_2^2 + 2P_1 P_2 \cos\alpha} \\ \tan\theta &= \frac{P_1 \sin\alpha}{P_2 + P_1 \cos\alpha} \end{aligned}\right\} \quad (2.3)$$

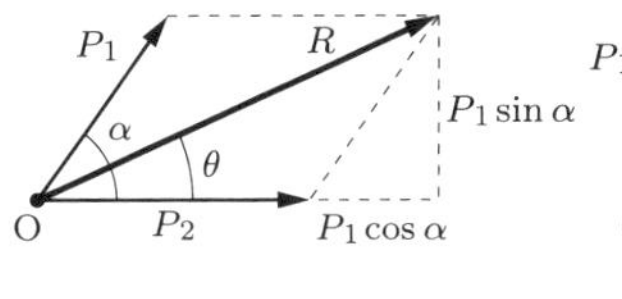

（a）　（b）

図 2.5

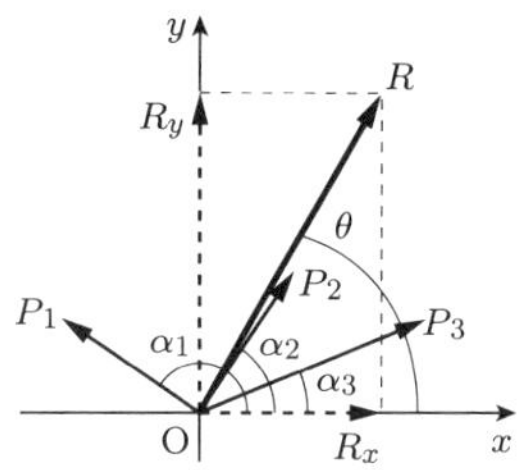

図 2.6

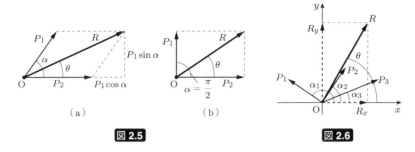

いま，図 2.5(b) のように $\alpha = \pi/2$ のとき，式 (2.3) は次のように簡単になる．

$$\left.\begin{aligned} R &= \sqrt{P_1^2 + P_2^2} \\ \tan\theta &= \frac{P_1}{P_2} \end{aligned}\right\} \tag{2.4}$$

3 つ以上の多くの平面力が O 点に作用するときは，図 2.6 のように，直交座標軸 x, y の原点を力の作用点 O に選び，x 軸と各力 P_i とのなす角を α_i とすれば，これらの合力 R の大きさとこれが x 軸とのなす角 θ は次の式で表される．

$$\left.\begin{aligned} R &= \sqrt{(\textstyle\sum X)^2 + (\textstyle\sum Y)^2} \\ \tan\theta &= \frac{\sum Y}{\sum X} \end{aligned}\right\} \tag{2.5}$$

式の中の $\sum X$ および $\sum Y$ は各平面力の x および y の両軸方向の各分力の合計であって，次の式で表される．

$$\left.\begin{aligned} \textstyle\sum X &= \textstyle\sum P_i \cos\alpha_i = R_x \\ \textstyle\sum Y &= \textstyle\sum P_i \sin\alpha_i = R_y \end{aligned}\right\} \tag{2.6}$$

また，式 (2.4) は式 (2.5) の特別な場合を表す．

以上のように，物体の 1 点に前記のようないくつかの平面力が作用するときは，この物体は合力 R の作用方向に移動することになる．

2.2.2 力の分解

力を分解するには，力の合成の方法を逆に行えばよい，すなわち，図 2.7 のように力 P を 2 つの分力に分解するには，この分力の方向が任意であれば，P_1' と P_2' または P_1'' と P_2'' のように無数の方向に分解が可能であるが，いずれも力の三角形または力の平行四辺形が形成されることが必要である．

前記において，2 つの分力の方向が定まれば，その大きさは決定される．すなわち，図 2.8 のように，力 P を x および y の両軸の方向に分解するには，x 軸および y 軸の

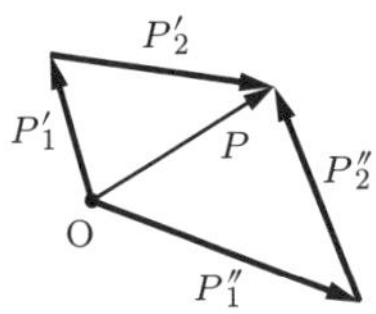

図 2.7

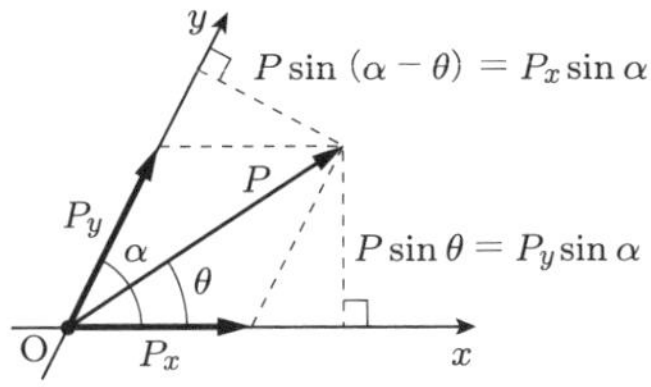

図 2.8

間の角を α，x 軸と力 P とのなす角を θ とすれば，分力 P_x および P_y は次の式で表される．

$$P_x=\frac{\sin(\alpha-\theta)}{\sin\alpha}P,\quad P_y=\frac{\sin\theta}{\sin\alpha}P \tag{2.7}$$

また一般には，x および y の両軸が直交する場合 ($\alpha=\pi/2$) が多く，このときには，分力 P_x と P_y は図 2.9 のようになり，簡単な次の式で表される．

$$P_x=P\cos\theta,\quad P_y=P\sin\theta \tag{2.8}$$

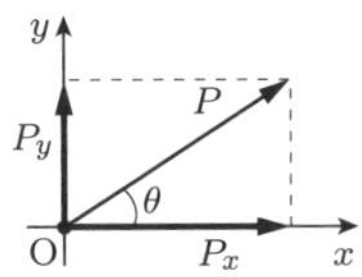

図 2.9

2.2.3 モーメント

(1) 力のモーメント

物体が力を受けて，ある 1 点を中心として物体の各部が円運動をなす作用を**物体の回転** (rotation) という．その作用の大きさは，力と回転の中心との距離の積で表され，これをその点に関する**力のモーメント** (moment) という．したがって，モーメントの単位は N·cm または kN·m などとなる．

図 2.10 において，回転の中心 O から 1 つの力 P への距離を h とすれば，O 点に関する力 P のモーメント M は，時計まわりを正 (+) とすると，

$$M=+Ph \tag{2.9}$$

で表される．この大きさは，O 点を頂点として力 P を底辺とする $\triangle OO_1A$ の面積の 2 倍に等しい．

次に，図 2.11 のように，2 つの平面力を $P_1(\overline{OA})$ および $P_2(\overline{OB})$，その合力を $R(\overline{OC})$

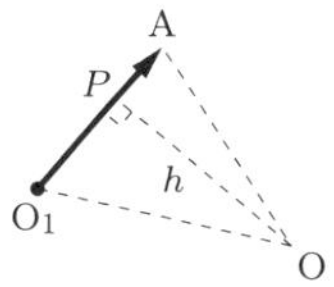

図 2.10

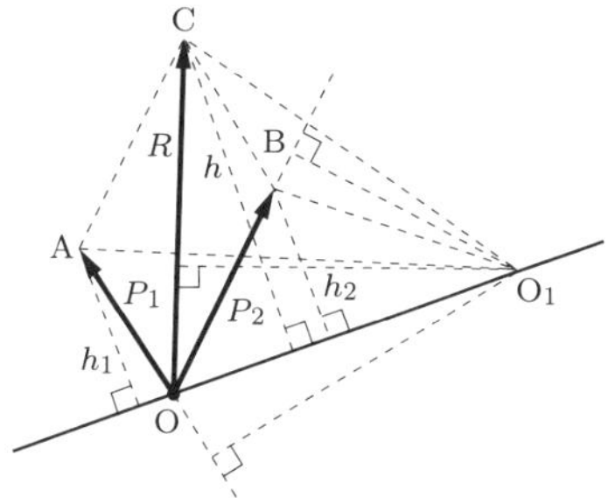

図 2.11

とし，任意の O_1 点に関する P_1 および P_2 のモーメントをそれぞれ M_1 および M_2 とすれば，M_1 と M_2 の和は，合力 R のその点に関するモーメント M に等しくなる．これは前記の三角形の面積関係を用いて次のように証明できる．

図 2.11 において

$$M_1 = (\triangle \mathrm{OAO_1}\text{の面積}) \times 2 = \overline{\mathrm{OO_1}} \times h_1$$

$$M_2 = (\triangle \mathrm{OBO_1}\text{の面積}) \times 2 = \overline{\mathrm{OO_1}} \times h_2$$

$$M = (\triangle \mathrm{OCO_1}\text{の面積}) \times 2 = \overline{\mathrm{OO_1}} \times h$$

である．ここで $h_1 + h_2 = h$ であるから

$$\therefore \quad M = M_1 + M_2$$

となる．

したがって，一般に任意の 1 点に関する多くの平面力のモーメント M_1, M_2, $\cdots$, M_n の和は，その合力の同じ点に関するモーメント M に等しくなり次の式で表される．

$$M_1 + M_2 + \cdots + M_n = M \tag{2.10}$$

これを**バリニオンの定理** (Varignon's theorem) という．

(2) 偶力のモーメント

図 2.12 のように，物体に 2 つの平面力が作用し，その大きさが等しくかつ方向が反対でその作用線が平行のときには，この 2 つの力は，その示力図は閉じるが力の効果は 0 でなく，物体に回転運動を起こす作用をする．このような一組の力を**偶力** (couple) という．

この偶力と同一平面内の任意の点に関する偶力のモーメント M は，時計まわりを正 (+) として，図 2.12 から次の式で表される．

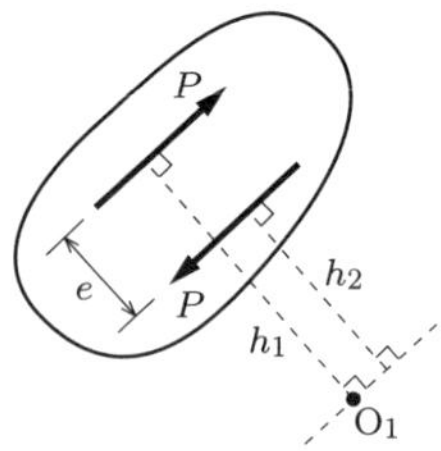

図 2.12

$$M = +Ph_1 - Ph_2 = +P(h_1 - h_2) = +Pe \tag{2.11}$$

式 (2.9) からわかるように，力のモーメントは，力からの距離 h に比例するが，偶力のモーメントは，式 (2.11) のようにどの点に関しても一定の値となる．したがって，偶力を取り扱うときは，そのモーメントの大きさ M と方向だけを考慮すればよい．

2.2.4 任意の点に作用する平面力の合成

(1) 図式解法

図 2.13(a) のように，物体（剛体）の任意の点に作用する 2 つの平面力 P_1 および P_2 の合力 R を図式的に求めてみよう．

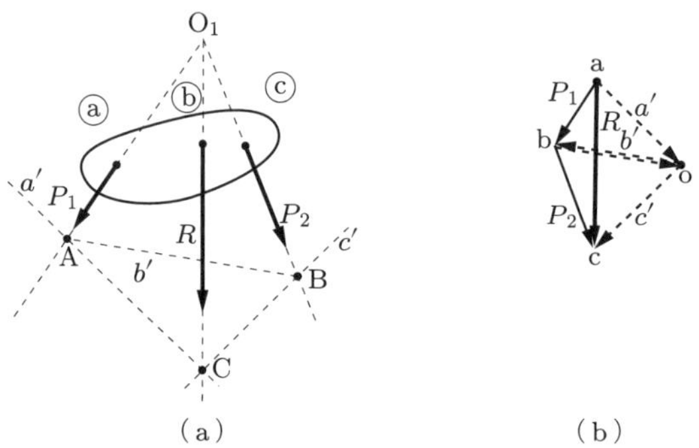

図 2.13

まず，図 2.13(a) のように，平面力 P_1 および P_2 で区分された空間に，バウの記号法により左から ⓐ 〜ⓒ の記号をつけると，$P_1 = \overline{\mathrm{ab}}$ および $P_2 = \overline{\mathrm{bc}}$ で表される．これを用いて，図 2.13(b) のような示力図 abc を求めると，$\overline{\mathrm{ac}}$ が P_1 および P_2 の合力 R の大きさと方向を表す．また，この合力 R は図 2.13(a) の P_1 と P_2 の作用線の交点 $\mathrm{O_1}$ を通るように作用する．

次に，この交点 $\mathrm{O_1}$ が容易に求められないときは，次のように行えばよい．図 2.13(b)

の示力図 abc の外に適当な 1 点 o をとり，これと a, b および c 点とを結ぶと，$P_1 = \overline{\mathrm{ab}}$ は $\overline{\mathrm{ao}}$ と $\overline{\mathrm{ob}}$ に，また $P_2 = \overline{\mathrm{bc}}$ は $\overline{\mathrm{bo}}$ と $\overline{\mathrm{oc}}$ に分解される．ここで，$\overline{\mathrm{ob}}$ と $\overline{\mathrm{bo}}$ は，大きさが等しくかつ方向が反対でさらに作用線が一致しているから，この合力は 0 となる．よって，合力 $R = \overline{\mathrm{ac}}$ は $\overline{\mathrm{ao}}$ と $\overline{\mathrm{oc}}$ に分解され，この 2 つの分力の交点を R の作用線が通ることになる．この交点は次のようにして求められる．

図 2.13(a) において，空間 ⓑ の任意の場所に $\overline{\mathrm{bo}}$ に平行な直線 b' を引き，P_1 および P_2 の作用線との交点をそれぞれ A および B とする．次に，A 点を通り空間 ⓐ で $\overline{\mathrm{ao}}$ に平行に引いた直線 a' と B 点を通り空間 ⓒ で $\overline{\mathrm{co}}$ に平行に引いた直線 c' との交点を C とすれば，合力 R の作用線はこの C 点を通ることになる．

したがって，図 2.13(a) のように合力 R の大きさと方向ならびにその作用線が定まる．このとき，書かれた図 2.13(a) の力線を結ぶ多角形 ABC を**連力図** (link polygon) という．

3 つ以上の平面力が物体に作用するときも，前記と同じ方法によりその合力を求めることができる．図 2.14 は，4 つの力 P_1，P_2，P_3 および P_4 の合成の例であって，合力 R の大きさと方向は図 2.14(b) の示力図 abcde の結線 $\overline{\mathrm{ae}}$ で求め，その作用線の位置は図 2.14(a) の連力図 ABCDE を用いて求めたものである．

以上のように，物体の任意の点にいくつかの平面力が作用するときは，物体はそれらの合力 R（破線）の方向に移動する．

また，図 2.14(a) において，さらに，合力 R と大きさが等しく方向が反対の平面力 P_5（実線）を R と同一の位置に作用させたときを考えてみよう．このときは，まず，平面力 P_1〜P_5 の示力図は図 2.14(b) のように閉じ，これら 5 つの平面力の合力は 0 となる．次に，連力図は図 2.14(a) の ABCDE のようになり，P_1〜P_5 の各平面力は

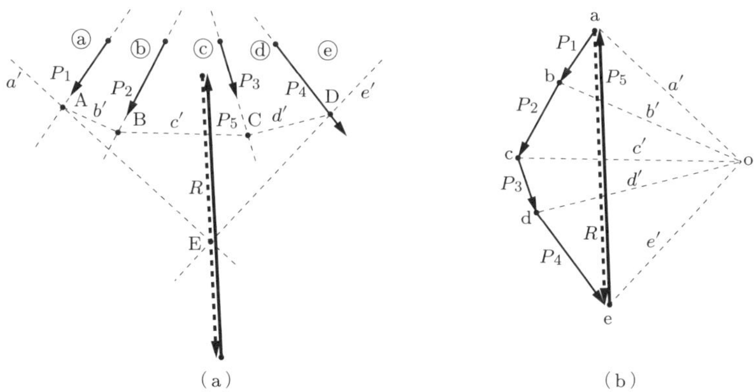

図 2.14

いずれも連力図の力線の交点を通る．このとき「連力図は閉じる」という．このように連力図が閉じるときは，P_1～P_5 の平面力による任意の点に関するモーメントの合計が 0 となることを表す．

(2) 数式解法

図 2.15(a) において，物体（剛体）の O_1 点に作用する 1 つの力 P をその効果を変えないで O 点に平行移動させることを考えてみよう．

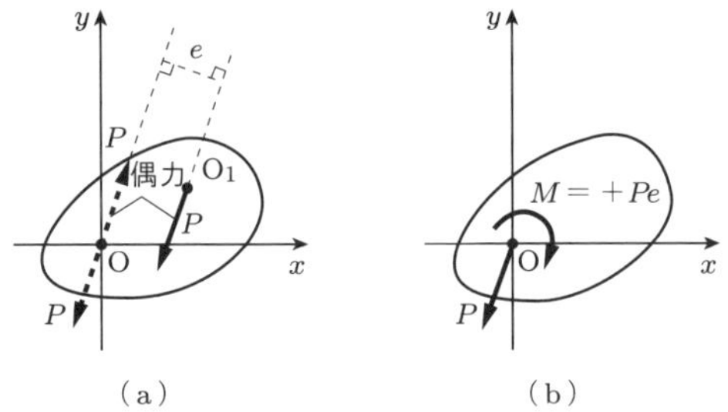

図 2.15

いま図 2.15(a) において，力 P と大きさが等しく，方向が互いに反対でかつ力 P と平行な 2 つの力（破線）を O 点にさらに作用させても，この 2 つの力の合力は 0 であるから全体としての力の効果は変わらない．したがって，図 2.15(a) のような物体の O_1 点に作用する 1 つの力 P の効果は，図 2.15(b) のように，O 点に作用する 1 つの力 P と 1 つの偶力のモーメント $M = +Pe$ が同時に作用した効果に等しくなる．このようにして，O_1 点に作用する 1 つの力 P を O 点に平行移動させると，図 2.15(b) のような 1 つの偶力のモーメントを作用させなければならない．

この原理を用いて，図 2.16(a) のような物体の任意の点に作用する平面力 P_1～P_3 の合力を数式的に求めてみよう．

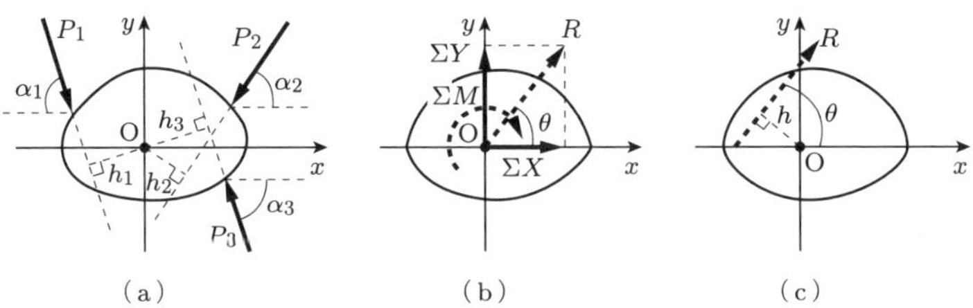

図 2.16

まず，図 2.16(a) のように，O 点を原点とする直交座標 x および y を定め，各平面力 P_i と x 軸とのなす角を α_i，原点 O から各平面力 P_i の作用線に下した垂線の長さを h_i とする．次に，平面力 P_1〜P_3 をそれぞれ原点 O に平行移動させると，前記の原理から，平面力 P_1〜P_3 の効果は，図 2.16(b) のように原点 O を通る 1 つの力 R と 1 つのモーメント $\sum M$ で表される．

いま，この 1 つの力 R と x 軸とのなす角を図 2.16(b) のように θ とすれば，この R は式 (2.5) および式 (2.6) を参考として次のように表される．

$$\left.\begin{aligned} R &= \sqrt{(\textstyle\sum X)^2 + (\sum Y)^2} \\ \tan\theta &= \frac{\sum Y}{\sum X} \end{aligned}\right\} \tag{2.12}$$

ここに　$\sum X = \sum P_i \cos\alpha_i$　：各平面力 P_iの x 軸方向の分力の和
　　　　$\sum Y = \sum P_i \sin\alpha_i$　：各平面力 P_iの y 軸方向の分力の和

また，1 つのモーメント $\sum M$ は式 (2.10) を用いて次の式で表される．

$$\sum M = \sum P_t h_t \tag{2.13}$$

この結果，図 2.16(a) の平面力 P_1〜P_3 は，物体を O 点のまわりに回転させながら 1 つの力 R の方向に移動させる作用をもつことになる．

さらに，図 2.16(b) の効果は，図 2.16(c) のように，原点 O より h なる距離に作用する 1 つの力 R と同じ効果をもち，このときの h は次の式で表される．

$$h = \frac{\sum M}{R} \tag{2.14}$$

2.3 | 力のつり合い

物体に力が作用し，その物体が移動も回転も起こさないとき，これらの力はつり合っているという．このように力が**つり合い** (equilibrium of forces) の状態となるには，これらの力の合力の効果が 0 となればよい．

構造物に対する力学は，ほとんどこのような力のつり合い状態を対象として論じられるもので，これを**静力学** (statics) という．

2.3.1 1 点に作用する平面力のつり合い

(1) 図式条件

1 点に作用するいくつかの平面力がつり合いを保ち，その合力の効果が 0 となるには，2.2.2 項から，これら平面力による示力図が閉じればよいことがわかる．これが 1 点に作用する平面力のつり合いの図式条件である．

(2) 数式条件

1 点に作用するいくつかの平面力の合力 R は，式 (2.5) および式 (2.6) から，次のように求められる.

$$R = \sqrt{(\sum X)^2 + (\sum Y)^2}, \quad \tan\theta = \frac{\sum Y}{\sum X}$$

これらの平面力がつり合うには，その合力の効果が 0 となればよい．すなわち，$R = 0$ となり，次の式が成立する.

$$\sum X = 0, \quad \sum Y = 0 \tag{2.15}$$

また，合力 $R = 0$ であるから，力と同一平面上の任意の 2 点 A および B に関する R のモーメントも 0 となる．よって，バリニオンの定理から次の式が成立する.

$$\sum M_{\mathrm{A}} = 0, \quad \sum M_{\mathrm{B}} = 0 \tag{2.16}$$

ただし，A および B の 2 点と力の作用点とは一直線上にないことが必要である.

この式 (2.15) または式 (2.16) が 1 点に作用する平面力のつり合いの数式条件である.

2.3.2 任意の点に作用する平面力のつり合い

(1) 図式条件

任意の点に作用するいくつかの平面力がつり合いを保ち，その合力の効果が 0 となるには，2.2.5 項から，これら平面力による示力図および連力図が閉じればよいことがわかる．これが任意の点に作用する平面力のつり合いの図式条件である.

(2) 数式条件

任意の点に作用するいくつかの平面力の効果は，2.2.5 項から，任意の 1 点に作用する 1 つの力 R とその点に関する 1 つのモーメント $\sum M$ で表される.

$$R = \sqrt{(\sum X)^2 + (\sum Y)^2}, \quad \tan\theta = \frac{\sum Y}{\sum X}, \quad \sum M = \sum P_i h_i$$

これらの平面力がつり合うには，その合力の効果が 0 となればよい．すなわち，$R = 0$ および $\sum M = 0$ となり，次の式が成立する.

$$\sum X = 0, \quad \sum Y = 0, \quad \sum M = 0 \tag{2.17}$$

また，式 (2.17) の第 1 式および第 2 式から式 (2.16) が成立するので，式 (2.17) は次のようにも表される.

$$\sum M_{\mathrm{A}} = 0, \quad \sum M_{\mathrm{B}} = 0, \quad \sum M_{\mathrm{C}} = 0 \tag{2.18}$$

ただし，A，B，C の 3 点は一直線上にないことが必要である．

この式 (2.17) または式 (2.18) が任意の点に作用する平面力のつり合いの数式条件である．

2.3.3 立体力のつり合い

物体にいくつかの力が作用し，これらの力が同一平面上にないとき，これらの力を立体力という．

このような立体力がつり合いその合力の効果が 0 となり，物体が移動と回転を起こさないためには，次の 6 つのつり合い条件が成立すればよい．

$$\left.\begin{array}{lll}\sum X = 0, & \sum Y = 0, & \sum Z = 0 \\ \sum M_x = 0, & \sum M_y = 0, & \sum M_z = 0\end{array}\right\} \tag{2.19}$$

ここに x，y，z：任意に選んだ直交軸（図 2.17）

$\sum X$：各立体力の x 軸方向の分力の和

$\sum Y$：各立体力の y 軸方向の分力の和

$\sum Z$：各立体力の z 軸方向の分力の和

$\sum M_x$：x 軸まわりの各立体力のモーメントの和

$\sum M_y$：y 軸まわりの各立体力のモーメントの和

$\sum M_z$：z 軸まわりの各立体力のモーメントの和

いま，図 2.17 のような 1 つの力 P の作用線上の任意点の座標を (x, y, z)，また，P と x，y および z の各軸とのなす角をそれぞれ α，β および γ とすれば

$$\begin{array}{ll}\sum X = +P_x = +P\cos\alpha, & \sum M_x = +P_y \cdot z - P_z \cdot y \\ \sum Y = +P_y = +P\cos\beta, & \sum M_y = +P_z \cdot x - P_x \cdot z \\ \sum Z = +P_z = +P\cos\gamma, & \sum M_z = +P_x \cdot y - P_y \cdot x\end{array}$$

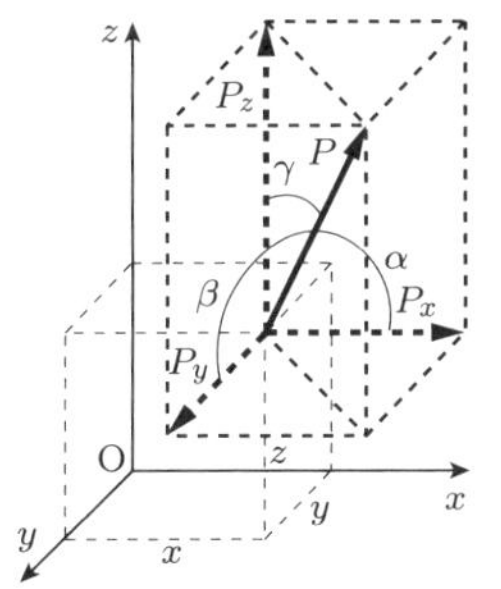

図 2.17

で表される．

また，各立体力の作用線が1点に集まるときは，式(2.19)のつり合い条件は次の3つとなる．

$$\sum X = 0, \quad \sum Y = 0, \quad \sum Z = 0 \tag{2.20}$$

以上，任意の点に作用するいくつかの力のつり合い条件を図式的ならびに数式的に述べてきたが，これらを静力学における**力のつり合い条件** (condition of equilibrium of forces) という．

演習問題 2

2.1　図 2.18 に示す力の合力 R を，図式および数式の両解法により求めよ．

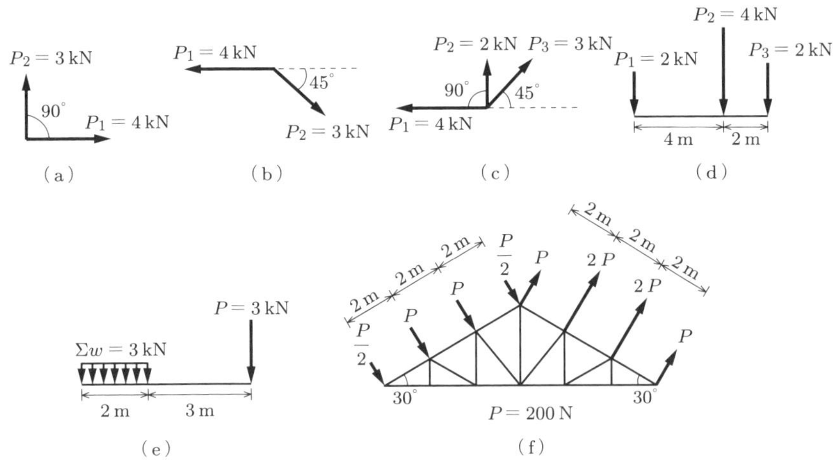

図 2.18

2.2　図 2.19 に示す力を，u，v および w の方向に分解せよ．

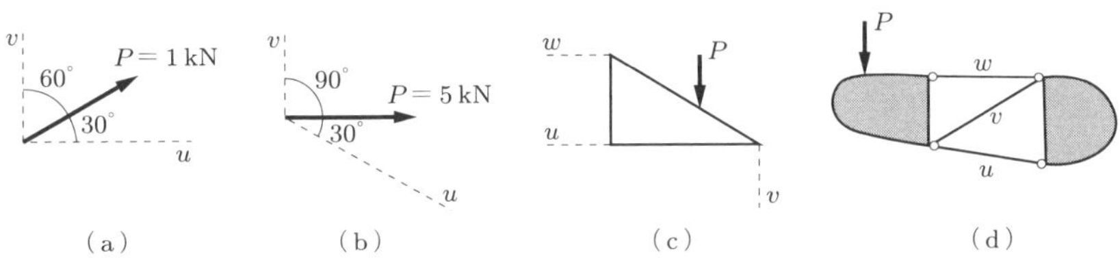

図 2.19

2.3　図 2.20 に示す A 点には，どのような力およびモーメントが作用すればつり合うか．

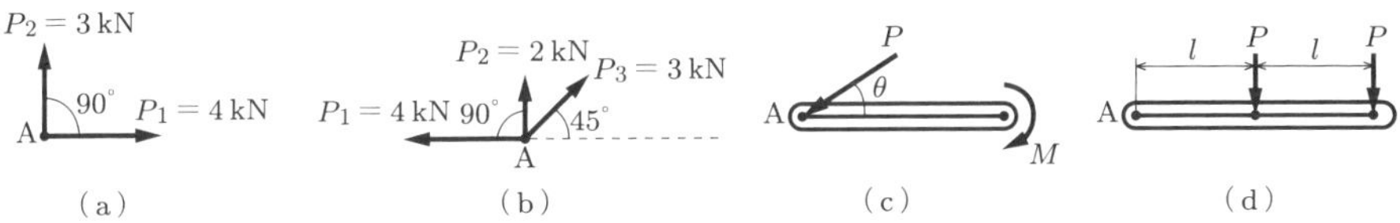

図 2.20

3 構造物

3.1 構造物の構成

構造物 (structure) は，一定の長さをもつ棒材などをかご状に立体的に組み立てたものをある方法で支持し，全体として**外力** (external force) に抵抗できるものである．この棒材などを**部材** (member)，部材と部材との接合部を**節点** (joint, panel point)，構造物を支持する部分を**支点** (support) という．

構造力学においては，通常，立体的な構造物を，取り扱いの便宜上，工学的な判断のもとに構造物と外力とが同一平面内にある平面構造物に分解して取り扱うことが多い．また，実際の構造物の部材は，幅や成（せい）などがあり，ある大きさをもつものであるが，取り扱いの便宜上，これらを線で表し，その線は一般に部材断面の重心線で表す．

3.2 支　点

構造物を支持する部分，すなわち，構造物と地盤あるいは構造物と他の構造物とを接続する部分を支点という．これには次の 3 つの種類がある．

① **可動支点** (roller end，simple support)
② **回転支点** (pin，hinged end)
③ **固定支点** (fixed end)

3.2.1 可動支点（ローラー支点）

可動支点は，図 3.1(a) のように回転とある方向（水平方向）の移動が可能な支点であり，図 3.1(b) のように移動方向と垂直な r_1 方向だけの力を伝達する．この支点はローラー支点ともいい，一般に図 3.1(c) のように表される．

3.2.2 回転支点（ピン支点）

回転支点は，図 3.2(a) のようにどの方向にも移動しないが回転だけが自由な支点であり，図 3.2(b) のように r_1 および r_2 の 2 つの方向の力を伝達する．この支点はピン

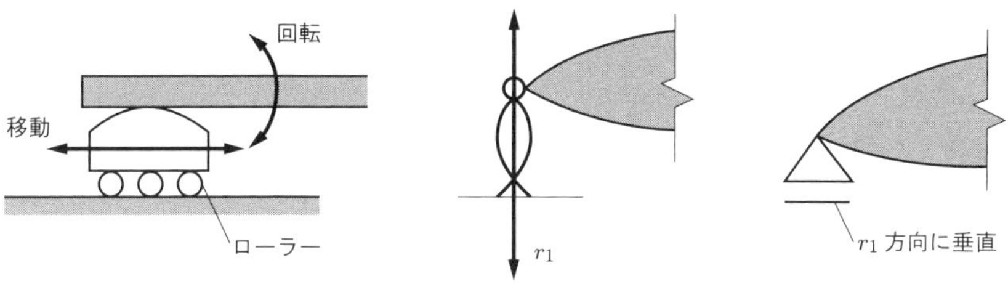

（a）　（b）　（c）

図 3.1

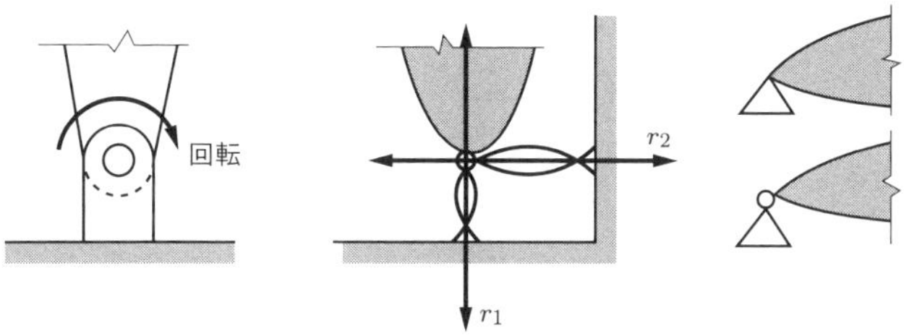

（a）　（b）　（c）

図 3.2

支点ともいい，一般に図 3.2(c) のように表される．

3.2.3 固定支点

固定支点は，図 3.3(a) のように移動も回転も起こさない支点であり，図 (b) のように r_1，r_2 および r_3 の 3 つの方向の力を伝達する．ここに r_1 と r_3 は平行で 1 つのモーメントを形成して回転に抵抗するので，r_1 および r_2 の 2 つの方向の力と 1 つのモーメントを伝達することになる．この固定支点は一般に図 (c) のように表される．

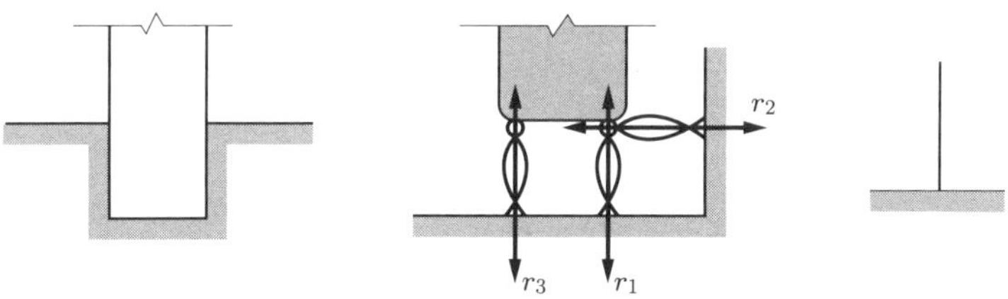

（a）　（b）　（c）

図 3.3

3.3 節　点

部材と部材との接合部である節点には次の 2 つの種類がある．

① **ピン節点** (pin joint)

② **剛節点** (rigid joint)

3.3.1 ピン節点

ピン節点は，1 つの部材を固定すると，他の部材が節点を中心として回転できるもので，2 つの方向の力を伝達し，支点の回転支点に相当するものである．このピン節点は一般に図 3.4(a) のように表される．

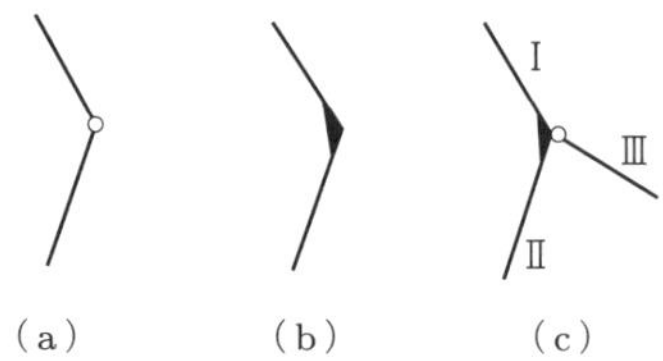

図 3.4

3.3.2 剛節点

剛節点は，1 つの部材を固定すると他の部材も固定されるもので，2 つの方向の力と 1 つのモーメントを伝達し，支点の固定支点に相当するものである．この剛節点は一般に図 3.4(b) のように表される．

また，図 3.4(c) は，Ⅰ とⅡ の部材は剛に接合され，その剛節点にⅢ 部材がピンで接合された複雑な節点である．

3.4 構造物の種類

構造物は，部材の組み方とその接合方法ならびに構造物と地盤との接続方法などにより，いろいろなものがあるが，構造物として第一に必要なことは，これに外力が作用したとき，その形が崩れないで原形を保ちかつ移動と回転を起こさないことである．この要件をそなえたものを**安定構造物** (stable structure) といい，反対に，外力に対して抵抗能力がなく原形を保つことができないか，または，移動もしくは回転するものを**不安定構造物** (unstable structure) という．したがって，不安定構造物は，建築構造物として，一般に実在しない構造物である．

安定構造物において，部材が主にピン節点で組み立てられているものを**トラス** (truss)，主に剛節点で組み立てられているものを**剛節骨組** (rigid frame) または**ラーメン** (rah-

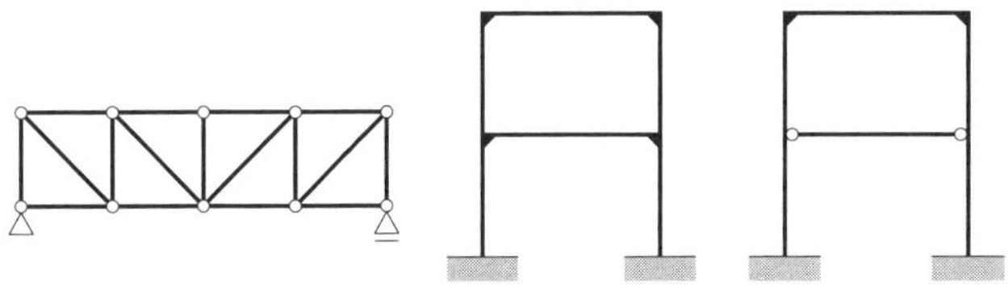

図 3.5

men) という．これらの例を図 3.5 に示す．

また，安定構造物に作用する外力が，構造物の各部をどのように流れかつ伝達されるかを知ることは，構造力学の主要な役目である．これを静力学の力のつり合い条件だけで知ることができるものとできないものとがある．前者を**静定構造物** (statically determinate structure) といい，後者を**不静定構造物** (statically indeterminate structure) という．

構造物の安定および不安定ならびに静定および不静定は，構造物の部材の組み方とその接合方法ならびに構造物と地盤との接続方法などにより定まるものである．

3.5 構造物の反力

3.5.1 反 力

構造物は，**荷重** (load：構造物の質点に作用する自重，構造物の表面から作用する荷物および人の重量，雪の重量など)，地震力，風圧力などの外力を受ける．構造物は，それらの外力を受けて微小な変形を生じた状態で静止している．一般に，構造力学の計算で最も使用される外力の作用状態には，集中荷重や等分布荷重と称されるものがある．このことは，荷重によって構造物の支点に力およびモーメントが生じ，これらが荷重とつり合い条件を満足していることを表している．このような構造物の支点に生じる力およびモーメントを**反力** (reaction) という．したがって，反力は外力の関数となる．

構造物には，その種類により，静力学的な力のつり合い条件だけでその反力が求められるものと，求められないものがある．

また，構造物は外力を受けると微小な変形を生じ，外力の作用点などが移動することになるが，この量は極めて小さいことから，この影響は無視する．すなわち，力のつり合いを考えるときには，構造物を剛体と考えてさしつかえない．

3.5.2 反力の求め方

構造物に作用する外力および反力はつり合い状態にあるから，反力は静力学の力のつり合い条件，すなわち

数式条件： $\sum X = 0, \sum Y = 0, \sum M = 0$ または

$\sum M_{\mathrm{A}} = 0, \sum M_{\mathrm{B}} = 0, \sum M_{\mathrm{C}} = 0$

ここに A，B および C の 3 点は一直線上にないこと．

図式条件： 示力図および連力図が閉じること．

のいずれかを用いて求めることができる．

例 3.1 図 3.6 のような一端が回転支点，他端が可動支点の構造物の反力を求める．

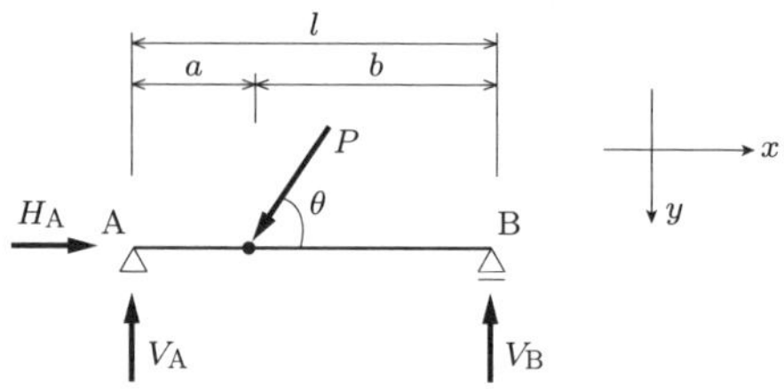

図 3.6

(1) 数式解法

支点 A はピンであるからその 2 つの反力を V_{A} および H_{A}，また支点 B はローラーだからその 1 つの反力を V_{B} とし，その方向を図 3.6 のように仮定する．また，x および y の方向を図 3.6 のように定めると，静力学の力のつり合い条件から，次の 3 つの式

$$\sum X = 0 \quad : +H_{\mathrm{A}} - P\cos\theta = 0$$
$$\sum Y = 0 \quad : +P\sin\theta - V_{\mathrm{A}} - V_{\mathrm{B}} = 0$$
$$\sum M_A = 0 : +P\sin\theta \cdot a - V_{\mathrm{B}} \cdot l = 0$$

が成立し，これらから，各反力は次のように求められる．

$$H_{\mathrm{A}} = +P\cos\theta, \quad V_{\mathrm{B}} = +\frac{a}{l}P\sin\theta, \quad V_{\mathrm{A}} = +\frac{b}{l}P\sin\theta$$

このとき，V_{A}，H_{A} および V_{B} がそれぞれ正（+）として求められたので，最初に仮定した反力の方向は正しいことを示し，図 3.6 のようになる．また，これが負（−）となるときは，最初に仮定した反力の方向は反対であることを示し，反力の方向を示す矢印は反対に訂正する必要がある．

(2) 図式解法

まず，図 3.7(a) のように，バウの記号法を用いて，支点 A の反力 R_{A} と外力 P との間の空間を ①，外力 P と支点 B の反力 V_{B} との間の空間を ②，また V_{B} と R_{A} との間の空間を ③ とする．次に，外力 P を任意の縮尺で図 3.7(b) のように $P = \overline{12}$ で表し，任意の O 点を選んで $\overline{\mathrm{O1}}$ および $\overline{\mathrm{O2}}$ を引く．図 3.7(a) において，支点 A はピンであるから力線はこの点を通る必要があるため，支点 A を通って空間 ① に図 3.7(b) の $\overline{\mathrm{O1}}$ に平行に $\overline{\mathrm{AC}}$ を引き，P の作用線との交点を C とする．つづいて，C 点を通って空間 ② に図 3.7(b) の $\overline{\mathrm{O2}}$ に平行に $\overline{\mathrm{CD}}$ を引き，V_{B} の作用線との交点を D とし，A と D を結ぶ．ここで，図 3.7(b) において，この $\overline{\mathrm{AD}}$ に平行に $\overline{\mathrm{O3}}$ を引き，V_{B} の平行線 $\overline{23}$ との交点を 3 とすれば，$V_{\mathrm{B}} = \overline{23}$，$R_{\mathrm{A}} = \overline{31}$ となり，それぞれ

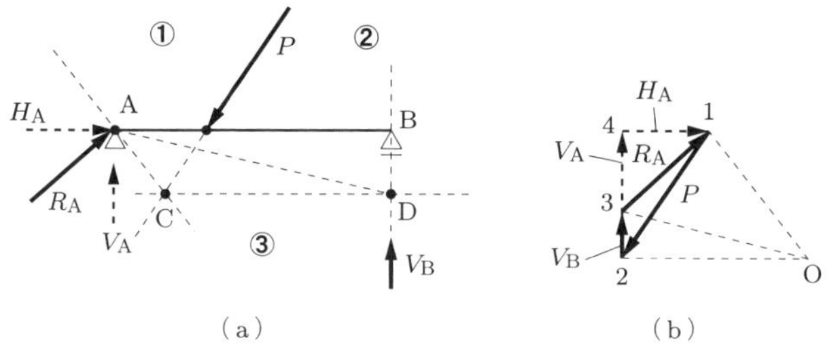

図 3.7

の反力の大きさと方向が求まる．また R_A を水平と垂直の 2 つの方向に分解すると，$V_A = \overline{34}$ および $H_A = \overline{41}$ として求められる．

図 3.7(b) において，P，V_B および R_A からなる示力図 1 2 3 1 が閉じ，また図 3.7(a) において，連力図 ACD が閉じており，力のつり合い条件が満足されているから，反力は図 3.7(a) のように求められる．多くの外力が作用するときも，上の場合と同じように示力図および連力図を用いて反力を求めることができる．

例 3.2 図 3.8 のような 3 つの可動支点をもつ構造物の反力を求める．

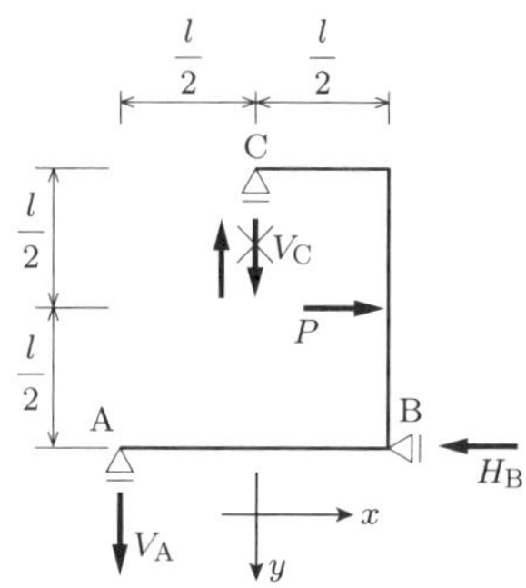

図 3.8

(1) 数式解法

図 3.8 のように支点 A，B および C はすべてローラーであるから，各支点には 1 つの反力が生じ，これらを V_A，H_B および V_C とし，その方向を図のように仮定する．また，x および y の方向を図のように定めると，静力学の力のつり合い条件から，次の 3 つの式

$$\sum X = 0 \quad : +P - H_B = 0$$
$$\sum Y = 0 \quad : +V_A + V_C = 0$$
$$\sum M_A = 0 : +V_C \frac{l}{2} + P\frac{l}{2} = 0$$

が成立し，これらから各反力は次のように求められる．

$$H_B = +P, \qquad V_C = -P, \qquad V_A = +P$$

ここで，V_C は負（$-$）として求められたので，最初に仮定した方向は誤りであり，V_C の矢印を反対にして，反力は図 3.8 のように求められる．

(2) 図式解法

まず，図 3.9(a) において，外力 P および支点 C の反力 V_C の各作用線の交点を D，また支点 A および B の反力 V_A および H_B の各作用線の交点を A とし，A と D を結ぶ．次に，図 3.9(b) において，外力 P を任意の縮尺で $P = \overline{12}$ に選び，図

3.9(a) の D 点において，外力 P が V_C と $\overline{DA}$ 方向の力でつり合うよう図 3.9(b) において示力図 1 2 3 1 を形成する．ここで $\overline{DA}$ 方向の力を R_{DA} とすると，幾何学的関係から示力図 1 2 3 1 は直角二等辺三角形となるから $R_{DA} = \overline{23}$，$V_C = \overline{31} = P$ となる．また，図 3.9(a) において，R_{DA} の作用線は A 点を通るので，図 3.9(b) のように，R_{DA} を V_A と H_B の両方向に分解すれば，$V_A = \overline{24} = P$，$H_B = \overline{43} = P$ となり，それぞれの反力の大きさと方向が求められ，反力は図 3.9(a) のようになる．

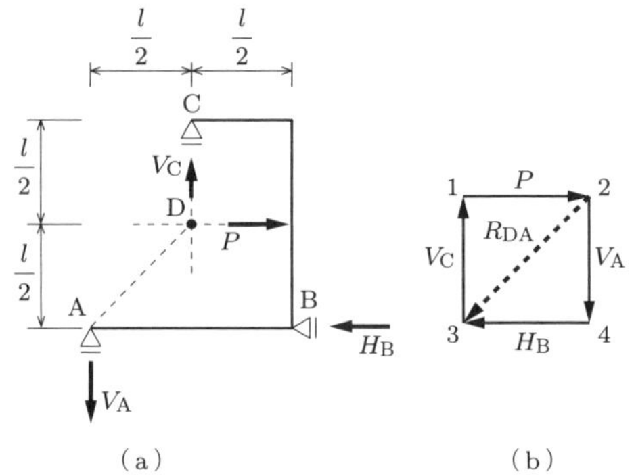

図 3.9

図 3.9(a) において，外力 P と反力 V_A の各作用線の交点および反力 V_C と H_B の各作用線の交点を用いても，上と同様にして反力は求められる．

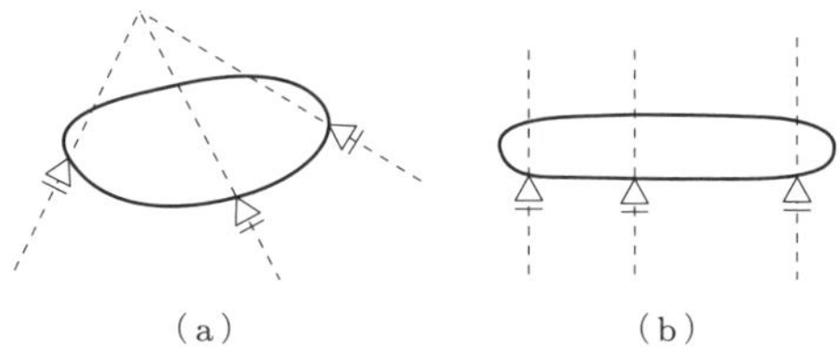

図 3.10

本例のような 3 つの可動支点をもつ構造物は，その支持方法により，力のつり合いが保たれない場合がある．たとえば，図 3.10(a) のように反力の作用線が 1 点に交わるものは，この点を通る外力についてはつり合うが，この点を外れた外力に対してはモーメントのつり合いが保ちえず回転することになる．また，図 3.10(b) のように反力の作用線が平行なものは，反力と平行な外力についてはつり合うが，平行でない水平成分をもつ外力に対してはつり合いを保ちえず，水平成分方向に移動することになる．

したがって，このような構造物は外力に耐えないことになり，不安定構造物となるので注意する必要がある．

例 3.3　図 3.11 のような三ヒンジ式構造物の反力を求める．

図 3.11 に示す構造物は，支点 A および B と中間点 C の 3 つの点がピン接合になったもので，これを三ヒンジ式構造物 (three hinged structure) という．

---

(1) 数式解法

図 3.11 の回転支点 A および B の反力をそれぞれ V_A，H_A および V_B，H_B とし，その方向を図のように仮定する．また，x および y の方向を図のように定めると，静力学の力のつり合い条件から

$$\sum X = 0:\ + P_1 \cos\theta_1 - P_2 \cos\theta_2 + H_A - H_B = 0$$

$$\sum Y = 0:\ + P_1 \sin\theta_1 + P_2 \sin\theta_2 - V_A - V_B = 0$$

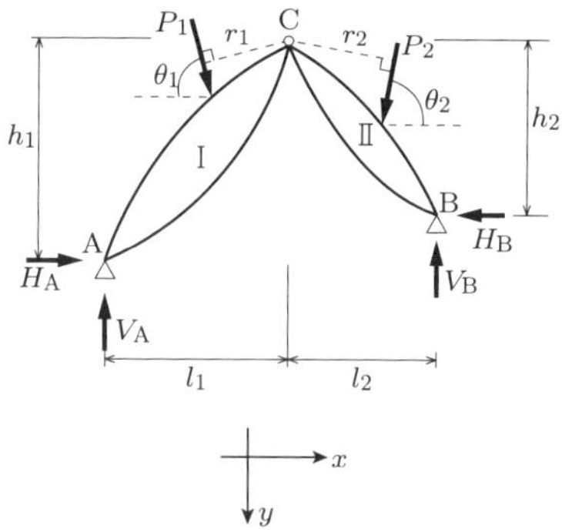

図 3.11

さらに，I と II の部分の接合部の C 点はピン接合であり，それぞれの部分に作用する外力および反力の C 点に関するモーメントがそれぞれ 0 でなければならないから

$$\sum M_{C(\mathrm{I})} = 0:\ - P_1 r_1 - H_A h_1 + V_A l_1 = 0$$

$$\sum M_{C(\mathrm{II})} = 0:\ + P_2 r_2 + H_B h_2 - V_B l_2 = 0$$

が成立する．この 4 つの式から，4 個の反力 V_A，H_A，V_B および H_B を求めることができる．

(2) 図式解法

図 3.12(a) のような三ヒンジ式構造物では，図 3.12(b) および図 3.12(c) のように，2 つの外力状態に分けてそれぞれの場合の反力を求め，これらを合成して図 3.12(a) のときの反力が求まる．

図 3.12(b) の場合，II 部分には外力が作用していないので，このときの支点 B の反力 R_{B1} の作用線はヒンジ点 C を通らなければならない．この R_{B1} の作用線と外力 P_1 の作用線との交点を支点 A の反力 R_{A1} の作用線が通るとき，P_1 と R_{B1} および R_{A1} は 1 点に交わってつり合うことになる．したがって，示力図から R_{A1} および R_{B1} が求まる．同じようにして，図 3.12(c) の場合の支点 A および B の反力 R_{A2} および R_{B2} も求められる．

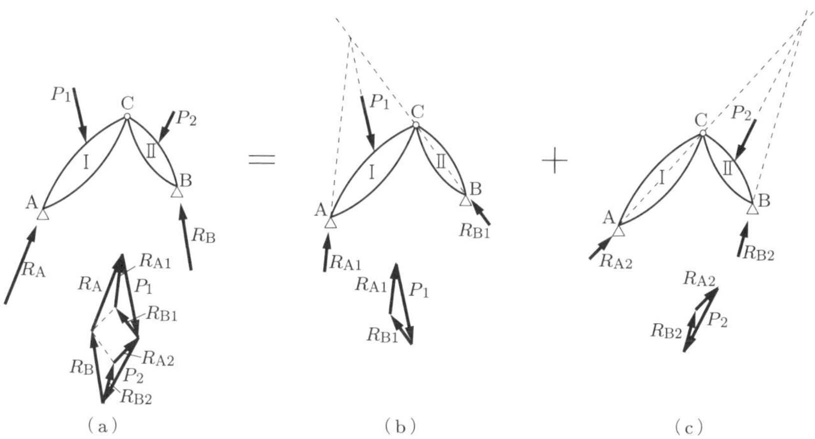

図 3.12

よって，図 3.12(a) の場合の反力は，図 3.12(b) と図 3.12(c) の示力図を合成して，図 3.12(a) のように，R_{A}（R_{A1} と R_{A2} の合力）および R_{B}（R_{B1} と R_{B2} の合力）として求められる．多くの外力が作用するときは，P_1 および P_2 をそれぞれ I および II の部分に作用する外力の合力として取り扱えばよい．

例 3.4　図 3.13(a) のような一端が自由端，他端が固定支点の構造物の反力を求める．

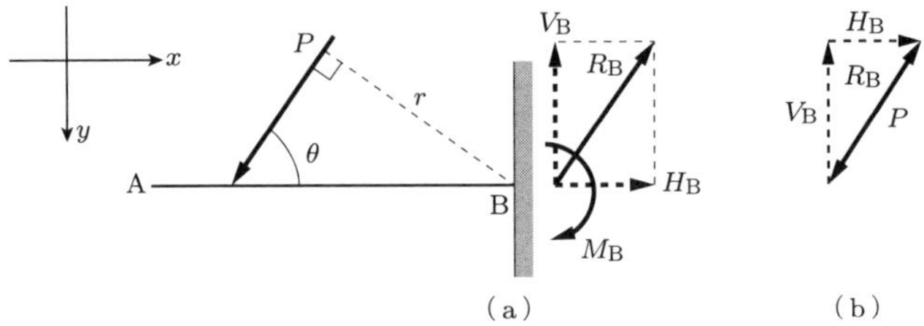

図 3.13

---

(1) 数式解法

図 3.13(a) において，自由端 A には反力が生じず，一方固定支点 B には 2 つの方向の力 V_{B} および H_{B} と 1 つのモーメント M_{B} が反力として生じ，その方向を図のように仮定する．また x および y の方向を図のように定めると，静力学の力のつり合い条件から，次の 3 つの式

$$\sum X = 0 \;:\; -P\cos\theta + H_{\mathrm{B}} = 0$$
$$\sum Y = 0 \;:\; +P\sin\theta - V_{\mathrm{B}} = 0$$
$$\sum M_{\mathrm{B}} = 0 : -Pr + M_{\mathrm{B}} = 0$$

が成立し，これらから各反力は次のように求められる．

$$H_{\mathrm{B}} = +P\cos\theta, \quad V_{\mathrm{B}} = +P\sin\theta, \quad M_{\mathrm{B}} = +Pr$$

(2) 図式解法

図 (a) の構造物がつり合うためには，支点 B のモーメントの反力 M_{B} を除いて考えたときも示力図は閉じなければならない．すなわち，図 (b) のように，力としての反力 R_{B} は荷重 P と大きさが等しく方向が反対となればよい．したがって，V_{B} および H_{B} は R_{B} の分力として図 (b) のように求められる．しかし，これだけでは，図 (a) において，P と R_{B} が偶力 $M = -Pr$ をつくり構造物を反時計まわりに回転させるので，支点 B にモーメントとしての反力 $M_{\mathrm{B}} = +Pr$ が必要であり，反力は図 (a) のようになる．

また，多くの外力が作用するときは，その合力を求め，これを前記の P とみなして同じように取り扱えばよい．

演習問題 3

3.1　図 3.14 に示す構造物の反力を求めよ.

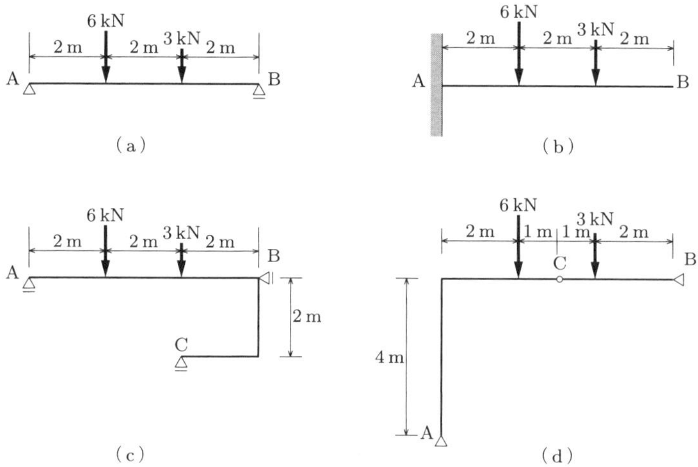

図 3.14

4 構造物の応力

4.1 | 部材の応力

4.1.1 部材の応力とその種類

構造物が外力を受けて微小な変形を生じた状態で静止しているとき，この構造物はつり合い状態にあるといい，静力学の力のつり合い条件が成立している．この力のつり合い条件は構造物全体について成立しているばかりでなく，構造物の各部分についても成立しているものである．

たとえば，図 4.1(a) のような構造物 AB が，その両端に大きさが等しく方向が反対

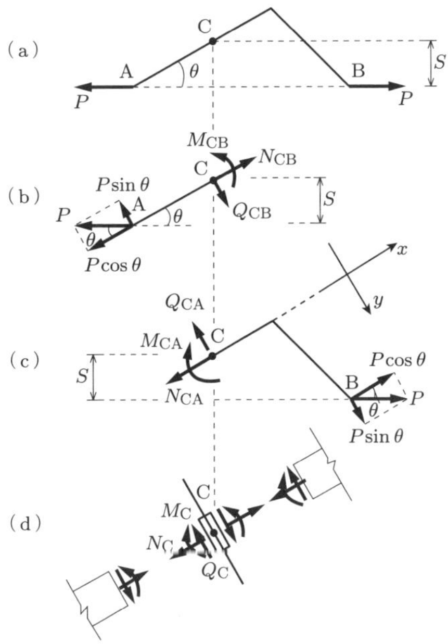

図 4.1

の一対の外力 P を受けて静止している．力のつり合い条件は，構造物全体の AB だけでなく，その一部分である AC および CB についても成立していなければならない．すなわち，図 4.1(b) の AC 部分は，C 点（C 断面）を通じて，CB 部分から N_{CB}，Q_{CB} および M_{CB} なる力およびモーメントを受け，これらが A 点に作用している P とともにつり合っているはずである．その結果，x および y の方向を図のように定めると，N_{CB}，Q_{CB} および M_{CB} は次のようにして求められる．

$$\left.\begin{aligned}&\sum X = 0 \ :-P\cos\theta + N_{\mathrm{CB}} = 0 && \therefore \quad N_{\mathrm{CB}} = +P\cos\theta\\&\sum Y = 0 \ :-P\sin\theta + Q_{\mathrm{CB}} = 0 && \therefore \quad Q_{\mathrm{CB}} = +P\sin\theta\\&\sum M_{\mathrm{C}} = 0 :-M_{\mathrm{CB}} + PS = 0 && \therefore \quad M_{\mathrm{CB}} = +PS\end{aligned}\right\} \tag{4.1}$$

同じようにして，図 4.1(c) のような CB 部分のつり合いを考えると，C 点を通じて，AC 部分から受ける力 N_{CA}，Q_{CA} およびモーメント M_{CA} は次のようにして求められる．

$$\left.\begin{aligned}&\sum X = 0 \ :-N_{\mathrm{CA}} + P\cos\theta = 0 && \therefore \quad N_{\mathrm{CA}} = +P\cos\theta\\&\sum Y = 0 \ :-Q_{\mathrm{CA}} + P\sin\theta = 0 && \therefore \quad Q_{\mathrm{CA}} = +P\sin\theta\\&\sum M_{\mathrm{C}} = 0 :+M_{\mathrm{CA}} - PS = 0 && \therefore \quad M_{\mathrm{CA}} = +PS\end{aligned}\right\} \tag{4.2}$$

よって，式 (4.1) および式 (4.2) から

$$-N_{\mathrm{CA}} + N_{\mathrm{CB}} = 0, \quad -Q_{\mathrm{CA}} + Q_{\mathrm{CB}} = 0, \quad +M_{\mathrm{CA}} - M_{\mathrm{CB}} = 0 \tag{4.3}$$

が成立し，C 点において，作用および反作用の法則が成立していることになる．図 4.1 (d) のように，C 点に作用している大きさが等しく方向が反対の 2 組の力および 1 組のモーメント

$$\left.\begin{aligned}N_{\mathrm{CA}} &= N_{\mathrm{CB}} = N_{\mathrm{C}}\\Q_{\mathrm{CA}} &= Q_{\mathrm{CB}} = Q_{\mathrm{C}}\\M_{\mathrm{CA}} &= M_{\mathrm{CB}} = M_{\mathrm{C}}\end{aligned}\right\} \tag{4.4}$$

を，部材の C 点の**内力** (internal force) または**応力** (stress) という．したがって，C 点には 3 つの応力が作用することになるが，これらを

N_{C}：部材の C 点の**軸方向力** (axial force)

Q_{C}：部材の C 点の**せん断力** (shearing force)

M_{C}：部材の C 点の**曲げモーメント** (bending moment)

という．以上から，一般に，部材に生じる応力には，軸方向力，せん断力および曲げ

モーメントの 3 つの種類があり，これらは次のように定義される．

軸方向力：部材のある点の軸方向力とは，その点を境として材軸方向に作用し合っている 1 組の力であり，部材の材軸方向に引張または圧縮の作用を与える．

せん断力：部材のある点のせん断力とは，その点を境として材軸と直角方向に作用し合っている 1 組の力であり，部材を材軸と直角方向に断ち切ろうとする作用を与える．

曲げモーメント：部材のある点の曲げモーメントとは，その点を境として互いに部材を曲げ合う 1 組のモーメントであり，部材に曲げ作用を与える．

また，構造物が外力を受けると，部材には前述のような応力が生じるため，構造物は変形をすることになる．これらの部材の応力も反力と同じように外力の関数となる．

4.1.2 部材の応力の求め方

4.4.1 項の部材の応力の性質を利用して，部材の各応力を求めてみよう．

(1) 軸方向力

部材のある点の軸方向力は，その点より左側にある外力（反力も含む）の材軸方向の分力の総和として求められ，これがその点に対して左向きに作用するときを引張軸方向力といい，これを正（+）で，また右向きに作用するときを圧縮軸方向力といい，これを負（−）で表す．

たとえば，図 4.2(a) のような構造物 AB が外力 P を受けてつり合うためには，前述の 3.5 節から

$$V_{\mathrm{A}} = +\frac{b}{l}P\sin\theta, \quad V_{\mathrm{B}} = +\frac{a}{l}P\sin\theta, \quad H_{\mathrm{A}} = +P\cos\theta$$

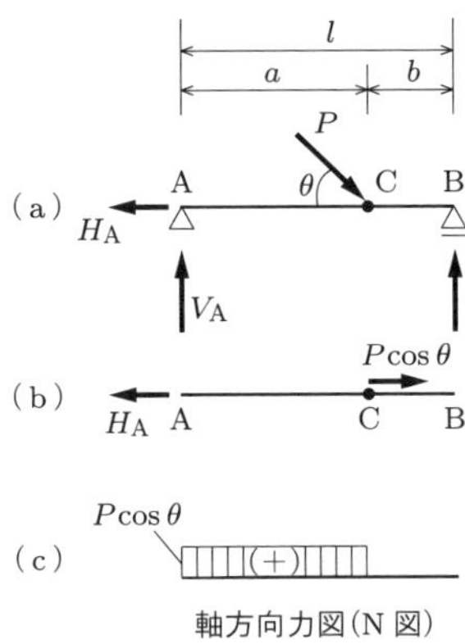

図 4.2

なる反力があればよい．次に，図 4.2(b) を参考として，部材 AB の軸方向力を前記に従って求めると次のようになる．

$$\text{AC 間：}N = +H_{\mathrm{A}} = +P\cos\theta, \quad \text{CB 間：}N = 0$$

これにもとづいて，部材の各点の軸方向力 N をそれぞれの場所に材軸に直角に表すと図 4.2(c) のようになる．この場合，主要な部分の N の値を図のように記入する．この図 4.2(c) から，部材 AB の軸方向力の分布は一見してわかり，これを**軸方向力図** (axial force diagram) といい，略して **N 図** (A. F. D.) とも表示する．

(2) せん断力

部材のある点のせん断力は，その点より左側にある外力（反力も含む）の材軸と直角方向の分力の総和として求められ，これがその点に対して上向きに作用するときを正のせん断力といい，これを正（+）で，また，下向きに作用するときを負のせん断力といい，これを負（–）で表す．

図 4.2(a) の例について，図 4.3(a) を参考として，部材 AB のせん断力を前記に従って求めると次のようになる．

$$\text{AC 間：}Q = +V_{\mathrm{A}} = +\frac{b}{l}P\sin\theta,$$

$$\text{CB 間：}Q = +V_{\mathrm{A}} - P\sin\theta = -\frac{a}{l}P\sin\theta$$

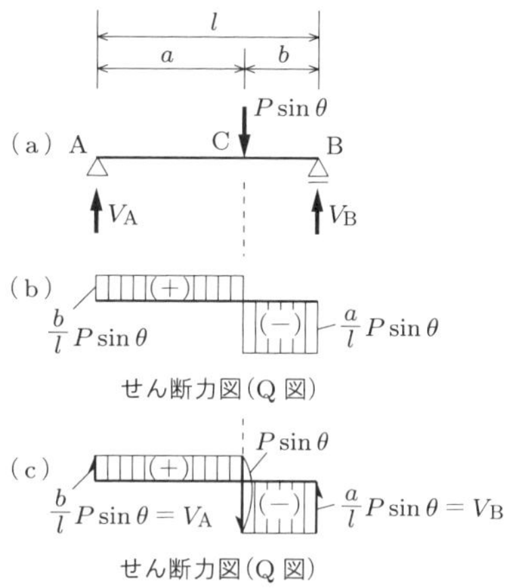

図 4.3

これにもとづいて，部材の各点のせん断力 Q をそれぞれの場所に材軸に直角に表すと図 4.3(b) のようになる．この場合，主要な部分の Q の値を図のように記入する．この図 4.3(b) から，部材 AB のせん断力の分布が一見してわかり，これを**せん断力図** (shearing force diagram) といい，略して **Q 図** (S. F. D.) とも表示する．

また，このせん断力図は，反力および外力の作用方向に従い，その大きさに比例して左側から順次図 4.3(c) のように書いても求められる．

(3) 曲げモーメント

部材のある点の曲げモーメントは，その点より左側にある外力（反力も含む）のその点に関するモーメントの総和として求められ，これがその点に関して時計まわりのときを正の曲げモーメントといい，これを正（+）で，また反時計まわりのときを負の曲げモーメントといい，これを負（−）で表す．

図 4.2(a) の例について，図 4.4(a) を参考として，部材 AB の曲げモーメントを前記に従って求めると次のようになる．

$$\text{AC 間：} M = +V_{\mathrm{A}} \cdot x = +\frac{b}{l} P \sin\theta \cdot x$$

$$x = 0 : M_{\mathrm{A}} = 0 \qquad x = a : M_{\mathrm{C}} = +\frac{ab}{l} P \sin\theta$$

$$\text{CB 間：} M = +V_{\mathrm{A}} \cdot x - P \sin\theta \times (x - a) = +\frac{a(l - x)}{l} P \sin\theta$$

$$x = a : M_{\mathrm{C}} = +\frac{ab}{l} P \sin\theta \qquad x = l : M_{\mathrm{B}} = 0$$

AC 間および CB 間の曲げモーメント M は，いずれも x の 1 次式で直線分布となる．これにもとづいて，部材の各点の曲げモーメント M をそれぞれの場所に材軸に直角に表すと図 4.4(b) のようになる．この場合，主要な部分の M の値を図のように記入する．この図 4.4(b) から，部材 AB の曲げモーメントの分布が一見してわかり，これを**曲げモーメント図** (bending moment diagram) といい，略して **M 図** (B. M. D.) とも表示する．

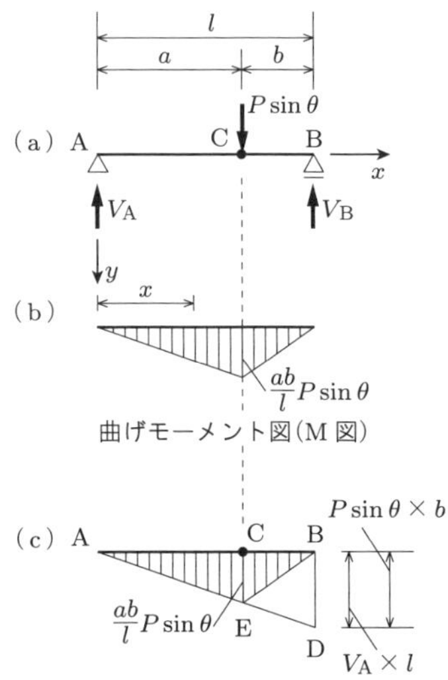

図 4.4

このとき，M 図は，図 4.4(b) のように部材が曲げによって伸びる側に描くようにすれば，M 図の中に特に正・負の符号をつけなくてもその作用の方向は明らかになるので，この方法を採用する．

また，図 4.4(b) の M 図は図式的に次のようにしても求められる．まず，図 4.4(c) のように反力 V_{A} による B 点のモーメント $+V_{\mathrm{A}} \times l = +bP\sin\theta$ を求め，これを適当な縮尺で B 点から下向きに $\overline{\mathrm{BD}}$ をとり，A 点と D 点を結ぶ．次に，外力 $P \times \sin\theta$ による B 点のモーメント $-P\sin\theta \times b$ を同一の縮尺で D 点から上向きに $\overline{\mathrm{DB}}$ をとり，C 点における垂線 $\overline{\mathrm{CE}}$ と $\overline{\mathrm{AD}}$ との交点 E と B 点を結べば，AEB が M 図となる．

以上（1）～（3）にわたり，部材の各応力の求め方を述べてきたが，これら応力の単位は一般に

軸方向力，せん断力：N，kN など

曲げモーメント：N·cm，N·m，kN·cm，kN·m など

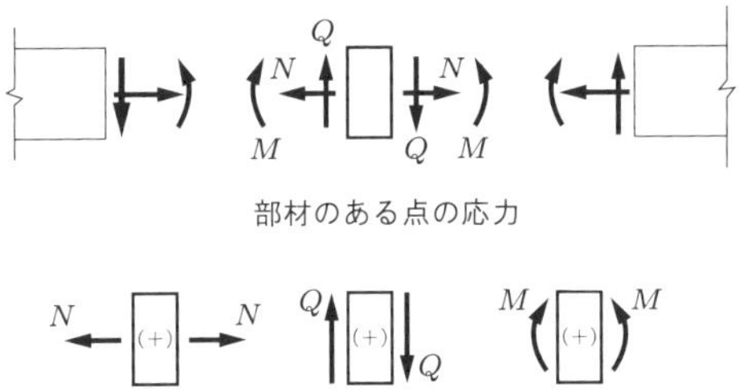

図 4.5

で表される．また，部材の各応力の符号も定義したが，これらの正（+）のものを図で表すと図 4.5 となる．さらに，軸方向力図，せん断力図および曲げモーメント図を総称して**応力図** (stress diagram) という．

4.2 荷重，せん断力および曲げモーメントの間の関係

荷重（材軸方向に直交して作用する外力など）が作用する構造物の反力ならびに部材の応力（曲げモーメント，せん断力，軸方向力）は，荷重の関数となることを 3.5 節および 4.1 節で述べた．そこで，荷重と応力との関係などをあらかじめ知っておくと，構造物の部材の応力を求めるのに大変便利である．したがって，ここでは，部材に作用する荷重とその応力との関係ならびに部材に生じる各応力間の関係などを考察する．

図 4.6(a) の ように荷重を受けてつり合い状態にある構造物の部材の微小長さ dx の応力状態を図 (b) に示す．すなわち，この微小長さ部分に作用する荷重を $w \cdot dx$，その左右両端に作用する曲げモーメントおよびせん断力をそれぞれ M，Q ならびに

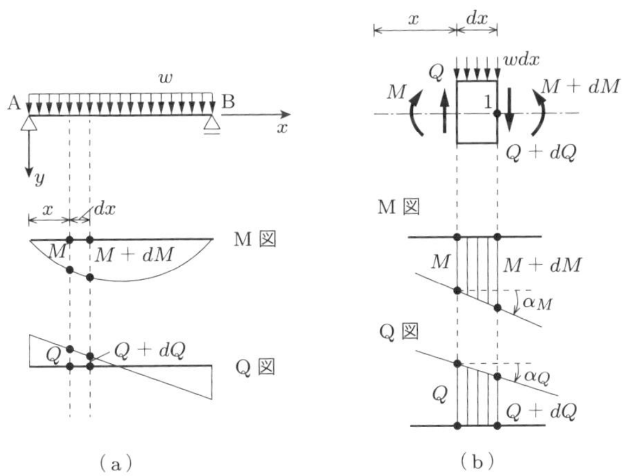

図 4.6

$M+dM$, $Q+dQ$ とする．また，荷重は上から下向きに作用するものを正（+）とし，応力 M, Q の符号も，4.1 節に従い，図 4.6(b) のように作用するものが正（+）となる．

いま，構造物は荷重を受けてつり合い状態を保っているから，この微小長さ部分もつり合いを保ち，力のつり合い条件を満足し，次の式が成立する．

$$\begin{aligned}&\sum Y=0: w\cdot dx-Q+(Q+dQ)=0 \qquad \therefore \quad \frac{dQ}{dx}=-w\\&\sum M_1=0: M+Q\cdot dx-w\cdot dx\left(\frac{dx}{2}\right)-(M+dM)=0\end{aligned} \tag{4.5}$$

2 次の微小項を省略して

$$\therefore \quad \frac{dM}{dx}=Q \tag{4.6}$$

また，式 (4.5) および式 (4.6) から

$$\therefore \quad \frac{d^2M}{dx^2}=\frac{dQ}{dx}=-w \tag{4.7}$$

$$\therefore \quad M=\int Q\cdot dx \tag{4.8}$$

が求められる．

ここで，式 (4.6) の dM/dx は，曲げモーメントが材軸方向に変化する割合で，図 4.6(b) のような M 図の勾配 α_M を表す．この α_M がその部分のせん断力を示すから，α_M が大きいときはせん断力も大きくなる．また，図 4.7 のように，α_M が材軸について時計まわりのときせん断力は正（+）となり，反時計まわりのときせん断力は負（−）となる．さらに，図 4.8 のように，せん断力が正（+）から負（−）に変化するところで，曲げモーメントが最大となる．

一方，式 (4.8) から，曲げモーメントはせん断力を材軸方向に積分して求められる．

同じようにして，式 (4.5) および式 (4.7) の dQ/dx は，せん断力が材軸方向に変化

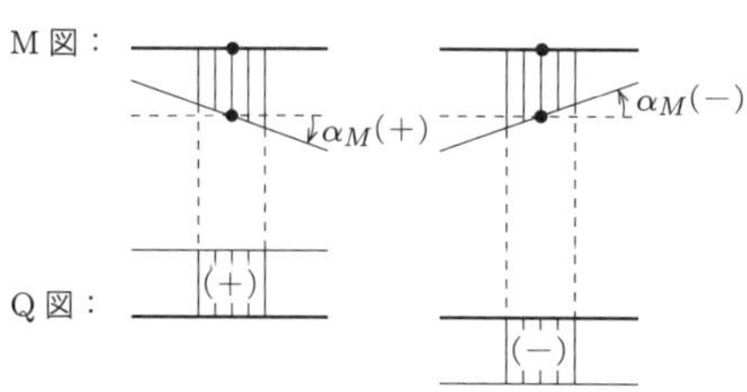

図 4.7

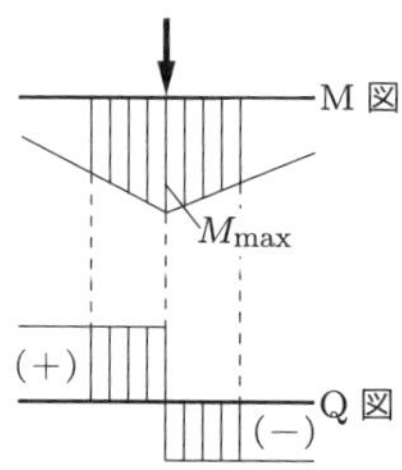

図 4.8

する割合で，図 4.6(b) のような Q 図の勾配 α_Q を表し，この α_Q はその場所の荷重に比例する．

以上のことから，部材のある荷重状態の M 図がわかれば，その勾配からただちにその部材の Q 図が求められる．いろいろな荷重状態に対する M 図と Q 図の関係を以下に述べる．

(1) 荷重が作用しない部分の M 図と Q 図の関係

図 4.9 のように，荷重が作用しない部分の M 図と Q 図の関係は次のように表される．

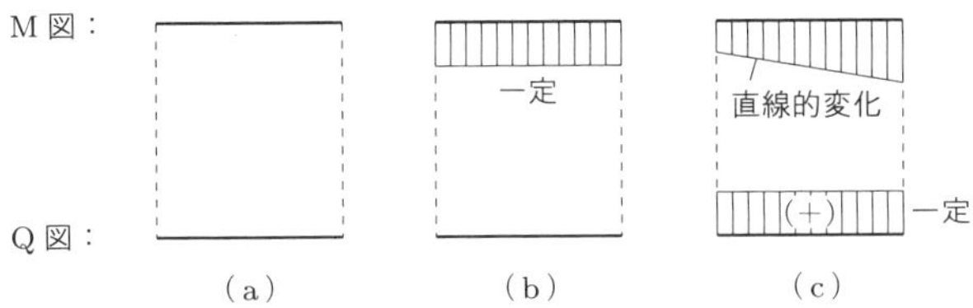

図 4.9

図 4.9(a) の場合　$M=0$　：$Q=0$

図 4.9(b) の場合　$M=$ 一定　：$Q=0$

図 4.9(c) の場合　$M=$ 直線的に変化　：$Q=$ 一定

(2) 集中荷重が作用する部分の M 図と Q 図の関係

図 4.10(a) のように，**集中荷重** (concentrated load) が作用する部分では，M 図は左右に折れて，Q 図は段形に急変する．

(3) 等分布荷重が作用する部分の M 図と Q 図の関係

図 4.10(b) のように，**等分布荷重** (uniform load) が作用する部分では，M 図は 2 次曲線的に変化し，Q 図は直線的に変化する．

(4) モーメントが作用する部分の M 図と Q 図の関係

図 4.10(c) のように，モーメントが作用する部分では，M 図は段形に急変して不連続となるが，Q 図は変化せず一定となる．

以上，荷重，せん断力および曲げモーメントの間の関係を述べたが，これらの関係は，構造物の部材の応力図を求める上での重要な指標となるものであり，また，M 図と Q 図の誤りを点検する上でのヒントとなる．

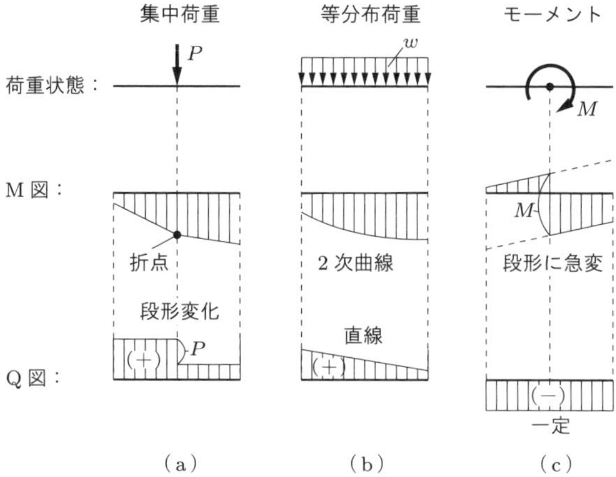

図 4.10

4.3 静定構造物の応力の求め方

3.4 節にもとづけば，構造物に外力が作用するとき，力のつり合い条件だけでその反力および部材の応力が求められる構造物が静定構造物であり，これには次のような構造物がある．

① **静定梁**　(statically determinate beam)
② **静定ラーメン**　(statically determinate rigid frame)
③ **静定トラス**　(statically determinate truss)
④ **静定アーチ**　(statically determinate arch)

このような静定構造物の反力および部材の応力を求めるには，まず，3.5 節から構造物の反力を求め，次に，これにもとづいて，4.1 節および 4.2 節から構造物の各部材の各種の応力を求め，構造物としての応力図を求めればよい．また簡単な静定構造物では，あらかじめ反力を求めなくとも，外力にもとづいてただちに応力図が求められる場合もある．以下各章で，前記の静定アーチを除く静定構造物の応力の求め方を具体的に説明することにする．

▪ 演習問題 4 ▪

4.1 図 4.11 に示す AB 部材の曲げモーメント図よりそのせん断力図を求めよ.

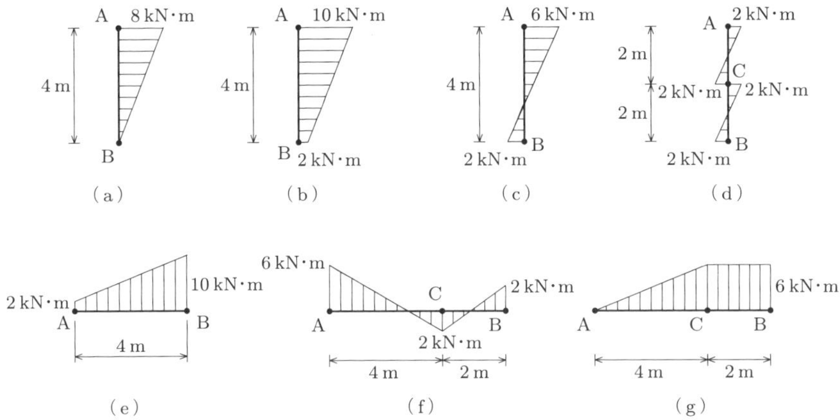

図 4.11

5 静定梁（1）

5.1 概　要

静定構造物の一種である静定梁は，主として曲げ作用を受ける水平材で，次のようなものがある．

① **片持梁**　(cantilever)

② **単純梁**　(simple beam)

③ **ゲルバー梁**　(gerber beam)（第 6 章：静定梁（2）にて扱う．）

片持梁は，図 5.1(a) のように，一端が自由端，他端が固定支点の梁の総称であり，また，単純梁は，図 5.1(b) のように，一端が可動支点，他端が回転支点の梁の総称である．

図 5.1

5.2 片持梁の応力

4.3 節にもとづいて，いろいろな荷重を受ける片持梁の例について，その応力を求めてみよう．

例 5.1　図 5.2 のような集中荷重を受ける片持梁 AB の応力を求める．

(1) 反力

反力 V_B，H_B および M_B を図のように仮定すると，力のつり合い条件式

$$\sum X = 0 \quad : +H_B - P\cos\theta = 0$$
$$\sum Y = 0 \quad : +P\sin\theta - V_B = 0$$
$$\sum M_B = 0 \quad : -P\sin\theta \cdot l + M_B = 0$$

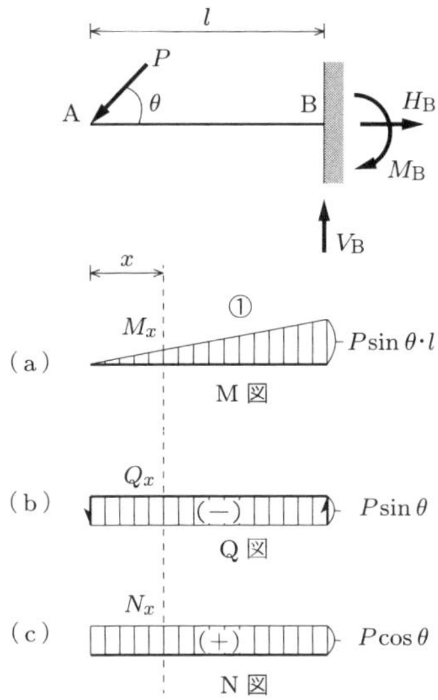

図 5.2

から，反力は次のように求められる．

$$H_B = +P\cos\theta, \quad V_B = +P\sin\theta,$$
$$M_B = +P\sin\theta\cdot l$$

(2) 応力図

■ M 図

$$M_x = -P\sin\theta\cdot x \quad (\text{直線分布})$$
$$x = 0 \ :M_A = 0,$$
$$x = l \ :M_B = -P\sin\theta\cdot l$$

これらから，M 図は図 (a) のように求められる．

また，荷重による B 点のモーメント $P\sin\theta\times l$ を B 点より上に適当な縮尺でとり，荷重 P の作用点 A と直線 ① で結ぶとハッチ部分が M 図となり，反力を求めなくても M 図が図式的に求められる．

■ Q 図

$$Q_x = -P\sin\theta \quad (\text{一定})$$

これから，Q 図は図 (b) のように求められる．

また，A 点から外力の順序に従い，その矢印の方向に適当な縮尺で $P\sin\theta$，V_B をとればハッチ部分が Q 図となる．

■ N 図

$$N_x = +P\cos\theta \quad (\text{一定})$$

これから，N 図は図 (c) のように求められる．

以上で，図 5.2 のような片持梁 AB の応力が求められたわけであるが，M 図の勾配は全長にわたり負でかつ一定であるから，Q 図は全長にわたり負で一定値を示しており，4.2 節の関係を満足している．

例 5.2 図 5.3 のようないくつかの集中荷重を受ける片持梁 AB の応力を求める．

(1) 反力

反力 V_B，H_B および M_B を図 5.3 のように仮定すると，力のつり合い条件式

$$\sum X = 0 :+ H_B = 0$$
$$\sum Y = 0 :+ P_1 + P_2 + P_3 - V_B = 0$$
$$\sum M_B = 0 :- P_1 l_1 - P_2 l_2 - P_3 l_3 + M_B = 0$$

から，反力は次のように求められる．

$$H_{\mathrm{B}} = 0$$
$$V_{\mathrm{B}} = +(P_1 + P_2 + P_3)$$
$$M_{\mathrm{B}} = +(P_1 l_1 + P_2 l_2 + P_3 l_3)$$

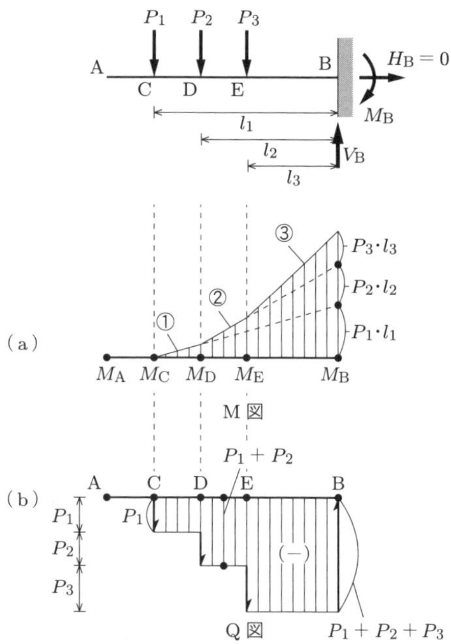

図 5.3

(2) 応力図

■ M 図

$$M_{\mathrm{A}} = M_{\mathrm{C}} = 0$$
$$M_{\mathrm{D}} = -P_1(l_1 - l_2)$$
$$M_{\mathrm{E}} = -\{P_1(l_1 - l_3) + P_2(l_2 - l_3)\}$$
$$M_{\mathrm{B}} = -(P_1 l_1 + P_2 l_2 + P_3 l_3)$$

これらから，M 図は図 (a) のように求められる．

また，B 点から遠くにある荷重の順に B 点に関するモーメント $P_1 l_1$，$P_2 l_2$ および $P_3 l_3$ を求め，これを B 点より上に適当な縮尺で順次とり，直線 ①，② および ③ を引けば，図 (a) のようなハッチ部分が M 図となり，反力を求めなくとも M 図は図式的に求められる．

■ Q 図

AC 間：$Q = 0$
CD 間：$Q = -P_1$
DE 間：$Q = -(P_1 + P_2)$
EB 間：$Q = -(P_1 + P_2 + P_3)$

これらから，Q 図は図 (b) のように求められる．

また，左端から荷重の順序でその矢印方向に適当な縮尺で P_1，P_2，P_3 および V_B をとれば，図 (b) のようにハッチ部分が Q 図となる．

■ N 図

反力および荷重の水平成分がないので，軸方向力は作用しない．

以上で，図 5.3 のような片持梁 AB の応力が求められたわけであるが，M 図と Q 図を比較するとき，4.2 節の荷重，せん断力および曲げモーメントの間の関係を満足している．

例 5.3 図 5.4 のような等分布荷重を受ける片持梁 AB の応力を求める．

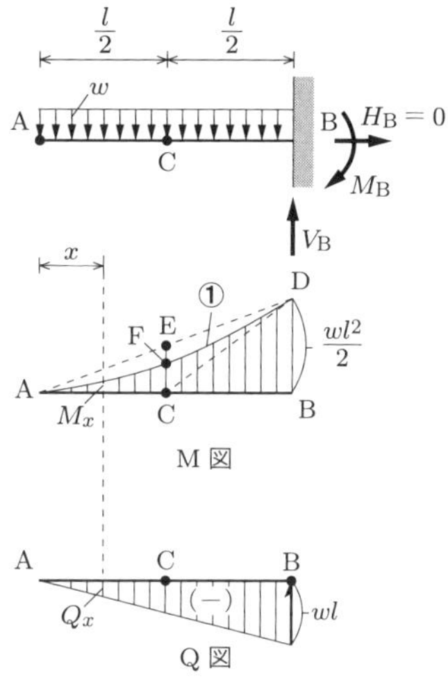

図 5.4

(1) 反力

反力 V_{B}，H_{B} および M_{B} を図 5.4 のように仮定すると，力のつり合い条件式

$$\sum X = 0：+H_{\mathrm{B}} = 0$$
$$\sum Y = 0：+wl - V_{\mathrm{B}} = 0$$
$$\sum M_{\mathrm{B}} = 0：-wl\frac{l}{2} + M_{\mathrm{B}} = 0$$

から，反力は次のように求められる．

$$H_{\mathrm{B}} = 0, \quad V_{\mathrm{B}} = +wl,$$
$$M_{\mathrm{B}} = +\frac{wl^2}{2}$$

(2) 応力図

■ M 図

$$M_x = -wx \times \frac{x}{2} = -\frac{wx^2}{2} \quad （放物線分布）$$
$$x = 0：M_{\mathrm{A}} = 0$$
$$x = \frac{l}{2}：M_{\mathrm{C}} = -\frac{wl^2}{8} = \overline{\mathrm{FC}} = \overline{\mathrm{EC}} \times \frac{1}{2}$$
$$x = l：M_{\mathrm{B}} = -\frac{wl^2}{2}$$

これらから，M 図は図 (a) のように求められる．

また，C 点に作用すると考えられる等分布荷重の合力（wl）による B 点の曲げモーメント（$wl^2/2$）を，B 点から上に適当な縮尺で $\overline{\mathrm{BD}}$ にとり，A 点を頂点とし，$\overline{\mathrm{CD}}$ の D 点に接する放物線 ① を描けば，図 (a) のようなハッチ部分が M 図となり，反力を求めなくても M 図は図式的に求められる．

■ Q 図

$$Q_x = -wx \quad （直線分布）$$
$$x = 0：Q_{\mathrm{A}} = 0, \quad x = \frac{l}{2}：Q_{\mathrm{C}} = -\frac{wl}{2}, \quad x = l：Q_{\mathrm{B}} = -wl$$

これらから，Q 図は図 (b) のように求められる．

また，A 点から荷重の順序でその矢印方向に適当な縮尺で wx および V_{B} をとれば，図 (b) のようにハッチした部分が Q 図となる．

■ N 図

反力および荷重の水平成分がないので，軸方向力は作用しない．

以上で，図 5.4 のような片持梁 AB の応力が求められたわけであるが，M 図と Q 図を比較するとき，4.2 節の荷重，せん断力および曲げモーメントの間の関係を満足している．

例 5.4 図 5.5 のようなモーメントが作用する片持梁 AB の応力を求める.

(1) 反力

反力 V_B, H_B および M_B を図 5.5 のように仮定すると, 力のつり合い条件式

$$\sum X = 0 \ : + H_B = 0$$
$$\sum Y = 0 \ : - V_B = 0$$
$$\sum M_B = 0 : - M_1 - M_2 + M_B = 0$$

から, 反力は次のように求められる.

$$H_B = 0, \quad V_B = 0,$$
$$M_B = +(M_1 + M_2)$$

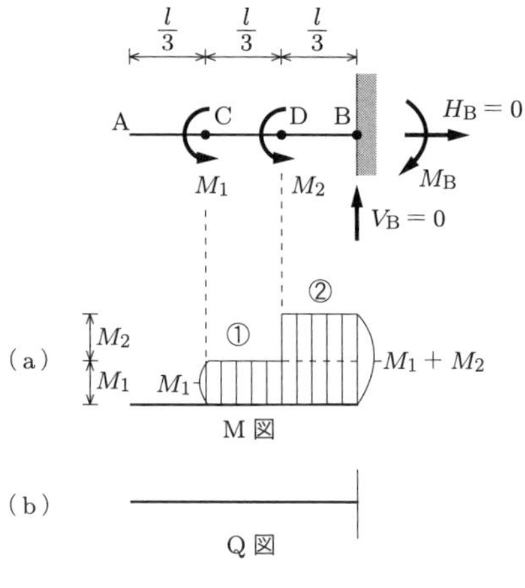

図 5.5

(2) 応力図

■ M 図

AC 間 : $M = 0$, CD 間 : $M = -M_1$,
DB 間 : $M = -(M_1 + M_2)$

これらから, M 図は図 (a) のように求められる.

また, B 点から遠くにある荷重の順序に B 点に関するモーメント M_1 および M_2 を求め, これを B 点より上に適当な縮尺で順次とり, 直線 ① および ② を引けば, 図 (a) のようなハッチ部分が M 図となり, 反力を求めなくても M 図は図式的に求められる.

■ Q 図

反力および荷重の垂直成分がないので, せん断力は作用しない (図 (b)).

■ N 図

反力および荷重の水平成分がないので, 軸方向力は作用しない.

以上で, 図 5.5 のような片持梁 AB の応力が求められたわけであるが, M 図と Q 図を比較するとき, 4.2 節の荷重, せん断力および曲げモーメントの間の関係を満足している.

5.3 単純梁の応力

4.3 節にもとづいて, いろいろな荷重を受ける単純梁の例について, その応力を求めてみよう.

例 5.5 図 5.6 のようないくつかの集中荷重を受ける単純梁 AB の応力を求める.

(1) 反力

反力 V_A, V_B および H_B を図 5.6 のように仮定すると，力のつり合い条件式

$$\sum X = 0 : + H_B = 0$$

$$\sum Y = 0 : - V_A + 5 + 5 + 5 - V_B = 0$$

$$\sum M_B = 0 : + V_A \times 10 - 5 \times 8 - 5 \times 4 - 5 \times 2 = 0$$

から，反力は次のように求められる．

$$H_B = 0, \quad V_A = +7\,\mathrm{kN}, \quad V_B = +8\,\mathrm{kN}$$

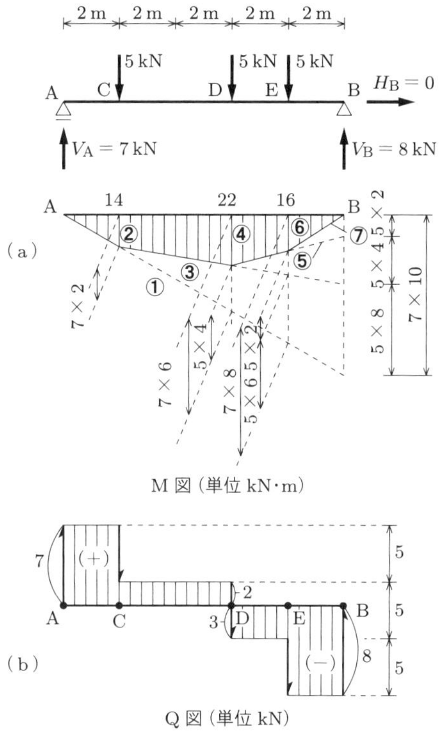

図 5.6

(2) 応力図

■ M 図

$$M_A = +V_A \times 0 = 0$$

$$M_C = +7 \times 2 = +14\,\mathrm{kN \cdot m}$$

$$M_D = +7 \times 6 - 5 \times 4 = +22\,\mathrm{kN \cdot m}$$

$$M_E = +7 \times 8 - 5 \times 6 - 5 \times 2 = +16\,\mathrm{kN \cdot m}$$

$$M_B = +7 \times 10 - 5 \times 8 - 5 \times 4 - 5 \times 2 = 0$$

これらから，M 図は図 (a) のように求められる．

また，B 点に近い荷重の順序で，B 点に関するモーメント $5\,\mathrm{kN} \times 2\,\mathrm{m}$, $5\,\mathrm{kN} \times 4\,\mathrm{m}$ および $5\,\mathrm{kN} \times 8\,\mathrm{m}$ を求め，これを B 点より下に適当な縮尺で順次とり，直線を ① から ⑦ の順序に引けば，ハッチ部分が M 図となり，反力を求めなくとも M 図は図式的に求められる．

■ Q 図

AC 間：$Q = +7\,\mathrm{kN}$

CD 間：$Q = +7 - 5 = +2\,\mathrm{kN}$

DE 間：$Q = +7 - 5 - 5 = -3\,\mathrm{kN}$

EB 間：$Q = +7 - 5 - 5 - 5 = -8\,\mathrm{kN}$

これらから，Q 図は図 (b) のように求められる．

また，材軸と直角方向の反力および荷重を，A 点から順次，その作用方向に大きさに比例してとれば，ハッチ部分が Q 図となり，図式的に求められる．

■ N 図

反力および荷重の水平成分がないので，軸方向力は作用しない．

以上で，図 5.6 のような単純梁 AB の応力が求められたわけであるが，M 図と Q 図を比較するとき，4.2 節の荷重，せん断力および曲げモーメントの間の関係を満足している．

例 5.6 図 5.7 のような等分布荷重を受ける単純梁 AB の応力を求める．

(1) 反力

反力 V_A，V_B および H_A を図 5.7 のように仮定すると，力のつり合い条件式

$$\sum X = 0 \ : + H_A = 0$$
$$\sum Y = 0 \ : + wl - V_A - V_B = 0$$
$$\sum M_B = 0 : + V_A l - wl\frac{l}{2} = 0$$

から，反力は次のように求められる．

$$H_A = 0, \quad V_A = V_B = +\frac{wl}{2}$$

よって，可動支点 A には V_A だけが作用し，この単純梁は荷重的ならびに構造的に対称となる．

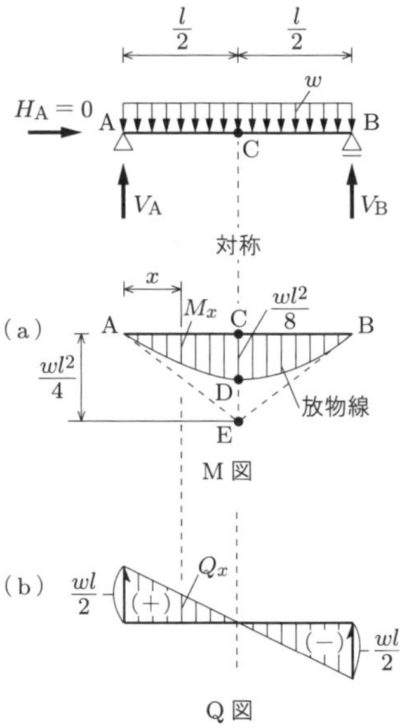

図 5.7

(2) 応力図

■ M 図

$$M_x = +V_A x - wx\frac{x}{2} = +\frac{wlx - wx^2}{2}$$

（放物線分布）

$$x = 0 : M_A = 0, \quad x = \frac{l}{2} : M_C = +\frac{wl^2}{8}, \quad x = l : M_B = 0$$

これらから，M 図は，図 (a) のハッチ部分のように，対称性をもつ放物線分布となる．また，この M 図は，中央点 C に全荷重 $P = wl$ が集中荷重として作用したときの M 図（破線）に接する放物線として求められ，$\overline{\mathrm{CD}}=(\overline{\mathrm{CE}})/2$ となる．

■ Q 図

$$Q_x = +V_A - wx = \frac{wl}{2} - wx \quad \text{（直線分布）}$$

$$x = 0 : Q_A = +\frac{wl}{2}, \quad x = \frac{l}{2} : Q_C = 0, \quad x = l : Q_B = -\frac{wl}{2}$$

これらから，Q 図は図 (b) のような直線分布となり，対称性はないが，せん断力の大きさだけを対象とすれば対称性をもつことになる．

■ N 図

反力および荷重の水平成分がないので，軸方向力は作用しない．

以上で，図 5.7 のような単純梁 AB の応力が求められたわけであるが，M 図と Q 図を比較するとき，4.2 節の荷重，せん断力および曲げモーメントの間の関係を満足している．

例 5.7 図 5.8 のようなモーメント M を受ける単純梁 AB の応力を求める．

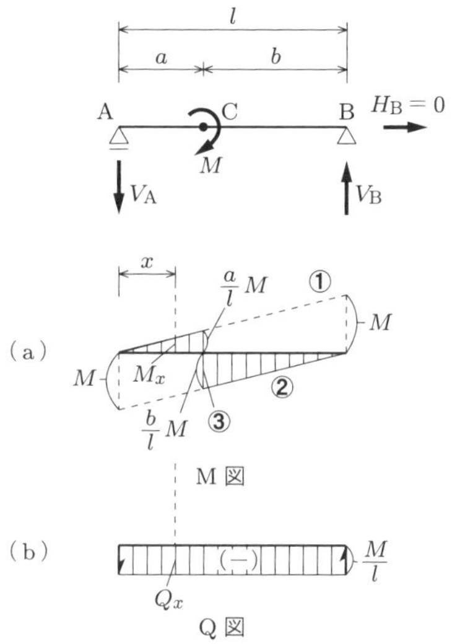

図 5.8

(1) 反力

反力 V_A，V_B および H_B を図 5.8 のように仮定すると，力のつり合い条件式

$$\sum X=0 \quad : +H_B=0$$
$$\sum Y=0 \quad : +V_A-V_B=0$$
$$\sum M_A=0 : +M-V_Bl=0$$

から，反力は次のように求められる．

$$H_B=0, \quad V_B=+\frac{M}{l}, \quad V_A=+\frac{M}{l}$$

よって，反力の大きさは，M の作用位置 a および b に関係なく求められることになる．

(2) 応力図

▪ M 図

AC 間 $M_x=-V_Ax=-\dfrac{M}{l}x$ （直線分布）

$x=0 : M_A=0, \quad x=a : M_C=-\dfrac{a}{l}M$

CB 間 $M_x=-V_Ax+M=-\dfrac{M}{l}x+M$ （直線分布）

$x=a : M_C=\dfrac{b}{l}M, \quad x=l : M_B=0$

これらから，M 図は図 (a) のように求められる．また，この M 図は，A および B の両端において，M を適当な縮尺で図 (a) のようにとり，①，② および ③ の直線を順次結んで図式的にも求められる．

▪ Q 図

$$Q_x=-V_A=-\frac{M}{l} \quad （一定）$$

これから，Q 図は図 (b) のように求められ，全長にわたり一定となる．また，Q 図は例 5.5 と同じようにして図式的にも求められる．

▪ N 図

反力および荷重の水平成分がないので，軸方向力は作用しない．

以上で，図 5.8 のような単純梁 AB の応力が求められたわけであるが，M 図と Q 図を比較するとき，4.2 節の荷重，せん断力および曲げモーメントの間の関係を満足している．

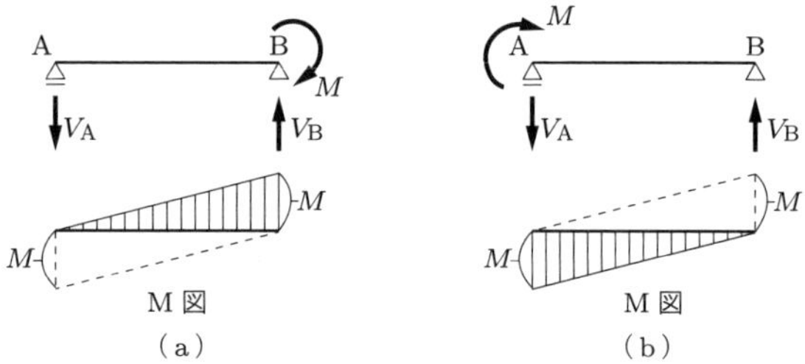

図 5.9

また，例 5.7 において，荷重としてのモーメント M が B 端に作用するときの M 図は，図式的に図 5.9(a) のように求められ，さらに，荷重としてのモーメント M が A 端に作用するときの M 図は，図式的に図 5.9(b) のように求められる．

演習問題 5

5.1　図 5.10 に示す片持梁の反力および応力図を求めよ.

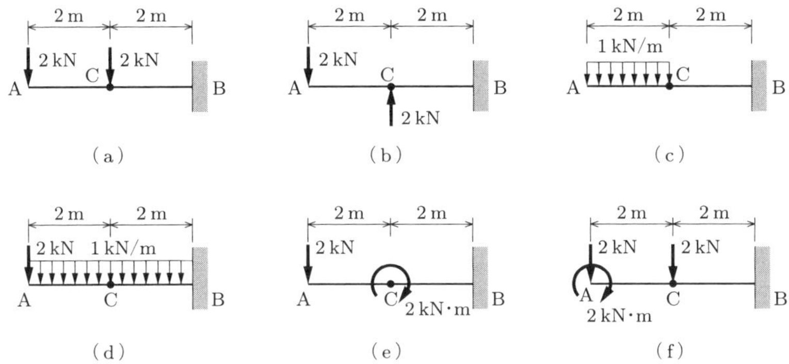

図 5.10

5.2　図 5.11 に示す単純梁の反力および応力図を求めよ.

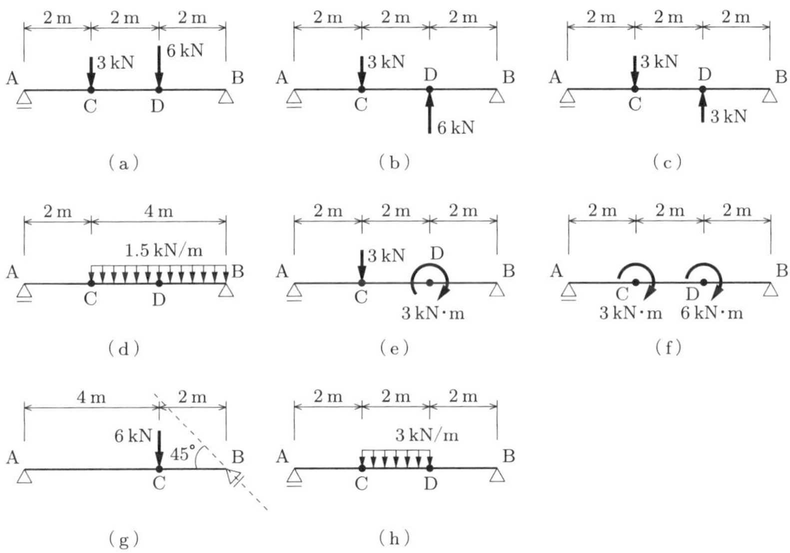

図 5.11

6 静定梁 (2)

静定梁の 1 つであるゲルバー梁は，図 6.1 のように，I 部分（**吊スパン**，suspended span)，II 部分（**定着スパン**，anchor span）および III 部分（つなぎ梁）からなり，これらを適当に組み合わせて全体として静定梁となるようにしたもので，1866 年ドイツ人ゲルバー (Heinrich Gerber) により創案されたものである．

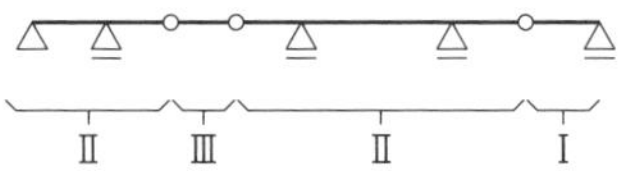

図 6.1

6.1 ゲルバー梁の応力

4.3 節にもとづいて，ゲルバー梁の例について，その応力を求めてみよう．

例 6.1 図 6.2 のような等分布荷重を受けるゲルバー梁 AC の応力を求める．

(1) 反力

反力 V_A, V_B, V_C および H_C を図 6.2 のように仮定すると，力のつり合い条件式

$$\sum X = 0 : +H_C = 0$$
$$\sum Y = 0 : +wl - V_A - V_B + V_C = 0$$
$$\sum M_D(\text{左}) = 0 : +V_A\frac{l}{2} - \frac{wl}{2}\frac{l}{4} = 0$$
$$\sum M_D(\text{右}) = 0 : \frac{wl}{2}\frac{l}{4} - V_B\frac{l}{2} + V_C \times \frac{3l}{2} = 0$$

から，反力は次のように求められる．

$$H_C = 0, \qquad V_A = +\frac{wl}{4}, \quad V_B = +wl, \quad V_C = +\frac{wl}{4}$$

(2) 応力図

■ M 図

AB 間 $M_x = +\dfrac{wl}{4}x - \dfrac{wx^2}{2}$ （放物線分布）

$x = 0 : M_A = 0,$

$x = \dfrac{l}{4} : M = +\dfrac{wl^2}{32},$

$x = \dfrac{l}{2} : M_D = 0,$

$x = l : M_B = -\dfrac{wl^2}{4}$

BC 間 $M_x = +\dfrac{wl}{4}x - wl(x - \dfrac{l}{2}) + wl(x - l) = +\dfrac{wl}{4}x - \dfrac{wl^2}{2}$
（直線分布）

$x = l : M_B = -\dfrac{wl^2}{4},$

$x = 2l : M_C = 0$

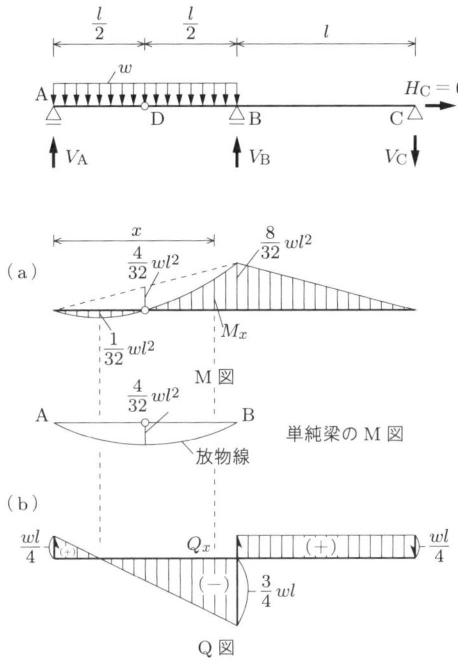

図 6.2

これらから，M 図は図 (a) のように求められる．

■ Q 図

AB 間 $Q_x = +\dfrac{wl}{4} - wx$ （直線分布）

$x = 0 : Q_A = +\dfrac{wl}{4},\quad x = l : Q_B = -\dfrac{3wl}{4}$

BC 間 $Q_x = +\dfrac{wl}{4} - wl + wl = +\dfrac{wl}{4}$ （一定）

これから，Q 図は図 (b) のように求められる．

■ N 図

反力および荷重の水平成分がないので，軸方向力は作用しない．

以上で，図 6.2 のようなゲルバー梁 AC の応力が求められたが，M 図と Q 図を比較すると，4.2 節の関係を満足している．

6.2 影響線

一般に，建築構造物に作用する荷重は，その作用位置で静止しているものとして取り扱われる場合が多いが，ときには，荷重の移動の影響を考慮しなければならない場合がある．たとえば，工場などにおける天井クレーンが移動するときのクレーンの荷重がその例である．

このような移動荷重の影響を調べるには，**影響線** (influence line) を用いると便利である．この影響線とは構造物の反力ならびに部材のある部分の応力および変形などが，この構造物上を移動する単位荷重 $P = 1$ によりどのように変化するかを，荷重の加わる位置において示した線をいう．

例として，図 6.3 のような単純梁 AB の反力 $(V_{\mathrm{A}}, V_{\mathrm{B}})$ および k 点の応力 $(Q_{\mathrm{k}}, M_{\mathrm{k}})$ の影響線を求めてみよう．

(1)　反力 V_{A} および V_{B} の影響線

図 6.3 の反力 V_{A} および V_{B} は，力のつり合い条件式

$$\sum M_{\mathrm{B}} = 0 \quad : +V_{\mathrm{A}} l - P(l - x) = 0$$
$$\sum M_{\mathrm{A}} = 0 \quad : +P_x - V_{\mathrm{B}} l = 0$$

から，次のように求められる．

$$V_{\mathrm{A}} = \frac{l - x}{l} P = 1 - \frac{x}{l}, \quad V_{\mathrm{B}} = \frac{x}{l} P = \frac{x}{l}$$

これらから，$P = 1$ が単純梁 AB を水平方向に移動すると，V_{A} および V_{B} は直線的に変化することが知られ，これを図示すると図 (a) および図 (b) となる．この図 (a) および図 (b) を単純梁 AB の反力 V_{A} および V_{B} の影響線といい，略して V_{A} 線および V_{B} 線ともいう．

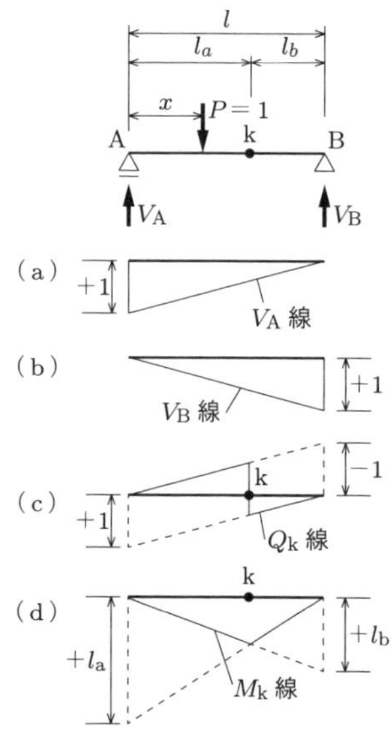

図 6.3

(2)　k 点のせん断力 Q_{k} の影響線

図 6.3 から k 点のせん断力 Q_{k} を求めると次のようになる．

$$0 \leqq x \leqq l_a: \quad Q_{\mathrm{k}} = V_{\mathrm{A}} - P = -\frac{x}{l} P = -\frac{x}{l}$$
$$l_a \leqq x \leqq l: \quad Q_{\mathrm{k}} = V_{\mathrm{A}} = \frac{l - x}{l} P = 1 - \frac{x}{l}$$

これらから，$P = 1$ が単純梁 AB 上を水平方向に移動するとき，Q_{k} は 2 つの直線で表され，これを図示すると図 (c) となる．この図 (c) を単純梁 AB の k 点のせん断力 Q_{k} の影響線といい，略して Q_{k} 線ともいう．

(3)　k 点の曲げモーメント M_{k} の影響線

図 6.3 から k 点の曲げモーメント M_{k} を求めると次のようになる．

$$0 \leqq x \leqq l_a : \quad M_{\mathrm{k}} = V_{\mathrm{A}} \cdot l_a - P(l_a - x) = \frac{l_b}{l} Px = \frac{l_b}{l} x$$

$$l_a \leqq x \leqq l : \quad M_{\mathrm{k}} = V_{\mathrm{A}} \cdot l_a = \left(1 - \frac{x}{l}\right) P \cdot l_a = \frac{l_a}{l}(l - x)$$

これらから，$P = 1$ が単純梁 AB 上を水平方向に移動するとき，M_{k} は 2 つの直線で表され，これを図示すると図 (d) となる．この図 (d) を単純梁 AB の k 点の曲げモーメント M_{k} の影響線といい，略して M_{k} 線ともいう．

(4) 影響線の利用

以上のように，ある構造物の影響線が求まると，これらは次のように利用される．

構造物のある量 K の影響線において，移動荷重 P が構造物上のある位置にきたとき，その位置の影響線の高さが y であるとすれば，このときのある量 K は次の式で求められる．

$$K = y \cdot P \tag{6.1}$$

また，移動荷重がいくつかの集中荷重 $P_i\,(i = 1, 2, \cdots)$ で，各荷重位置の影響線の高さが $y_i\,(i = 1, 2, \cdots)$ であるならば，このときのある量 K は次の式で求められる．

$$K = \sum y_i \cdot P_i \tag{6.2}$$

さらに，移動荷重が等分布 w のときは，$P = wdx$ とおけば，ある量 K は次の式で求められる．

$$K = \int yP = w \int ydx = w \cdot A \tag{6.3}$$

A：等分布荷重が加わる範囲の影響線の面積

たとえば，図 6.3 の単純梁 AB において，図 6.4 の示す位置に移動荷重 P_1，P_2 がきたとき，k 点のせん断力 Q_{k} は次のように求められる．

$$Q_{\mathrm{k}} = -y_1 \cdot P_1 + y_2 \cdot P_2$$

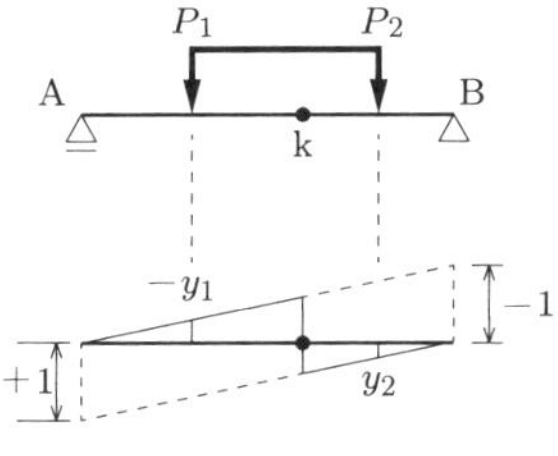

図 6.4

一方，構造物のある量 K の影響線の高さとその正負がわかれば，ある量 K の荷重位置による影響を知ることができる．

たとえば，図 6.3 の単純梁 AB において，V_A，V_B および M_k については，それらの近傍に荷重があるほどその影響が大きくなることがわかる．また Q_k についても，その近傍の荷重の影響は大きいが，その左右の荷重の影響は符号が反対であるから，一方の側だけに荷重が作用する方が影響が大きいことがわかる．

演習問題 6

6.1　図 6.5 に示す静定梁の反力および応力図を求めよ．

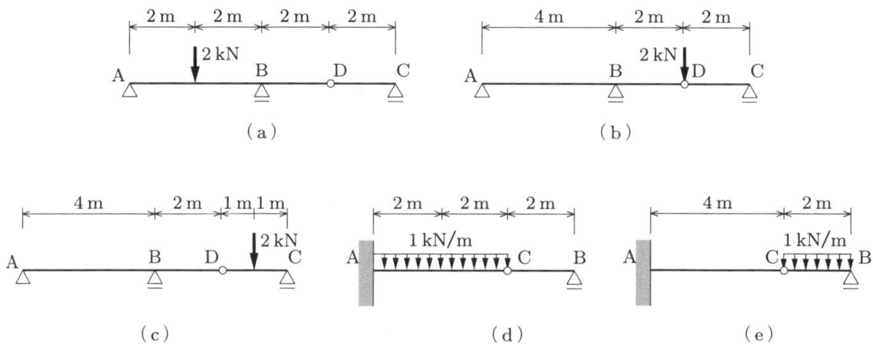

図 6.5

7 静定ラーメン (1)

7.1 概 要

静定構造物の一種である静定ラーメンには，次のようなものがある．

① 片持梁型ラーメン　② 単純梁型ラーメン

③ 三支端ラーメン　④ 三ヒンジ式ラーメン

⑤ その他の静定ラーメン

これらの一例を図 7.1 に示す（三ヒンジ式ラーメン，その他の静定ラーメンは第 8 章：静定ラーメン (2) で取り扱う）．

これらの骨組は，いずれも部材が互いに剛に接続されており，剛節点をもつ骨組でラーメンといわれるものであるが，その中で，特に反力および部材応力が力のつり合い条件だけで求まるものである．

剛節点は，3.3 節で述べたように，力については，2 つの方向の力（軸方向力，せん断力）と 1 つのモーメント（曲げモーメント）を伝達し，また，変形については，図 7.2 のように変形の前後において部材間のなす角が変わらないという性質をもっている．

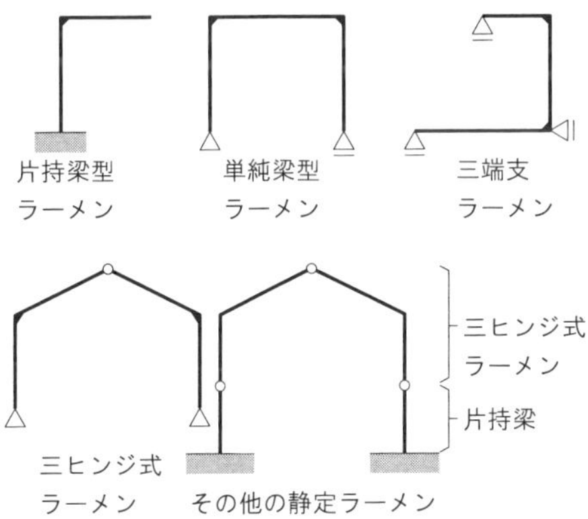

図 7.1

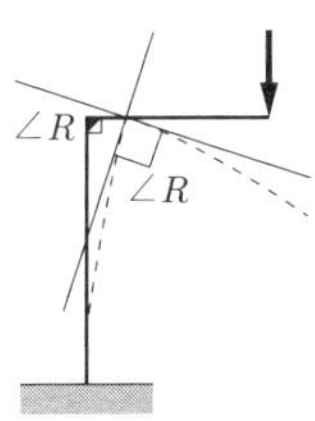

図 7.2

これらの静定ラーメンの応力を求めるにあたっては，4.2 節，4.3 節ならびに第 5 章に従って，その具体例について以下に述べる．

7.2 片持梁型ラーメンの応力

いろいろな外力を受ける片持梁型ラーメンの例について，その応力を求めてみよう．

例 7.1 図 7.3 のような集中荷重を受ける片持梁型ラーメンの応力を求める．

(1) 反力

反力 V_E, H_E および M_E を図 7.3 のように仮定すると，力のつり合い条件式

$$\sum X = 0 \quad : +H_E = 0$$
$$\sum Y = 0 \quad : +P - V_E = 0$$
$$\sum M_E = 0 \ : -Pl + M_E = 0$$

から，反力は次のように求められる．

$$H_E = 0, \quad V_E = +P, \quad M_E = +Pl$$

(2) 応力図

■ M 図

部材の曲げモーメントは，荷重 P からの距離に比例し，$M = -Px$ で表される直線分布となり，部材各部における大きさは $M_A = 0$, $M_B = M_C = -Pl/2$, $M_D = M_E = -Pl$ となる．よって，M 図は図 (a) のように求められる．

■ Q 図

梁材 AB，CD の M 図の勾配は負で，その大きさは全長にわたり一定であるから，AB 材および CD 材のせん断力は，$Q = -(Pl/2)/(l/2) = -P$ となる．また，柱材 BC および DE の M 図の勾配は 0 であるから，これらの部材のせん断力は 0 となる．よって，Q 図は図 (b) のように求められる．

■ N 図

反力および荷重の水平成分がないので，梁材 AB および CD には軸方向力は作用しない．また，柱材 BC および DE には，反力 V_E による圧縮軸方向力 $N = -P$ が作用する．よって，N 図は図 (c) のように求められる．

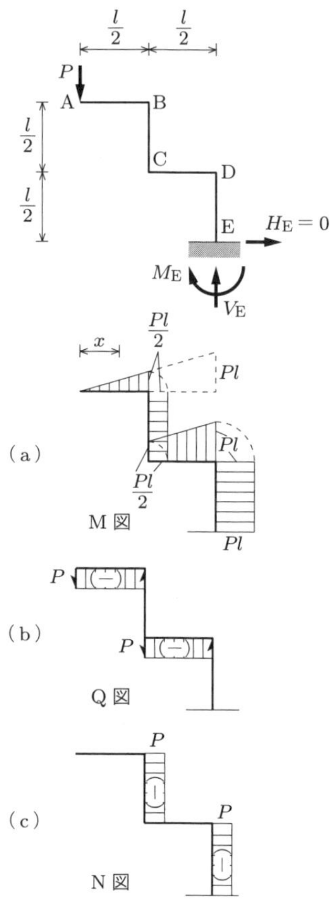

図 7.3

例 7.2 図 7.4 のような等分布荷重を受ける片持梁型ラーメンの応力を求める.

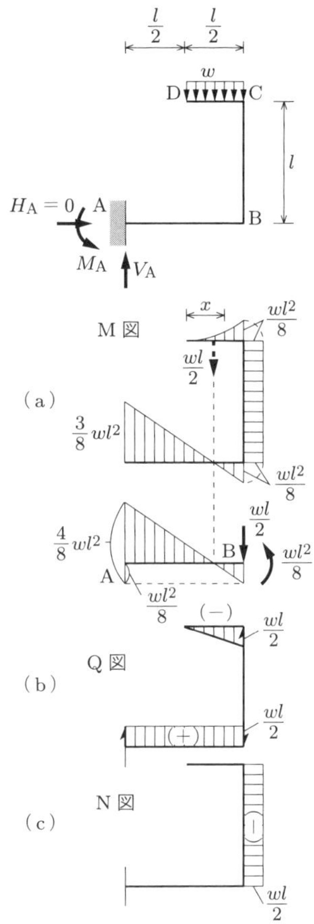

図 7.4

(1) 反力

反力 V_A, H_A および M_A を図 7.4 のように仮定すると, 力のつり合い条件式

$$\sum X = 0 \quad : +H_A = 0$$

$$\sum Y = 0 \quad : +\frac{wl}{2} - V_A = 0$$

$$\sum M_A = 0 \quad : +\frac{wl}{2}\frac{3l}{4} - M_A = 0$$

から, 反力は次のように求められる.

$$H_A = 0, \quad V_A = +\frac{wl}{2}, \quad M_A = +\frac{3wl^2}{8}$$

(2) 応力図

■ M 図

梁材 DC は, C 点を固定支点とした等分布荷重が作用する片持梁と考えられ, その M 図は $M = -wx^2/2$ で表される放物線分布となり, 部材各部における大きさは $M_D = 0$, $M_C = -wl^2/8$ となる. また, 柱材 CB は, 荷重の合力 $wl/2$ との距離が $l/4$ であるから, この材の M 図は $M = -wl^2/8$ となる. さらに, 梁材 AB は, 自由端 B に力 $wl/2$ とモーメント $-wl^2/8$ を受ける片持梁 AB と考えられ, その M 図は図 (a) のハッチ部分で示される. よって, M 図は図 (a) のように求められる.

■ Q 図

梁材 DC の M 図の勾配は負であり, C 点を固定支点とする片持梁であるから, そのせん断力は $Q = -wx$ で表される直線分布となる. また, 柱材 CB の M 図の勾配は 0 であるから, そのせん断力は 0 となる. さらに, 梁材 AB の M 図の勾配は正で一定であるから, そのせん断力は $Q = +V_A = +wl/2$ となる. よって, Q 図は図 (b) のように求められる.

■ N 図

反力および荷重に水平成分がないので, 梁材には軸方向力は作用しない. また, 柱材 CB には, V_A による圧縮軸方向力 $N = -wl/2$ が作用する. よって, N 図は図 (c) のように求められる.

7.3 単純梁型ラーメンの応力

いろいろな外力を受ける単純梁型ラーメンの例について，その応力を求めてみよう．

例 7.3 図 7.5 のような等分布荷重を受ける単純梁型ラーメンの応力を求める．

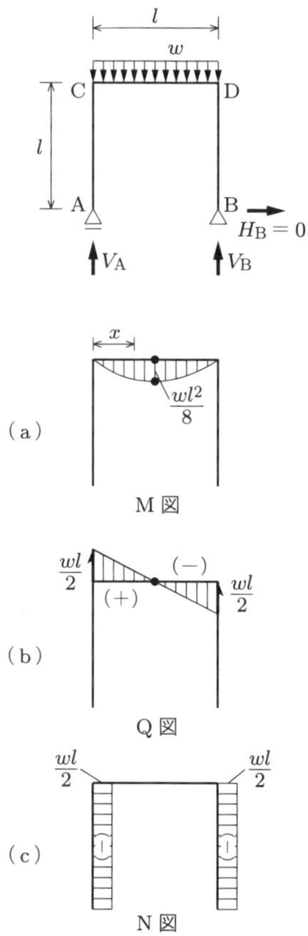

図 7.5

（1）反力

反力 V_A，V_B および H_B を図 7.5 のように仮定すると，力のつり合い条件式

$$\sum X = 0 \quad : +H_B = 0$$
$$\sum Y = 0 \quad : +wl - V_A - V_B = 0$$
$$\sum M_A = 0 \ : +wl\frac{l}{2} - V_B l = 0$$

から，反力は次のように求められる．

$$H_B = 0, \quad V_A = V_B = +\frac{wl}{2}$$

（2）応力図

■ M 図

水平反力が作用しないので，柱材 AC および BD には曲げモーメントは作用しない．したがって，梁材 CD の M 図は，等分布荷重を受ける単純梁 CD のそれと同じになる．よって，M 図は図 (a) のように求められる．

■ Q 図

柱材 AC および BD には M 図がないのでせん断力は作用しない．また，梁材 CD の M 図の関係からそのせん断力は $Q = +(wl/2) - wx$ で表される直線分布となる．よって，Q 図は図 (b) のように求められる．

■ N 図

反力および荷重に水平成分がないので，梁材には軸方向力は作用しない．また，柱材 AC および BD には，反力 V_A および V_B による圧縮軸方向力 $N = -wl/2$ が作用する．よって，N 図は図 (c) のように求められる．

例 7.4 図 7.6 のような集中荷重を受ける単純梁型ラーメンの応力を求める．

（1）反力

反力 V_A，V_B および H_B を図 7.6 のように仮定すると，力のつり合い条件式

$$\sum X = 0 \quad : +H_{\mathrm{B}} = 0$$

$$\sum Y = 0 \quad : +P - V_{\mathrm{A}} - V_{\mathrm{B}} = 0$$

$$\sum M_{\mathrm{B}} = 0 \quad : -P \times \frac{3l}{2} + V_{\mathrm{A}} l = 0$$

から，反力は次のように求められる．

$$H_{\mathrm{B}} = 0, \quad V_{\mathrm{A}} = +\frac{3P}{2}, \quad V_{\mathrm{B}} = +\frac{P}{2}$$

(2) 応力図

■ M 図

梁材 FE および CD の M 図は，図 (a) の単純梁 AB の M 図と同じと考えられる．また，柱材 CE は，荷重 P との距離が $l/2$ であるから，その M 図は，$M = -Pl/2$ となる．さらに，支点に水平反力が作用しないので，柱材 AE，BD には曲げモーメントは生じない．よって，M 図は図 (a) のように求められる．

■ Q 図

梁材 FE の M 図の勾配は負で一定であるから，その材のせん断力は $Q = -(Pl/2)/(l/2) = -P$ となる．また CD 材の M 図の勾配は正で一定であるから，この材のせん断力は $Q = +(Pl/2)/l = +P/2$ となる．さらに，柱材 CE の M 図の勾配は 0 であるから，そのせん断力も 0 となる．一方，AE 材および BD 材には M 図がないのでせん断力は作用しない．よって，Q 図は図 (b) のように求められる．

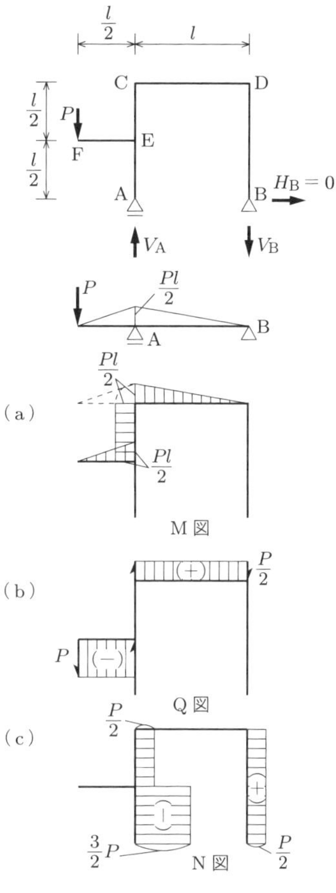

図 7.6

■ N 図

柱材 AE には，反力 V_{A} による圧縮軸方向力 $N = -3P/2$ が作用し，また，EC 材には，V_{A} と荷重 P との差による $N = -P/2$ が作用する．さらに，柱材 BD には，反力 V_{B} による引張軸方向力 $N = +P/2$ が作用する．

反力および荷重に水平成分がないので，梁材に軸方向力は作用しない．よって，N 図は図 (c) のように求められる．

7.4 | 三支端ラーメンの応力

いろいろな外力を受ける三支端ラーメンの例について，その応力を求めてみよう．

例 7.5 図 7.7 のようなモーメントを受ける三支端ラーメンの応力を求める．

(1) 反力

反力 V_A, H_B および V_C を図 7.7 のように仮定すると，力のつり合い条件式

$$\sum X = 0 \quad : +H_B = 0$$
$$\sum Y = 0 \quad : +V_A - V_C = 0$$
$$\sum M_A = 0 \ : +M - V_C \times \frac{l}{2} = 0$$

から，反力は次のように求められる．

$$H_B = 0, \quad V_A = V_C = +2\frac{M}{l}$$

(2) 応力図

■ M 図

ABE 材の M 図は，E 点を固定支点とする片持梁型ラーメン ABE として求められる ($M_A = 0$, $M_B = -2M$, $M_E = -2M$)．また，CDE 材の M 図も，E 点を固定支点とする片持梁型ラーメン CDE として求められる ($M_C = 0$, $M_D = +M$, $M_E = +M$)．よって，M 図は図 (a) のように求められる．

■ Q 図

AB 材の M 図の勾配は負で一定であるから，この部材のせん断力は $Q = -2M/l$ となる．また，CD 材の M 図の勾配は正で一定であるから，そのせん断力は $Q = +M/(l/2) = +2M/l$ となる．さらに，BD 材の M 図の勾配は 0 であるから，そのせん断力は 0 となる．よって，Q 図は図 (b) のように求められる．

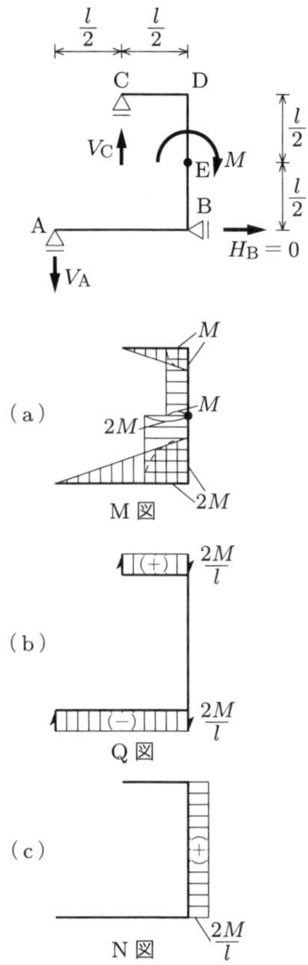

図 7.7

■ N 図

支点 A, B および C に水平反力がないので，AB 材および CD 材には軸方向力は作用しない．また，BD 材には，反力 V_A と V_C により引張軸方向力 $N = +2M/l$ が作用する．よって，N 図は図 (c) のように求められる．

例 7.6　図 7.8 のような集中荷重を受ける三支端ラーメンの応力を求める．

(1) 反力

反力 V_A, V_B および H_E を図 7.8 のように仮定すると，力のつり合い条件式

$$\sum X = 0 \quad : +P - H_E = 0$$
$$\sum Y = 0 \quad : +V_A - V_B = 0$$
$$\sum M_A = 0 \ : +P \times 2l - V_B \times 2l = 0$$

から，反力は次のように求められる．

$$V_{\mathrm{A}} = V_{\mathrm{B}} = H_{\mathrm{E}} = +P$$

(2) 応力図

■ M 図

FG 材および EG 材の M 図は，G 点を固定支点とする片持梁 FG および EG として求められ ($M_{\mathrm{F}} = M_{\mathrm{E}} = 0$, $M_{\mathrm{G}} = +Pl$)，また，支点 A および B には水平反力がないので，AC 材および BD 材には曲げモーメントは作用しない．さらに，CG 材および DG 材の M 図も，G 点を固定支点とする片持梁 CG および DG として求められる ($M_{\mathrm{C}} = M_{\mathrm{D}} = 0$, $M_{\mathrm{G}} = -Pl$)．よって，M 図は図 (a) のように求められる．

■ Q 図

FG 材および EG 材の M 図の勾配は正で一定であるから，これらの材のせん断力は $Q = +Pl/l = +P$ となり，また，CG 材および DG 材の M 図の勾配は負で一定であるから，これらの材のせん断力は $Q = -Pl/l = -P$ となる．よって，Q 図は図 (b) のように求められる．

■ N 図

AC 材および BD 材には，反力 V_{A} および V_{B} により，それぞれ $N = +P$ および $N = -P$ なる軸方向力が作用する．また，その他の部材には軸方向力は作用しない．よって，N 図は図 (c) のように求められる．

(a)
(b)
(c)

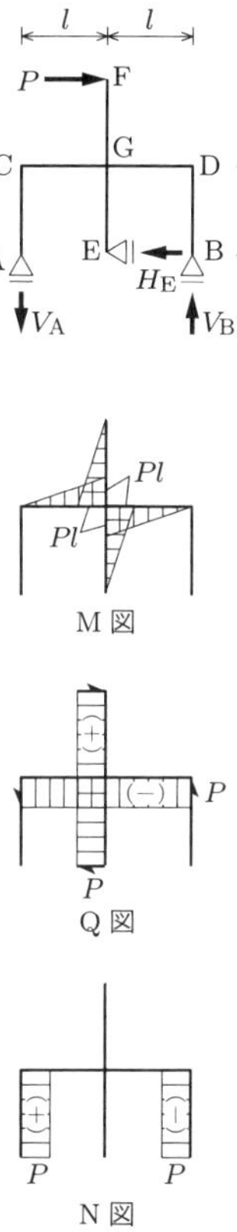

図 7.8

演習問題 7

7.1 図 7.9 に示す構造物の反力および応力図を求めよ.

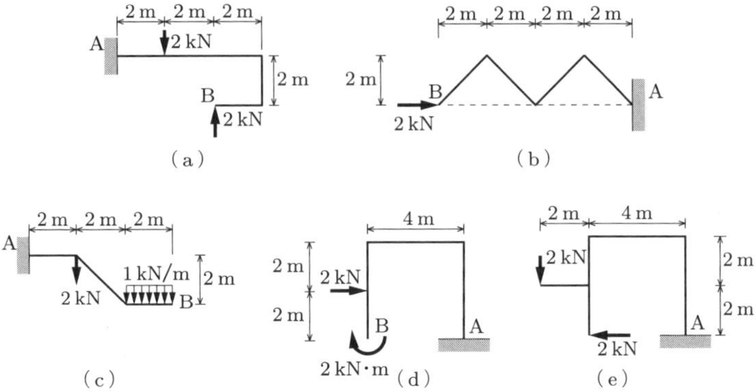

図 7.9

7.2 図 7.10 に示す構造物の反力および応力図を求めよ.

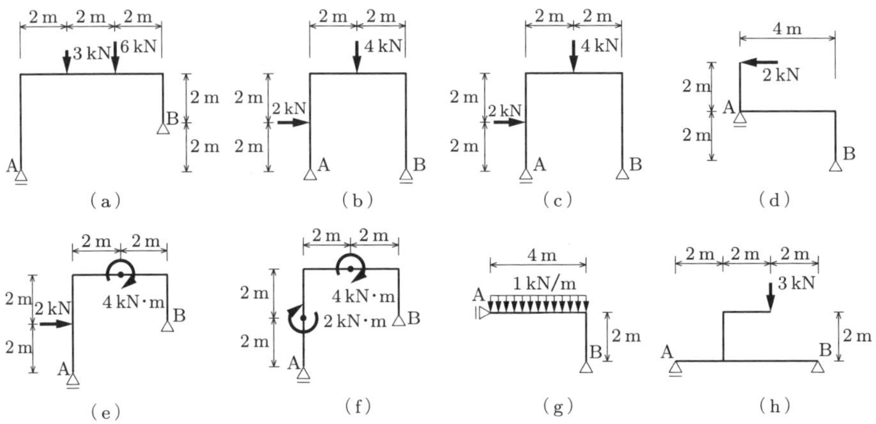

図 7.10 （次頁へ続く）

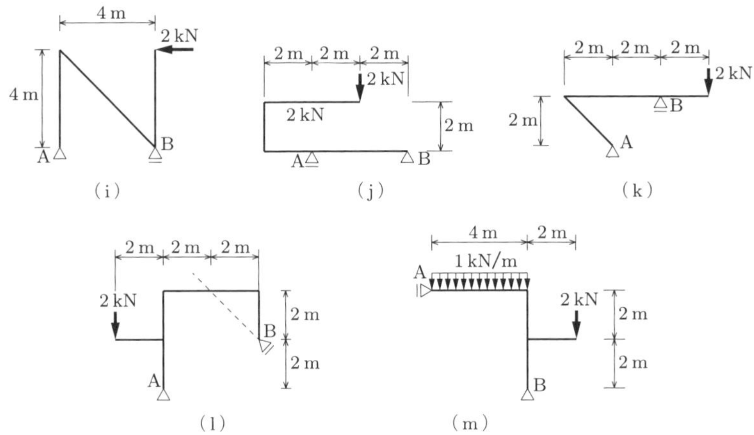

図 7.10（続き）

7.3　図 7.11 に示す構造物の反力および応力図を求めよ．

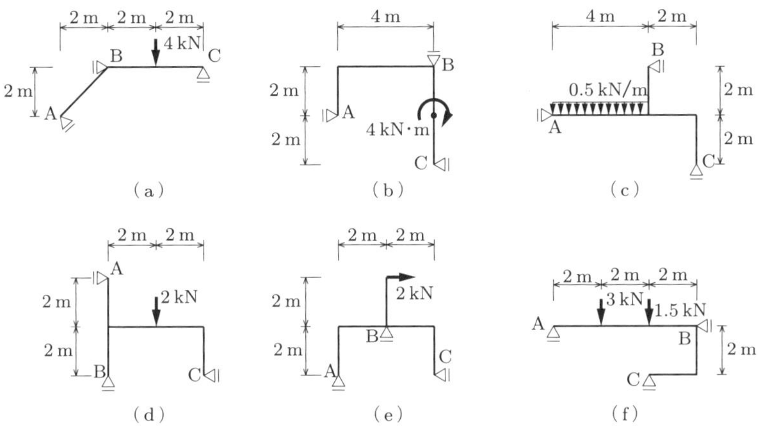

図 7.11

8 静定ラーメン (2)

8.1 三ヒンジ式ラーメンの応力

三ヒンジ式ラーメンは，$\sum X = 0, \sum Y = 0, \sum M = 0$ の力のつり合い条件だけから反力を求めることができない．しかし，ピン節点は回転が自由なので，その点の曲げモーメントが0となることから，その条件を加えて，三ヒンジ式ラーメンを求めてみよう．

例 8.1 図 8.1 のような集中荷重を受ける三ヒンジ式ラーメンの応力を求める．

(1) 反力

反力 V_{A}，H_{A}，V_{B} および H_{B} を図 8.1 のように仮定すると，力のつり合い条件式

$$\begin{aligned}
&\sum X = 0 &&: + P - H_{\mathrm{A}} - H_{\mathrm{B}} = 0 \\
&\sum Y = 0 &&: + V_{\mathrm{A}} - V_{\mathrm{B}} = 0 \\
&\sum M_{\mathrm{A}} = 0 &&: + P\frac{l}{2} - V_{\mathrm{B}} l = 0 \\
&\sum M_{\mathrm{C}}(\text{右}) = 0 &&: + H_{\mathrm{B}} l - V_{\mathrm{B}}\frac{l}{2} = 0
\end{aligned}$$

から，反力は次のように求められる．

$$V_{\mathrm{A}} = V_{\mathrm{B}} = +\frac{P}{2}, \quad H_{\mathrm{A}} = +\frac{3P}{4}, \quad H_{\mathrm{B}} = +\frac{P}{4}$$

(2) 応力図

■ M 図

柱材 AD および BE の M 図は，D 点および E 点を固定支点とする片持梁 AD および BE として求められる（$M_{\mathrm{A}} = 0$，$M_{\mathrm{F}} = +3Pl/8$，$M_{\mathrm{D}} = +Pl/4$ および $M_{\mathrm{B}} = 0$，$M_{\mathrm{E}} = +Pl/4$）．また，梁材 DE の M 図は，C 点の $M_{\mathrm{C}} = 0$ となることに注意して求める．よって，M 図は図 (a) のように求められる．

■ Q 図

部材のせん断力は，M 図の勾配から求められる．また，その大きさは，部材の材軸に垂直な荷重および反力のいずれか一方の側の合計としても求められる．よって，Q 図は図 (b) のように求められる．

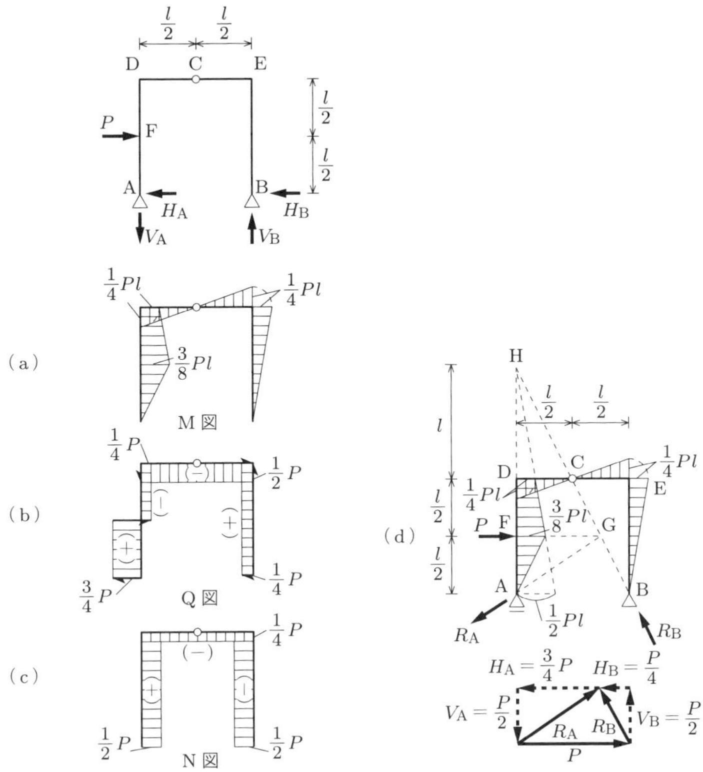

図 8.1

■ N 図

柱材 AD および BE の軸方向力は，その材軸方向の反力から求められ，また，梁材 DE の軸方向力は，いずれか一方の側のその材軸方向の荷重および反力の合計として求められる．よって，N 図は図 (c) のように求められる．

以上で，本例の応力および反力は求められたことになるが，反力および M 図は，図 (d) のように，図式的に求める方が便利な場合がある．

まず，B 支点の反力 R_B はピン節点 C を通らなければならないから，その作用線と荷重 P との交点を G とすれば，A 支点の反力 R_A は G 点を通ることになる．この 3 つの力 P，R_A および R_B が 1 点 G においてつり合うよう反力 R_A および R_B を定めればよい．また，R_A は V_A と H_A に，R_B は V_B と H_B に分解され，前記 (1) 項の反力と一致する．

次に，R_B の作用線と AD の延長線との交点を H とすれば，AD 材は AH なる単純梁の一部とみなされるので，M 図は，A 点において，$P \times (l/2)$ を適当な縮尺にとり，これを基準にして図 (d) のように求められ，前記の図 (a) と一致する．

さらに，荷重 P が 2 つ以上あるときは，その合力を P とみなして同様に行えばよい．荷重がピン節点 C の両側にあるときは，片側について前記の方法を行い，両者を合成すればよい．

例 8.2 図 8.2 のような集中荷重を受ける三ヒンジ式ラーメンの応力を求める.

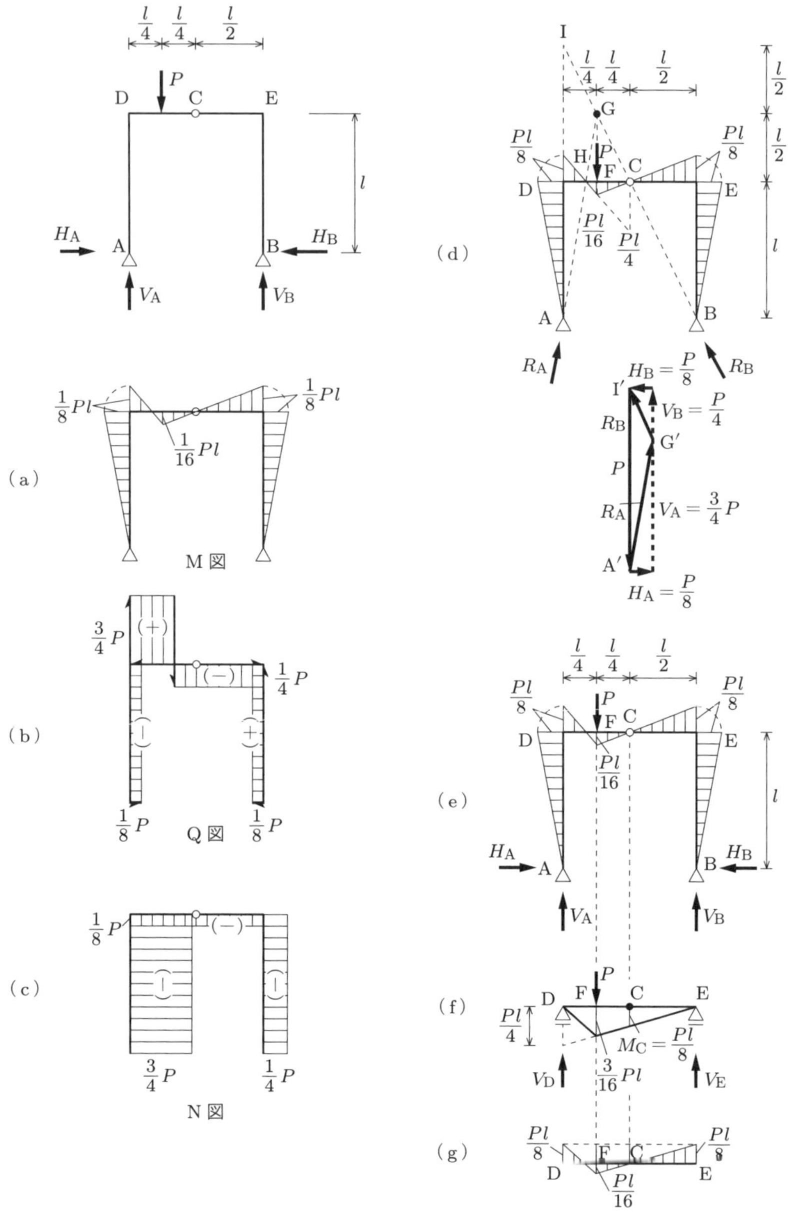

図 8.2

(1) 反力

反力 V_A, H_A, V_B および H_B を図 8.2 のように仮定すると, 力のつり合い条件式

$$\sum X = 0 \qquad : +H_{\mathrm{A}} - H_{\mathrm{B}} = 0$$
$$\sum Y = 0 \qquad : +P - V_{\mathrm{A}} - V_{\mathrm{B}} = 0$$
$$\sum M_{\mathrm{A}} = 0 \qquad : +P\frac{l}{4} - V_{\mathrm{B}}l = 0$$
$$\sum M_{\mathrm{C}}(\text{右}) = 0 : +H_{\mathrm{B}}l - V_{\mathrm{B}}\frac{l}{2} = 0$$

から，反力は次のように求められる．

$$V_{\mathrm{A}} = +\frac{3P}{4}, \quad V_{\mathrm{B}} = +\frac{P}{4}, \quad H_{\mathrm{A}} = H_{\mathrm{B}} = +\frac{P}{8}$$

(2) 応力図

▪ M 図

柱材 AD および BE の M 図は，D 点および E 点を固定支点とする片持梁 AD および BE として求められる（$M_{\mathrm{A}} = 0$，$M_{\mathrm{D}} = -Pl/8$ および $M_{\mathrm{B}} = 0$，$M_{\mathrm{E}} = +Pl/8$）．また，梁材 DE の M 図は，$M_{\mathrm{D}} = -Pl/8$，$M_{\mathrm{E}} = +Pl/8$，$M_{\mathrm{C}} = 0$ となることに注意して求める．よって，M 図は図 (a) のように求められる．

▪ Q 図および N 図

Q 図および N 図は，M 図，荷重および反力にもとづき，例 8.1 と同じようにして，図 (b) および図 (c) のように求められる．

以上で，本例の反力および応力は求められたことになるが，反力および M 図は，例 8.1 と同じように図式的に求めると図 (d) のようになる．

一方，本例のように，梁材 DE に鉛直荷重のみが作用するときは，支点 A および B の鉛直反力は，図 (f) の単純梁 DE の反力に等しくなる（$V_{\mathrm{A}} = V_{\mathrm{D}} = +3P/4$，$V_{\mathrm{B}} = V_{\mathrm{E}} = +P/4$）．また，支点 A および B の水平反力は，互いに大きさが等しく，梁材 DE のピン節点 C の曲げモーメントが 0 となるように作用する．したがって，梁材 DE の M 図は，図 (f) の単純梁 DE の M 図の $M_{\mathrm{C}} = Pl/8$ が 0 となるよう基線を平行移動して，図 (g) のように求められる．

よって，本例の M 図は図 (e) のように求められ，図 (a) と一致する．また，支点 A および B の水平反力は $H_{\mathrm{A}} = H_{\mathrm{B}} = M_{\mathrm{E}}/l = (Pl/8)/l = P/8$ となる．このように，梁材を単純梁と考えて M 図を求めることもできる．

8.2 | その他の静定ラーメンの応力

8.2.1 組合せ静定ラーメンの応力の求め方

7.2 節から 8.1 節にわたり，代表的な静定ラーメン，すなわち，片持梁型ラーメン，単純梁型ラーメン，三支端ラーメンおよび三ヒンジ式ラーメンについての応力の求め方を述べてきたが，これらのほかに，これら静定ラーメンをいくつか適当に組み合わせて，全体として静定なラーメンをつくることができる．これを組合せ静定ラーメンという．たとえば，図 8.3(a) は，3 つの三ヒンジ式ラーメン DIH，ACDB および FHGE を組み合わせたもので，全体としても静定ラーメンである．

このような静定ラーメンの反力および応力を求めるには，図 (a) を図 (b) から図 (d)

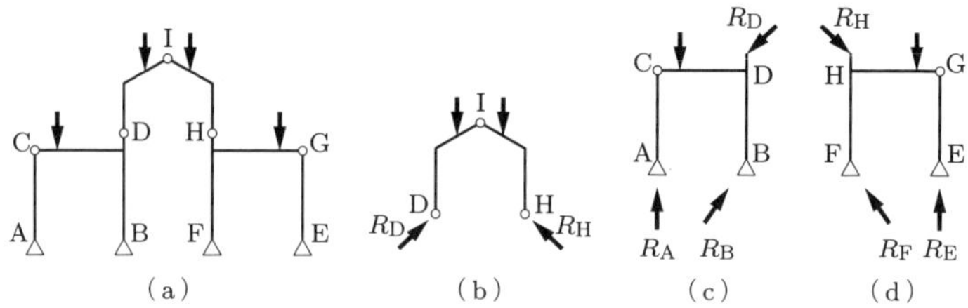

図 8.3

のように 3 つの三ヒンジ式ラーメンに分解し，まず，上部の三ヒンジ式ラーメン DIH については，8.1 節にもとづいて，その反力 R_D および R_H ならびにその応力を求める．次に，この反力 R_D および R_H をそれぞれ図 (c) および図 (d) の三ヒンジ式ラーメンに作用する荷重と考えて，各骨組の反力および応力を求めればよい．

8.2.2 間接荷重を受ける静定構造物の応力

図 8.4 は，単純梁 AB に荷重が作用する単純梁 KL がのった構造物で，2 つの静定構造物を組み合わせた組合せ静定構造物である．この場合，単純梁 AB は直接荷重を受けず，単純梁 KL を経て荷重を受けることになる．このとき，この単純梁 AB は**間接荷重** (indirect load) を受けるという．

このような組合せ静定構造物の一般的解法は，8.2.1 項で述べたように，まず，上部の静定構造物を解き，次に，この反力を下部に作用する荷重と考えて下部の静定構造物を解けばよい．しかし，次のような方法により，ただちに下部の構造物の応力を求めることもできる．すなわち，荷重が直接に作用しようが間接的であろうが，構造物全体のつり合いは同じであることに注意して，まず荷重が直接に作用するときの下部構造物の M 図を求め，次に荷重が間接に作用することを考えてこの M 図を修正すればよい．

例 8.3 図 8.4 のような間接荷重を受ける単純梁の M 図を求める．

まず，梁 AB に直接荷重 P が作用するときの M 図 132 を求める．次に，荷重が梁 KL の支点 K および L を通じて間接に作用するときは，この区間の曲げモーメントは直線的に変化するはずであるから，KL 間の部分を直線 $\overline{45}$ で結べば，下部の梁 AB の M 図は 1452 のハッチ部分で表され，一方上部の梁 KL の M 図は，435 のハッチ部分で表される．また，Q 図および N 図は，M 図，荷重および反力にもとづいて求めればよい．

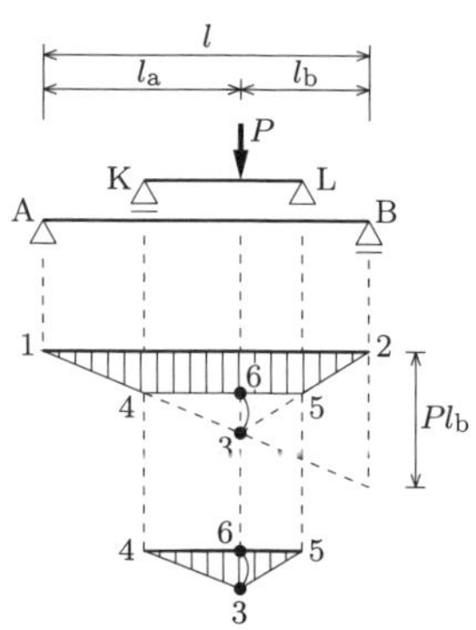

図 8.4

例 8.4 図 8.5 のような間接荷重を受ける片持梁の M 図を求める.

図 8.5 は，荷重が作用する単純梁 KL が片持梁 AB の上にのったもので，全体として組合せ静定構造物を示す.

まず，片持梁 AB に直接荷重が作用するときの M 図 132 を求める．次に，KL 間を直線 $\overline{45}$ で結べば，下部の片持梁の M 図は 4532 のハッチ部分で表され，また，上部の単純梁 KL の M 図は 415 のハッチ部分で表される．さらに Q 図および N 図は例 8.3 と同じようにして求められる.

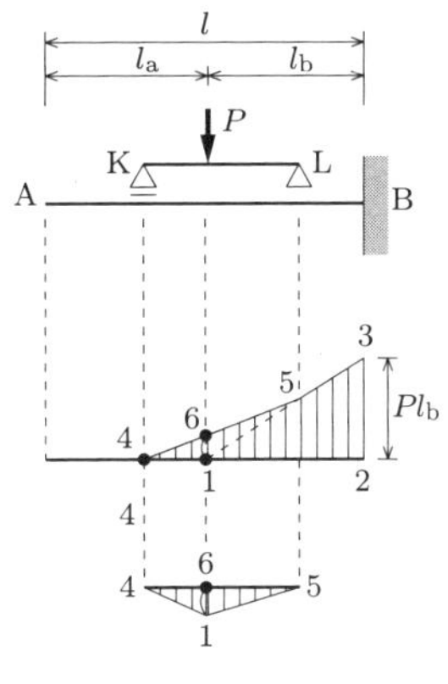

図 8.5

8.3 | 対称性および逆対称性の利用

8.3.1 対称性の利用

実際の骨組では，構造的に対称軸をもつ場合が多く，また，その荷重もこの対称軸に関して対称となることがしばしばある．このような荷重を**対称荷重** (symmetrical load) という．このように，骨組が構造的ならびに荷重的に対称となるときは，この骨組の応力および変形も対称となる．このような骨組の対称性を利用すると，その応力などが容易に求められる場合が多い．ここでは，三ヒンジ式ラーメンを対象として，これについて具体的に述べる.

いま，図 8.6 のように，構造的に対称な三ヒンジ式ラーメンに対称荷重が作用すると，対称軸上のピン節点 C の応力 V_C および H_C は対称となり，かつ力のつり合い条件を満足しなければならない．すなわち

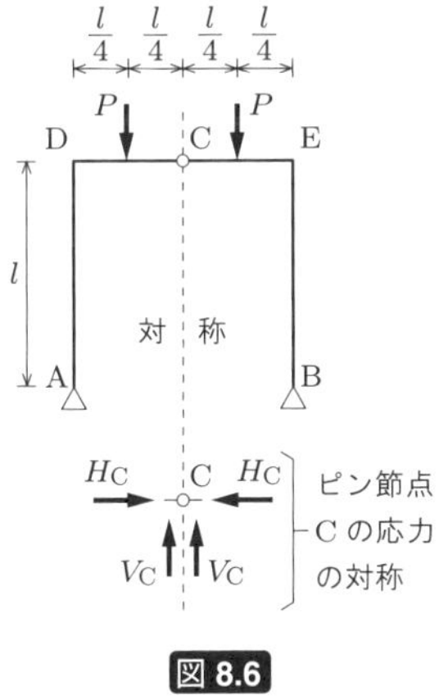

図 8.6

$$\sum X = 0 : + H_C - H_C = 0 \quad \therefore \quad H_C = H_C$$
$$\sum Y = 0 : - V_C - V_C = 0 \quad \therefore \quad V_C = 0$$

が成立し，対称軸上のピン節点 C には，水平応力だけが作用することになる．

よって，構造的ならびに荷重的に対称な三ヒンジ式ラーメンの応力を求めるにあたっては，対称軸に関していずれか一方の骨組を対象とし，対称軸上のピン節点には水平方向の応力だけが作用するものと考えれば，この骨組の応力は容易に求められる．

例 8.5　図 8.7 のような対称な鉛直荷重を受ける三ヒンジ式ラーメンの応力を求める．

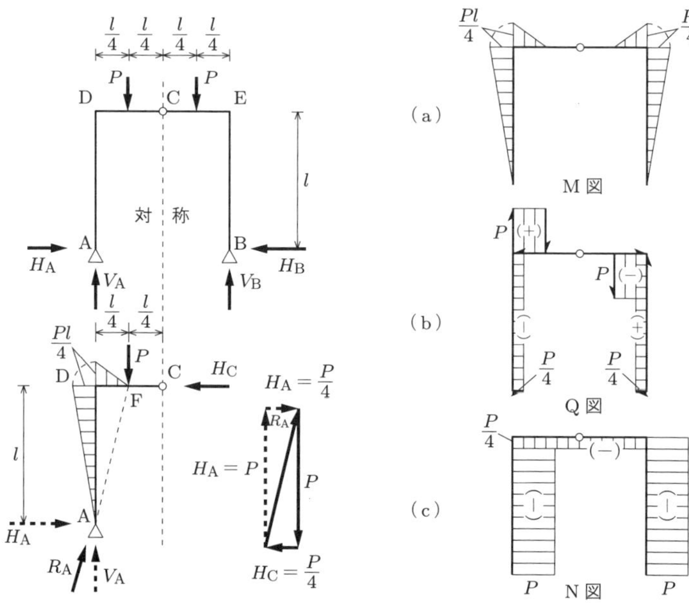

図 8.7

(1) 反力

構造的ならびに荷重的に対称であるから，対称軸に関して左半分だけを考え，その反力を図のように V_A，H_A および H_C と仮定すると，力のつり合い条件式

$$\sum X = 0 \quad : + H_A - H_C = 0$$
$$\sum Y = 0 \quad : + P - V_A = 0$$
$$\sum M_A = 0 \quad : + P\frac{l}{4} - H_C l = 0$$

から，反力は次のように求められる．

$$V_A = +P, \quad H_A = H_C = +\frac{P}{4} \quad (V_A = V_B,\ H_A = H_B)$$

また，図 8.7 のように，H_C の作用線と荷重 P との交点を F とすれば，A 支点の反力 R_A の作用線はこの F 点を通る．この 1 点 F に作用する 3 つの力 P，H_C および R_A がつり合うように反力 R_A および H_C を求め，R_A を V_A と H_A に分解すれば，反力は図式的にも求められる．

(2) 応力図

■ M 図

$$M_A = 0, \quad M_D = -\frac{Pl}{4}, \quad M_F = 0, \quad M_C = 0$$

よって，M 図は，対称性を利用して，図 (a) のように求められる．

■ Q 図および N 図

Q 図および N 図は，M 図，荷重および反力にもとづいて，図 (b) および図 (c) のように求められる．

例 8.6 図 8.8 のような対称な水平荷重を受ける三ヒンジ式ラーメンの応力を求める．

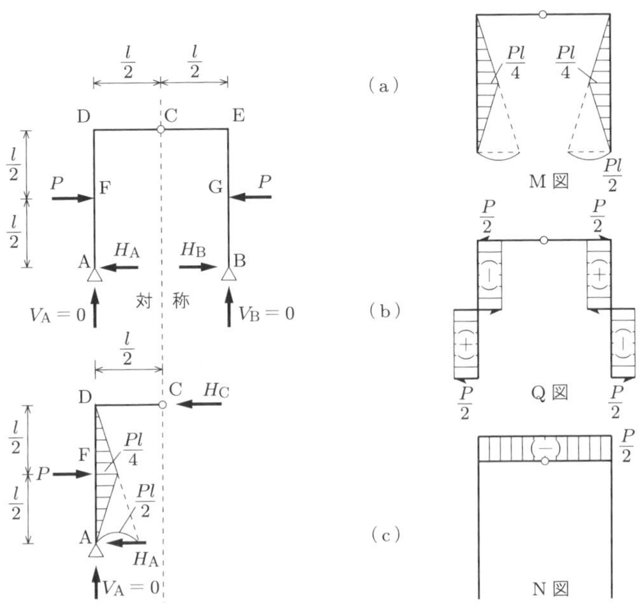

図 8.8

(1) 反力

構造的ならびに荷重的に対称であるから，対称軸に関して左半分だけを考え，その反力を V_A，H_A および H_C と仮定すると，力のつり合い条件式

$$\sum X = 0 \ :+P - H_C - H_A = 0$$
$$\sum Y = 0 \ :-V_A = 0$$
$$\sum M_A = 0 :-H_C l + P\frac{l}{2} = 0$$

から，反力は次のように求められる．

$$V_A = 0, \quad H_A = H_C = +\frac{P}{2} \quad (H_A = H_B,\ V_A = V_B)$$

(2) 応力図

■ M 図

$$M_A = 0, \quad M_F = +\frac{Pl}{4}, \quad M_D = 0, \quad M_C = 0$$

よって，M 図は，対称性を利用して，図 (a) のように求められる．

■ Q 図および N 図

Q 図および N 図は，M 図，荷重および反力にもとづいて，図 (b) および図 (c) のように求められる．

8.3.2　逆対称性の利用

構造的に対称な骨組の対称な位置に，同じ大きさの荷重が作用し，その向きが対称な荷重のときと逆のとき，この荷重を逆対称荷重という．この逆対称荷重が対称な骨組に作用すると，この骨組の応力および変形も逆対称となる．このような骨組の逆対称性を利用すると，骨組の応力が容易に求められる場合が多い．ここでは，三ヒンジ式ラーメンを対象として具体的に述べる．

いま，図 8.9 のように，構造的に対称な三ヒンジ式ラーメンに逆対称荷重が作用すると，対称軸上のピン節点 C の応力 V_C および H_C は逆対称となり，かつ，力のつり合い条件を満足しなければならない．すなわち，

$$\sum X = 0 :+H_C + H_C = 0 \quad \therefore \quad H_C = 0$$
$$\sum Y = 0 :+V_C - V_C = 0 \quad \therefore \quad V_C = V_C$$

が成立し，中央のピン節点 C には垂直応力だけが作用することになる．

よって，構造的に対称な三ヒンジ式ラーメンに逆対称荷重が作用するときは，対称軸に関していずれか一方の骨組を対象とし，対称軸上のピン節点には垂直方向の応力だけが作用するものと考えれば，この骨組の応力は容易に求められる．

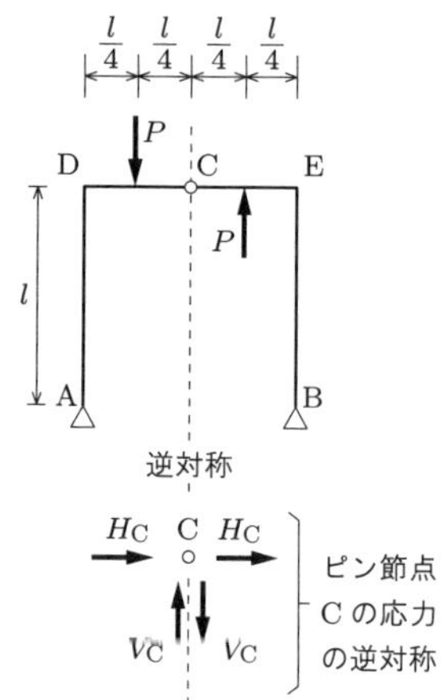

図 8.9

例 8.7 図 8.10 のような逆対称な鉛直荷重を受ける三ヒンジ式ラーメンの応力を求める.

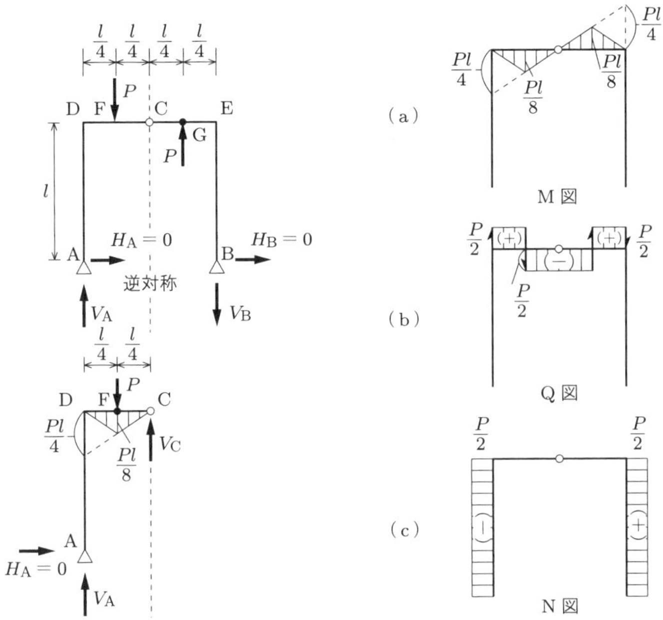

図 8.10

(1) 反力

構造的に対称な三ヒンジ式ラーメンが逆対称荷重を受けるので，対称軸に関して左半分だけを考え，その反力を図 8.10 のように V_A，H_A および V_C と仮定すると，力のつり合い条件式

$$\sum X = 0 \quad : + H_A = 0$$
$$\sum Y = 0 \quad : + P - V_A - V_C = 0$$
$$\sum M_A = 0 : + P\frac{l}{4} - V_C\frac{l}{2} = 0$$

から，反力は次のように求められる.

$$H_A = 0, \quad V_A = V_C = +\frac{P}{2} \quad (V_A = V_B,\ H_A = H_B)$$

(2) 応力図

■ M 図

$$M_A = M_D = 0, \quad M_F = +\frac{Pl}{8}, \quad M_C = 0$$

よって，M 図は，逆対称性を利用して，図 (a) のように求められる.

■ Q 図および N 図

Q 図および N 図は，M 図，荷重および反力にもとづいて，図 (b) および図 (c) のように求められる．

例 8.8 図 8.11 のような逆対称な水平荷重を受ける三ヒンジ式ラーメンの応力を求める．

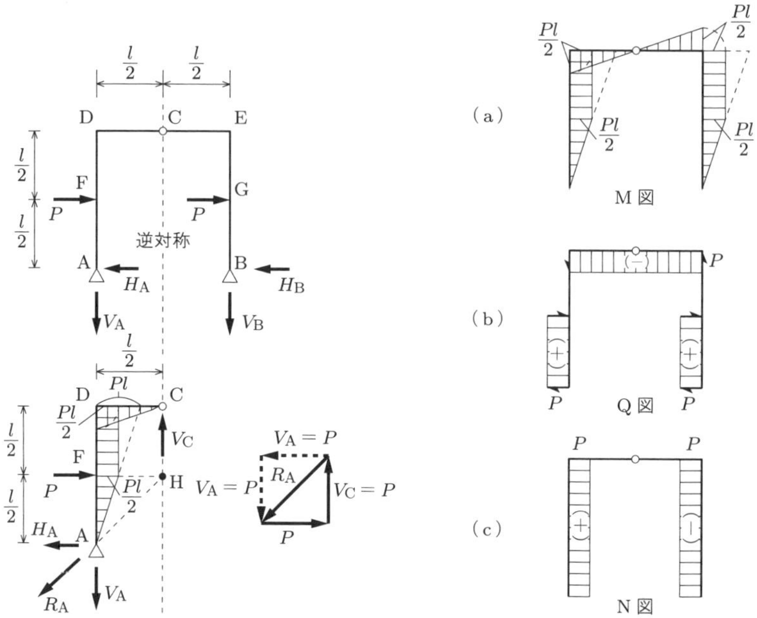

図 8.11

(1) 反力

構造的に対称な三ヒンジ式ラーメンが逆対称荷重を受けるので，対称軸に関して左半分だけを考え，その反力を図 8.11 のように V_A，H_A および V_C と仮定すると，力のつり合い条件式

$$\sum X = 0 \ : + P - H_A = 0$$
$$\sum Y = 0 \ : + V_A - V_C = 0$$
$$\sum M_A = 0 : + P\frac{l}{2} - V_C\frac{l}{2} = 0$$

から，反力は次のように求められる．

$$V_A = V_C = +P, \quad H_A = +P \quad (V_A = V_B,\ H_A = H_B)$$

また，図のように V_C の作用線と荷重 P との交点を H とすれば，支点 A の反力 R_A の作用線は H 点を通る．この 1 点 H に作用する 3 つの力 P，V_C および R_A が

つり合うように反力 R_A および V_C を求め，R_A を V_A と H_A に分解すれば，反力は図式的にも求められる．

(2) 応力図

▪ M 図

$$M_A = 0, \quad M_F = +\frac{Pl}{2}, \quad M_D = +\frac{Pl}{2}, \quad M_C = 0$$

よって，M 図は，逆対称性を利用して，図 (a) のように求められる．

▪ Q 図および N 図

Q 図および N 図は，M 図，荷重および反力にもとづいて，図 (b) および図 (c) のように求められる．

8.3.3 荷重の置換法の利用

形状が構造的に対称な骨組に各種の荷重が作用するとき，この荷重を対称荷重と逆対称荷重に置き換え，前記 8.3.1 項の骨組の対称性と 8.3.2 項の骨組の逆対称性を利用すると，骨組の応力が簡単に求められる場合がある．

たとえば，図 8.12(a) および図 8.13(a) の骨組の応力などを求めるにあたり，荷重

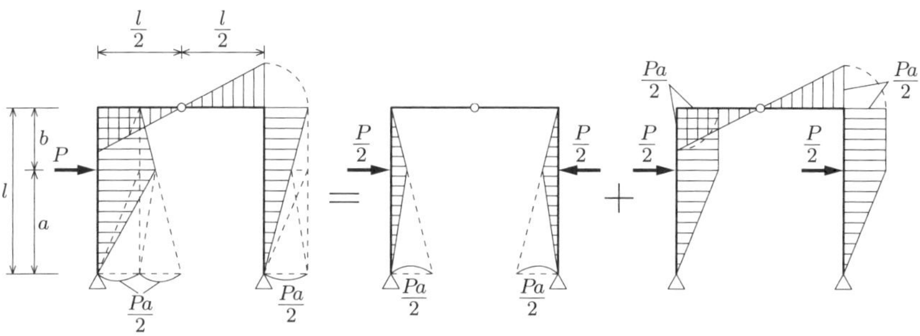

図 8.12

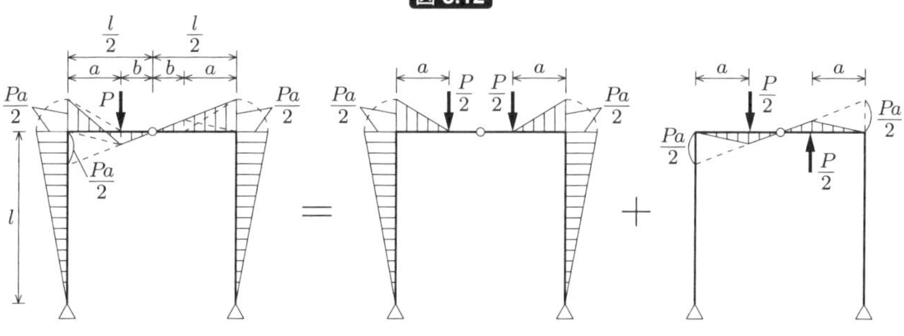

図 8.13

P を，その半分の $P/2$ を用いて両図の図 (b) および図 (c) のように対称および逆対称な荷重に置換し，それぞれの荷重時の骨組の M 図を求め，これらを合成して図 (a) の M 図を求める．次にこの図 (a) の M 図，荷重および反力にもとづいて Q 図および N 図が求められる．

このように，ある荷重を別のいくつかの荷重に置換して，それぞれの場合の骨組の M 図を求め，これを合成して骨組の応力を求める方法を荷重の置換法という．この方法は，骨組の部材に生じる応力が弾性範囲のときだけに適用できる方法である．

演習問題 8

8.1　図 8.14 に示す構造物の反力および応力図を求めよ.

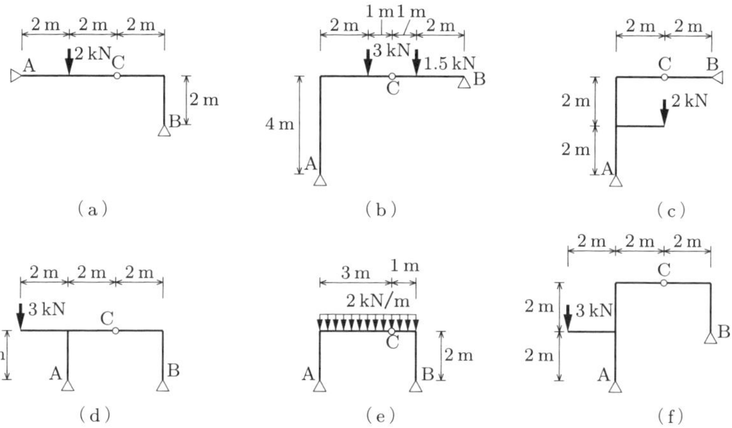

図 8.14

8.2　図 8.15 に示す構造物の反力および応力図を求めよ.

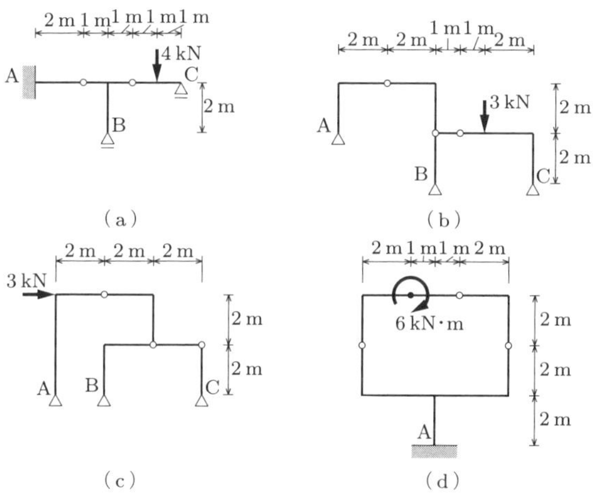

図 8.15

8.3 図 8.16 に示す構造物の反力および M 図を求めよ.

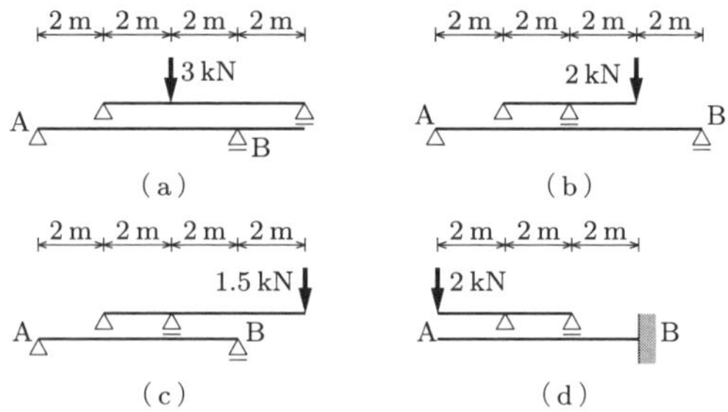

図 8.16

8.4 図 8.17 に示す構造物の反力および応力図を求めよ.

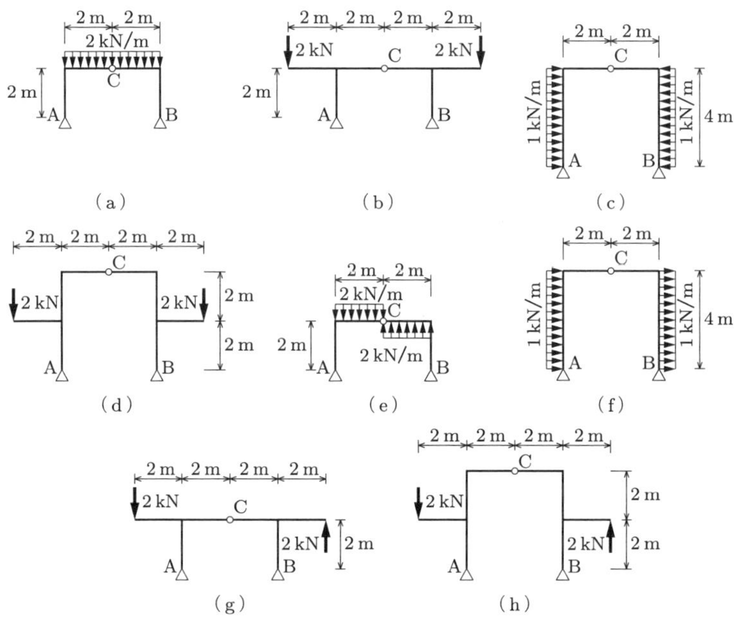

図 8.17

9 静定トラス

9.1 概　要

直線材をピン節点を用いて三角形状に組み立てた要素の連続体を適当な方法で支持し，全体として外力に抵抗できるものを**トラス** (truss) またはトラス構造物という．この場合，荷重がトラスの節点にだけ作用するとき，部材の応力の方向はその部材の方向と一致するから，部材には軸方向力だけが生じることになり，曲げモーメントおよびせん断力は生じない．

しかし，実際のトラス構造物は前記のような理想的なものではない．すなわち，屋根に用いられる小屋組トラスならびに一般のトラス梁などでは，節点が完全なピン節点でなく剛節点であったり，あるいは，トラスに作用する荷重も節点だけに作用するとは限らず，部材の中間に作用する場合もある．

このような実際のトラス構造物も，取り扱いの便宜上，前記のようにモデル化をして計算の簡略化をはかっている．この際，実際とモデル化との相違に対しては，後で工学的判断のもとに補正をする方法をとっている．たとえば，荷重が節点間に分布する場合，まず，中間荷重が節点に及ぼす影響を考慮した節点荷重として取り扱い，次に，中間荷重が部材に与える影響については，別途に考慮する方法が採用されている．

トラスには，空間構成の方法により**立体トラス** (space truss) と**平面トラス** (plane truss) の 2 つの種類があるが，ここでは，トラス部材と荷重が同一平面上にある平面トラスを対象とする．この平面トラスの部材の構成法などにより，力のつり合い条件だけでその応力および反力が求まるものを**静定トラス** (statically determinate truss) といい，求まらないものを**不静定トラス** (statically indeterminate truss) という．ここでは，この静定トラスについて考える．

この静定トラスの形式には，図 9.1 のような片持梁型トラス，単純梁型トラスおよび三ヒンジ式トラスなどがあり，これらの解法によく用いられる節点法，切断法および部材の置換法などについて以下に述べる．

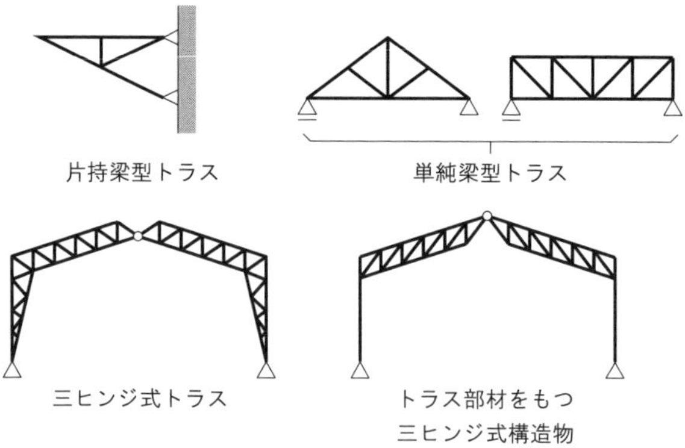

図 9.1

9.2 | 節点法

静定トラスも静定構造物の一種であるから，これを解くには，まず，反力を力のつり合い条件から求める．次に，トラスの各節点にピン節点としての力のつり合い条件を順次適用して，トラスの部材の応力を求める．この方法を節点法という．

この場合，力のつり合い条件から，トラスの各節点について 2 つの未知の応力を求めることができるので，各節点のうちで，まず未知の応力が 2 つ以下の節点から解き始め，順次この方法を各節点に適用して未知の応力を求めていけばよい．

トラスの節点に作用する外力および応力のつり合い条件として，“1 点に作用する数力の示力図が閉じる”関係を用いる図式解法と，“$\sum X = 0$，$\sum Y = 0$”なる関係を用いる数式解法とがあるが，一般には，図式解法を用いる方が便利な場合が多い．

例 9.1　図 9.2(a) のような単純梁型トラスの応力を図式的に求める．

(1) 反力

反力 V_{A}，V_{B} および H_{B} を図 (a) のように仮定すると，力のつり合い条件式

$$\begin{aligned}
&\sum X = 0 \quad : + H_{\mathrm{B}} = 0 \\
&\sum Y = 0 \quad : + 4P - V_{\mathrm{A}} - V_{\mathrm{B}} = 0 \\
&\sum M_{\mathrm{A}} = 0 : + P\frac{l}{4} + P\frac{2l}{4} + P\frac{3l}{4} + \frac{P}{2}l - V_{\mathrm{B}}l = 0
\end{aligned}$$

から，反力は次のように求められる

$$H_{\mathrm{B}} = 0, \quad V_{\mathrm{A}} = V_{\mathrm{B}} = +2P$$

よって，単純梁型トラス AB は対称なトラスであることがわかる．また，反力は示力図および連力図を用いて図式的にも求められる．

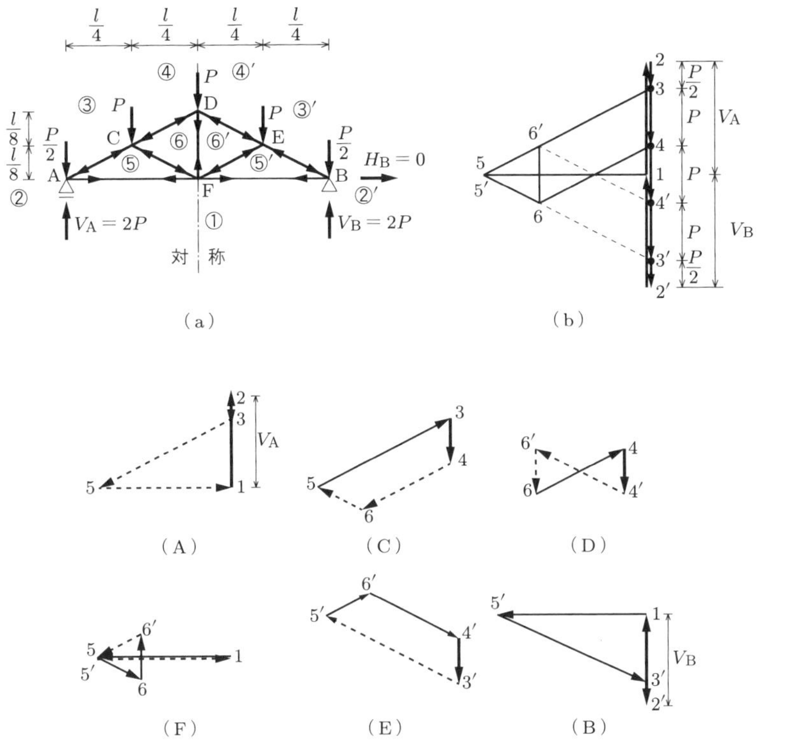

図 9.2

(2) 部材の応力

図 (a) の外力および部材の応力を 2.2.2 項のバウの記号法で表すにあたり，トラスは対称であるから，その空間に ① から ⑥ および ②′ から ⑥′ の記号をつける．次に，未知の応力が 2 つ以下の節点について，順次時計まわりに示力図が閉じるように書き，未知の応力を求める．この具体的な方法を以下に述べる．

まず，左端の支点 A では，既知の反力 $V_A = \overline{12}$，荷重 $P/2 = \overline{23}$ と未知の応力 $\overline{35}$，$\overline{51}$ が図 (A) のように示力図 12351 を閉じるように描く．応力の向きは示力図の矢印の向きで，$\overline{35}$ は A 点を圧縮し，$\overline{51}$ は A 点を引張る．すなわち，$\overline{35}$ 材は圧縮材（—▶ —◀—▶ ◀—）で $\overline{51}$ 材は引張材（◀— —▶◀— —▶）となり，隣りの節点 C および F をそれぞれ圧縮または引張ることになる．次に，未知の応力が 2 つある節点 C に進み，図 (C) のように既知の圧縮応力 $\overline{53}$，荷重 $P = \overline{34}$ と未知の 2 つの応力 $\overline{46}$，$\overline{65}$ が示力図 53465 を閉じるように描けば，$\overline{46}$ 材および $\overline{65}$ 材は圧縮材となる．さらに，未知の応力が 2 つある節点 D に進み（節点 F では未知応力は 3 つある），図 (D) のように既知の圧縮応力 $\overline{64}$，荷重 $P = \overline{44'}$ と未知の 2 つの応力 $\overline{4'6'}$，$\overline{6'6'}$ が示力図 $644'6'6$ を閉じるように描くと，$\overline{4'6'}$ 材は圧縮材，$\overline{6'6}$ 材は引張材となる．以下同じようにして，節点 F および節点 E のつり合いから，図 (F) および図 (E) のような示力図が求まり，$\overline{6'5'}$ 材は圧縮材，$\overline{5'1}$ 材は引張材また $\overline{3'5'}$ 材は圧縮材となる．

以上で，このトラスの部材の応力はすべて求まったことになるが，支点 B の示力

図 $15'3'2'1$ を書けば図 (B) のように閉じるので，部材の応力の正しいことを確認できる．

このトラス AB は前記のように対称であるから，対称軸に関して左半分だけの部材の応力を求めれば，他の部材の応力は対称性を利用して求められる．すなわち，節点の示力図は A，C および D の 3 つの節点について求めればよく，解法は容易となる．

以上では，各節点ごとに別々に示力図を描いたが，一般には，図 (b) のようにまとめて描かれる．このとき，はじめに外力系（荷重および反力）だけの示力図 $12344'3'2'1$ が閉じることを確認し，次に，前記の順序で各節点の示力図を描く方が便利である．図 (b) の中の実線は，節点 A，C および D の示力図を表す．また図 (b) の示力図全体は上下対称となり，トラスの応力が左右対称となることと対応する．

トラス部材の応力の大きさは，図 (b) の示力図中の荷重 P の長さを単位として，その部材の応力に対応する示力図中の線分の長さを測定することにより求められる．これにもとづいて，引張材ならば，たとえば +5.3 kN また圧縮材ならば −5.3 kN と図 (a) の部材に沿って直接記入すると，トラス部材の応力の分布が明白になる．合掌材が圧縮材，陸梁材が引張材となり，単純梁の曲げによって下側が引張側となることとも一致する．

このような図式解法でトラスの応力を求める方法をクレモナ図法といい，示力図を**クレモナの応力図** (Cremona's stress diagram) またはマックスウェルの応力図ともいう．

例 9.2　例 9.1 と同じ単純梁型トラスの応力を数式的に求める．

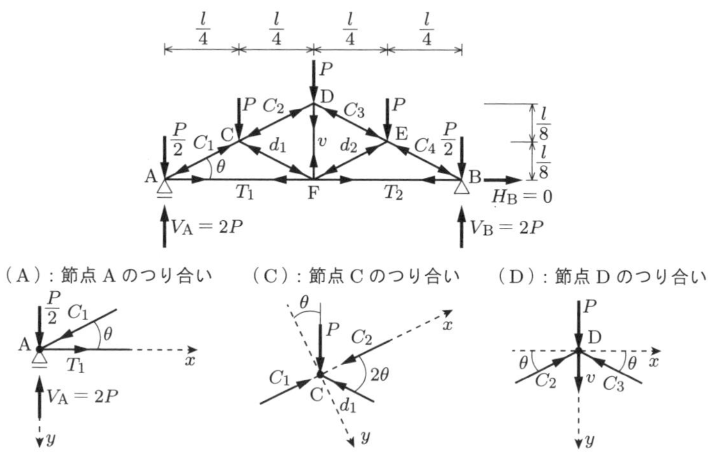

図 9.3

(1) 反力

例 9.1 と同じようにして，図 9.3 の単純梁型トラス AB の反力は $H_{\mathrm{B}} = 0$, $V_{\mathrm{A}} = V_{\mathrm{B}} = +2P$ として求まり，トラス AB は対称となる．

(2) 部材の応力

まず，各材の応力およびその方向を図 9.3(a) のように適当に仮定する．算定の結果，その値が負となれば，応力の方向は最初の仮定と反対であることを示す．

次に，各節点ごとに適当な直交座標軸 x，y を設け，$\sum X = 0$ および $\sum Y = 0$ なるつり合い条件式を用いて部材応力を求める．この場合，1 つの節点のつり合い条件から 2 つの未知の応力が求められるから，未知の応力が 2 つ以下の節点より解き始めることは図式解法のときと同じである．これらについて具体的に述べる．

トラスの対称性を利用して

$$T_1 = T_2, \quad C_1 = C_4, \quad C_2 = C_3, \quad d_1 = d_2 \tag{9.1}$$

が成立するから，節点 A，C および D の 3 つの節点について，この順序でつり合い条件を考えればよい．

節点 A のつり合い：図 (A)

$$\begin{aligned} &\sum X = 0 : + T_1 - C_1 \cos\theta = 0 \\ &\sum Y = 0 : + \frac{P}{2} + C_1 \sin\theta - 2P = 0 \\ &\qquad \therefore \quad C_1 = +\frac{3}{2} P \operatorname{cosec}\theta, \quad T_1 = +\frac{3}{2} P \cot\theta \end{aligned} \tag{9.2}$$

節点 C のつり合い：図 (C)

$$\begin{aligned} &\sum X = 0 : + C_1 - C_2 - P \sin\theta - d_1 \cos 2\theta = 0 \\ &\sum Y = 0 : + P \cos\theta - d_1 \sin 2\theta = 0 \\ &\qquad \therefore \quad d_1 = +\frac{P}{2} \operatorname{cosec}\theta, \quad C_2 = +P \operatorname{cosec}\theta \end{aligned} \tag{9.3}$$

節点 D のつり合い：図 (D)

$$\begin{aligned} &\sum X = 0 : + C_2 \cos\theta - C_3 \cos\theta = 0 \\ &\sum Y = 0 : + P + v - C_2 \sin\theta - C_3 \sin\theta = 0 \\ &\qquad \therefore \quad v = +P \end{aligned} \tag{9.4}$$

以上で，すべての部材の応力が求められ，図式解法の結果と一致する．また，部材の応力は P と θ の関数である．

9.3 切断法

トラス構造物のある特定の部材の応力を知りたいときは，その部材を含む断面でトラス構造物を仮想的に切断し，その片側の構造物のつり合いを考えて，切断された部材の応力を求めることができる．この方法を**切断法** (method of section) という．

この片側の構造物に適用するつり合い条件式として，$\sum X = 0$，$\sum Y = 0$，

$\sum M = 0$ を用いたときを**カルマン法** (Culmann's method) といい，一方，$\sum M_A = 0$，$\sum M_B = 0$，$\sum M_C = 0$ を用いたときを**リッター法** (Ritter's method) または**モーメント法** (method of moment) という．一般にはモーメント法がよく使用されるが，モーメント法の適用が困難なときはカルマン法が部分的に利用される場合が多い．

また，つり合い条件式は 3 つしかないので，トラス構造物を仮想的に切断するとき，未知応力の切断部材の数は 3 つ以下でなければならない．

例 9.3　**図 9.4(a) のような単純梁型トラスの EF，EH および GH の各部材の応力をモーメント法で求める．**

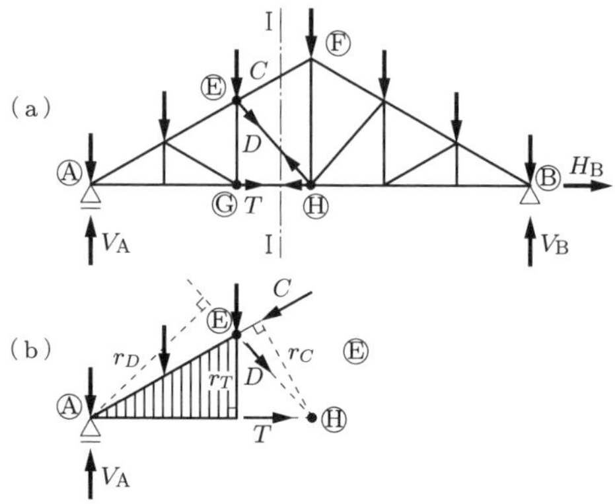

図 9.4

まず，図 (a) のトラス AB の反力 V_A，V_B および H_B を力のつり合い条件より求める．

次に，トラス AB を図 (a) のように EF，EH および GH の各材を含む I–I 断面で切断し，これらの各材の応力をそれぞれ C，D および T，またその方向を図 (a) のように仮定する．

そこで，応力 T は，応力 C および D の作用線の交点 E に関するモーメントのつり合いを考えると，応力 C および D の影響を受けずに求めることができる．すなわち，図 (b) のように左側のハッチ部分に加わる応力 T 以外の力の E 点に関するモーメントを M_E'，E 点と応力 T との距離を r_T とすれば，応力 T は E 点のモーメントのつり合いから次のように求められる．

$$\sum M_E = 0 : M_{E'} - T \cdot r_T = 0$$

$$\therefore \quad T = +\frac{M_{E'}}{r_T} \tag{9.5}$$

同じようにして，応力 C は，図 (b) の応力 T および D の作用線の交点 H に関するモーメントのつり合いから次のように求められる．

$$\sum M_H = 0 : M_H' - C \cdot r_C = 0$$

$$\therefore \quad C = +\frac{M_H'}{r_C} \tag{9.6}$$

ここに M_H'：図 (b) のハッチ部分に作用する応力 C 以外の力の H 点に関するモーメント

r_C：応力 C と H 点との距離

また，応力 D も，図 (b) の応力 C および T の作用線の交点 A に関するモーメントのつり合いから次のように求められる.

$$\sum M_{\mathrm{A}} = 0 : M'_{\mathrm{A}} + D \cdot r_D = 0$$

$$\therefore \quad D = -\frac{M'_{\mathrm{A}}}{r_D} \tag{9.7}$$

ここに M'_{A} ：図 (b) のハッチ部分に作用する応力 D 以外の力の A 点に関するモーメント

r_D ：応力 D と A 点との距離

以上で，図 (a) の単純梁型トラスの EF，EH および GH の各材の応力 C，D および T は求められたが，これらの値が負になれば，応力の向きは最初の仮定と反対となることに注意すべきである.

例 9.4 図 9.5(a) のような単純梁型平行弦トラス梁の応力を求める.

切断法は，このような上下弦材が平行な平行弦トラス梁の応力を求めるのに最も適している.

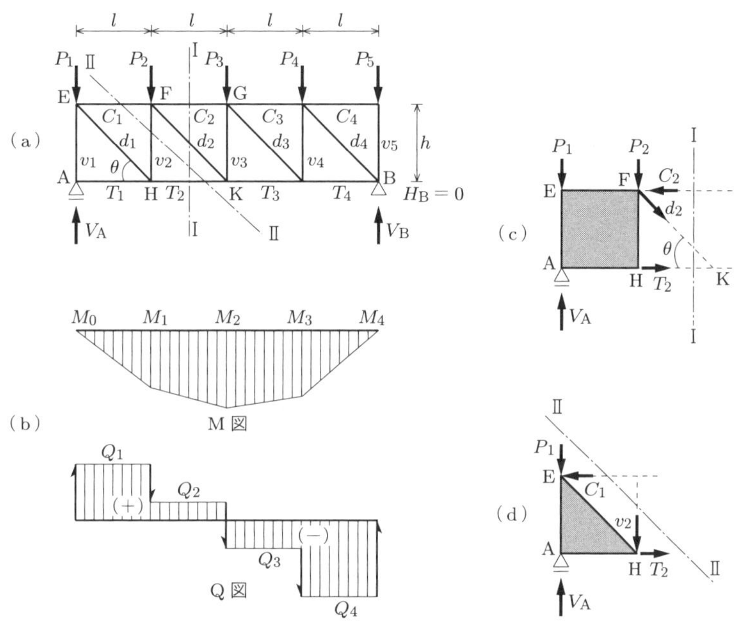

図 9.5

(1) 反力および応力図

図 (a) の反力 V_{A}，V_{B} および H_{B} を力のつり合い条件から求め，これにもとづいて，このトラス梁を単純梁と考えたときの応力図，すなわち，M 図および Q 図を求めると図 (b) のようになる.

(2) 部材の応力

図 (a) のように，トラスの各部材の応力を C_i，T_j，d_m および v_n と仮定する．まず，部材の応力 C_2，d_2 および T_2 を求めるには，例 9.3 と同じようにこれら 3 つの部材を含む断面 I–I で切断し，図 (c) のようにその左側の部分だけのつり合いを考えればよい．

このとき，応力 T_2 は，応力 C_2 および d_2 の作用線の交点 F に関するモーメントのつり合いから次のように求められる．

$$T_2 = \frac{V_{\mathrm{A}} l - P_1 l}{h} = \frac{M_1}{h} \tag{9.8}$$

同じようにして，応力 C_2 も，応力 T_2 および d_2 の作用線の交点 K に関するモーメントのつり合いから次のように求められる．

$$C_2 = \frac{V_{\mathrm{A}} \times 2l - P_1 \times 2l - P_2 l}{h} = \frac{M_2}{h} \tag{9.9}$$

また，応力 d_2 は，図 (c) の鉛直方向の力のつり合い条件から次のように求められる．

$$\sum Y = 0 : -V_{\mathrm{A}} + P_1 + P_2 + d_2 \sin\theta = 0$$

$$d_2 = \frac{V_{\mathrm{A}} - (P_1 + P_2)}{\sin\theta} = \frac{Q_2}{\sin\theta} = Q_2 \operatorname{cosec}\theta \tag{9.10}$$

次に，部材の応力 v_2 は，図 (d) のようにこれを含む II–II 断面の左側の部分だけを考え，鉛直方向の力のつり合い条件から次のように求められる．

$$\sum Y = 0 : -V_{\mathrm{A}} + P_1 + v_2 = 0$$

$$v_2 = V_{\mathrm{A}} - P_1 = Q_1 \tag{9.11}$$

以上から，図 (a) の平行弦トラス梁の部材の応力 C_2，T_2，d_2 および v_2 は，このトラスを単純梁と考えた M 図および Q 図から求められることがわかったので，同じようにして，このトラスの全部材の応力を求めると表 9.1 のようになる．

これらから，このようなトラスの上下弦材の応力は M 図から求められ，斜材および鉛直材の各応力は主として Q 図から求められることがわかる．

このことは，トラス梁では，曲げモーメントは上下弦材で負担され，せん断力は斜材および鉛直材で負担されることを表している．

表 9.1

上弦材	下弦材	斜材	鉛直材
$C_1 = M_1/h$　(−)	$T_1 = M_0/h = 0$	$d_1 = Q_1 \operatorname{cosec}\theta$　(+)	$v_1 = V_{\mathrm{A}}$　(−)
$C_2 = M_2/h$　(−)	$T_2 = M_1/h$　(+)	$d_2 = Q_2 \operatorname{cosec}\theta$　(+)	$v_2 = Q_1$　(−)
$C_3 = M_3/h$　(−)	$T_3 = M_2/h$　(+)	$d_3 = Q_3 \operatorname{cosec}\theta$　(−)	$v_3 = Q_2$　(−)
$C_4 = M_4/h = 0$	$T_4 = M_3/h$　(+)	$d_4 = Q_4 \operatorname{cosec}\theta$　(−)	$v_4 = Q_3$　(+)
			$v_5 = P_5$　(−)

(−)：圧縮，(+)：引張の各応力を示す

9.4 | 部材の置換法

静定トラスの図式解法において，トラスの応力を節点法で求められないときは，まず，トラスの部材の組み方を節点法が適用できるように一部分を変更して，このトラスの応力を求める．次に，トラスの部材の組み方をもとにもどし，この影響を受ける部分の応力を修正して，トラスの最終の部材の応力を求める．この方法を**部材の置換法** (method of member substitution) という．

例 9.5 図 9.6(a) のような対称な単純梁型トラスの応力を求める．

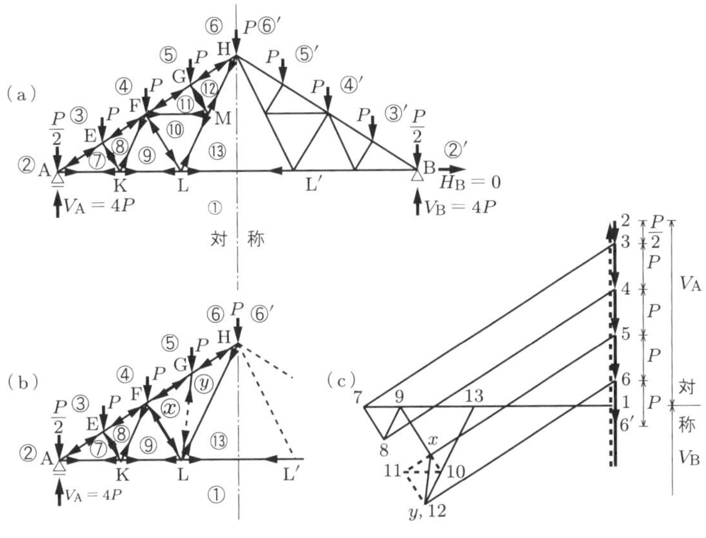

図 9.6

(1) 反力

反力 V_A，V_B および H_B を図 (a) のように仮定すれば，トラスの対称性と力のつり合い条件から反力は次のように求められる．

$$V_A = V_B = +4P, \quad H_B = 0$$

(2) 部材の応力

トラスの対称性を利用して，対称軸より左半分の部分だけを考え，この部分にバウの記号法を用いて，図 (a) のように空間に ① から ⑬ の記号をつける．

このトラスは，A，E および K の各節点までは，図式解法による節点法を用いて各部材の応力を求めることができるが，その後，F あるいは L のいずれの節点に進んでも 3 つの未知応力があるので，これ以上節点法では部材の応力を求めることができない．

そこで，図 (b) のように FM および GM の 2 つの部材を GL 部材で置換して，節点法が用いられるように部材の組み方を変える．この GL 部材を置換部材という．

このようにすると，A，E および K の各節点につづいて，F，G および L の各節点の順序に節点法を用いて各部材の応力が求まり，その示力図は図 (c) の実線のようになる．このような取り扱いをしても，GH，HM および LL′ の各部材の応力には変化が生じない．

ここで，図 (b) のトラスを図 (a) のトラスにもどし，L，F および M の各節点の順序に節点法を用いて図 (c) の示力図を破線のように修正すれば，最終的に，図 (a) のトラスの全部材の応力は，この修正された図 (c) の示力図から求められる．

例 9.6　図 9.7(a) のようなトラス部材をもつ三ヒンジ式構造物の応力を求める．

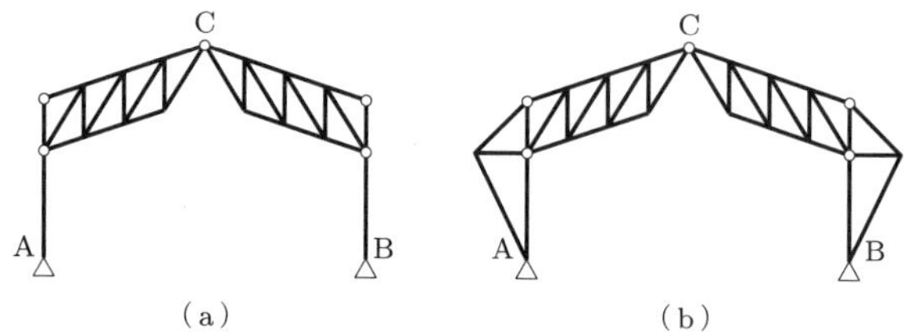

図 9.7

図 (a) は，支点 A および B と中央の接合部 C がピン接合であるから，トラス部材をもつ三ヒンジ式携造物である．この構造物の柱材を図 (b) のようにトラス状に置き換えると，柱および梁材ともトラス部材となる．この横造物を**三ヒンジ式トラス** (three hinged truss) という．

このような三ヒンジ式トラスの応力を求めるには，まず，三ヒンジ式構造物として反力を求め，次に，一般のトラスと同じようにして部材の応力を求めればよい．

いま，同じ荷重を受ける図 (a) と図 (b) の構造物を比較すると，反力と梁部分のトラス部材の応力は両者とも同一となる．そこで，図 (a) の構造物の応力を求めるには，まず，図 (b) の構造物の応力を求め，次に，単一材としての柱の応力（M 図，Q 図および N 図）は，反力と図 (b) のトラス梁からの応力を考慮して求めればよい．

この方法は，単一の柱材をトラス柱に置換して部材の応力を求めているので，部材の置換法の一種と考えられる．

演習問題 9

9.1　図 9.8 に示す静定トラスの反力および部材応力を図式と数式の両方法で求めよ.

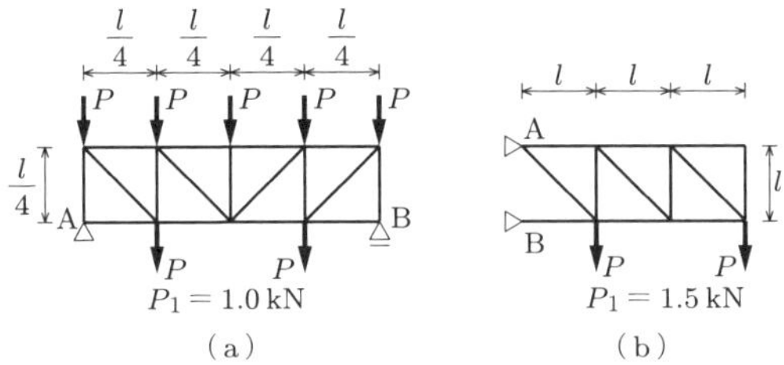

図 9.8

9.2　図 9.9 のトラスの C，D および T 部材の応力を求めよ.

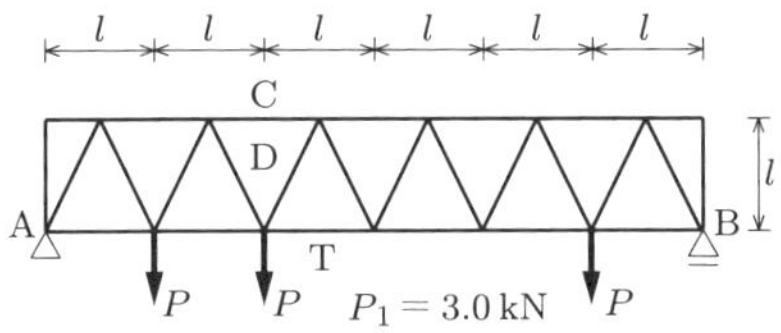

図 9.9

10 応力度とひずみ度

10.1 応力と応力度

図 10.1(a) に示すように，物体が外力を受けてつり合っている場合には，物体の内部でも，物体を構成する分子間に外力に応じて力の分布が生じる．いま，図 10.1(b) のように，物体の途中で外力と直角方向に切断した面を考えると，この断面には図のような力の分布が生じる．このような物体内部に生じる力を内力または**応力** (stress) といい，応力の単位面積当たりの大きさを**応力度** (unit stress) という．この応力度の単位は力を面積で除しているので kN/mm^2 や N/mm^2 などで表される．この応力は必ずしも想定した断面に垂直に作用するとは限らず，図 10.1(c) のように断面が力の方向と直角でない場合には，断面に対して傾斜して作用する場合もあり，図 10.2 のような場合には断面に接して平行に作用する．

一般に，応力度には断面に垂直な**垂直応力度** (normal stress) と断面に接して平行に作用する**せん断応力度** (shearing stress) とがあり，断面に傾斜して作用する応力度

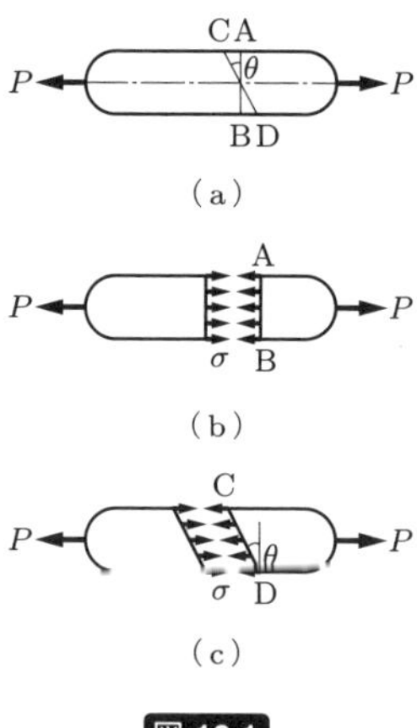

図 10.1

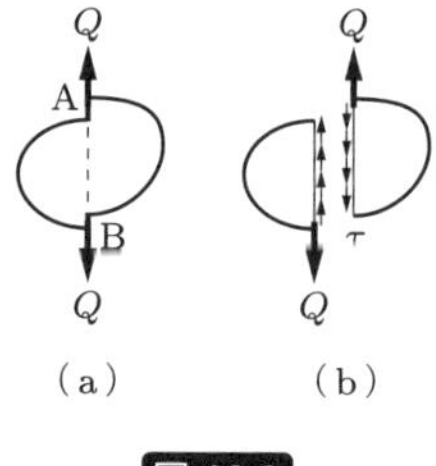

図 10.2

はこの2つの応力度に分解することができる.

いま，図10.1(b)の場合，力のつり合いから断面ABに作用する応力はPであり，この力が断面に一様に分布しているとすると，垂直応力度σは断面積をAとして次の式で表される.

$$\sigma = \frac{P}{A} \tag{10.1}$$

この垂直応力度は，Pが引張力の場合には**引張応力度**(tensile stress)，圧縮力の場合には**圧縮応力度**(compressive stress)という.

また，図10.2(b)の場合にも，力のつり合いから断面ABに作用している応力はQであり，この力が断面に一様に分布しているとすると，せん断応力度τは次の式で表される.

$$\tau = \frac{Q}{A} \tag{10.2}$$

このせん断応力度の分布は理論的には一様ではなく，断面の形状によって異なるものであり，第12章で述べるが，式(10.2)で表される値は**平均せん断応力度**(mean intensity of shearing stress)といわれている.

10.2 | 応力度間の関係

10.2.1 互いに直交する2つの面のせん断応力度

図10.3のように力を受けてつり合っている物体の中からある小さな直方体を取り出すと，この直方体の各面には，一般に垂直応力度σとせん断応力度τが作用していると考えられる．いま，物体内に任意の直交座標x，yをとり，xおよびy軸に垂直な面に作用している垂直応力度をそれぞれσ_xおよびσ_y，また，xおよびy軸に垂直な面に作用し，yおよびx軸方向に向いているせん断応力度をそれぞれτ_{xy}およびτ_{yx}とすると，この小さな直方体には図10.3(b)のような応力度が作用することになる．こ

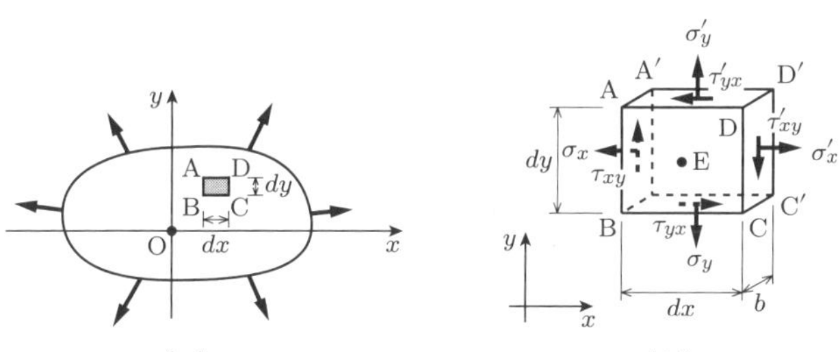

(a) (b)

図10.3

こで，取り出す直方体の大きさを非常に小さくしていくと，各面に作用している応力度は，ある 1 点の x および y 軸に垂直な各面の垂直応力度およびせん断応力度を表すことになる．この小さな直方体はつり合いを保っているから，力のつり合い条件式が成立する．いま，この直方体の中心 E 点を通る xy 面に垂直な軸に関するモーメントのつり合いを考えると，各面の垂直応力度の合力は E 点を通るからその合力のモーメントは 0 となり，次の式が成立する．

$$\tau_{xy} \cdot b \cdot dy \cdot \frac{dx}{2} + \tau'_{xy} \cdot b \cdot dy \cdot \frac{dx}{2} - \tau_{yx} \cdot b \cdot dx \cdot \frac{dy}{2} - \tau'_{yx} \cdot b \cdot dx \cdot \frac{dy}{2} = 0 \quad (10.3)$$

ここで，dx および dy を十分小さくすると直方体は点に近づくから

$$\tau_{xy} \fallingdotseq \tau'_{xy}, \quad \tau_{yx} \fallingdotseq \tau'_{yx}$$

となり，式 (10.3) から次の式が求められる．

$$\tau_{xy} = \tau_{yx} \quad (10.4)$$

この式 (10.4) は，任意の点の互いに直交する面に作用するせん断応力度 τ の大きさは等しく，また，その方向は互いに向き合うかあるいはしりぞけ合うことを表している．

10.2.2 任意の傾きをもつ断面の応力度

物体に外力が作用したとき，物体内のある断面に生じる応力度は，その断面に垂直な垂直応力度と断面に接して平行なせん断応力度に分解することができる．図 10.4(a) のように断面積 A の部材が引張軸方向力 N を受けるとき，軸方向の x 軸に垂直な断面 AB には，図 (b) のように一様な垂直応力度 $\sigma_0 = N/A$ が生じる．

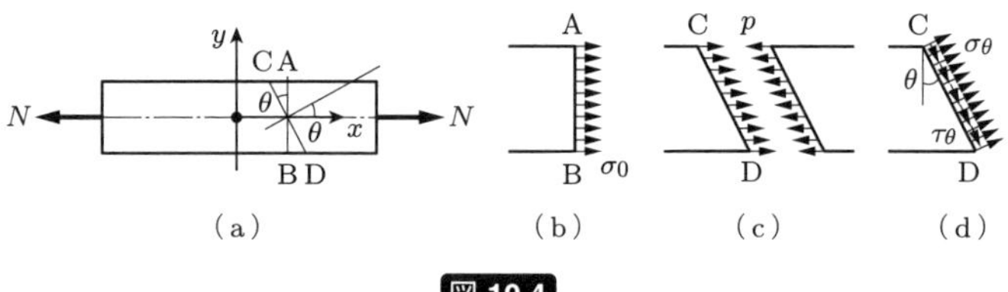

図 10.4

x 軸に垂直な面から θ だけ傾いた断面 CD を考えても，力のつり合いからこの断面には合力が N となる軸方向の応力が生じる．しかし，図 (c) のように単位面積当たりに生じる応力度 p は，断面積が $A/\cos\theta$ となるから

$$p = \frac{N}{A} \cdot \cos\theta = \sigma_0 \cdot \cos\theta \quad (10.5)$$

となる．この p を，図 (d) のように断面に垂直な方向と平行な方向に分解すると，垂

直応力度とせん断応力度が求められ，次の式で表される．

$$\left.\begin{aligned}\sigma_\theta &= p\cos\theta = \sigma_0\cos^2\theta = \frac{\sigma_0}{2} + \frac{\sigma_0}{2}\cos 2\theta \\ \tau_\theta &= p\sin\theta = \sigma_0\sin\theta\cdot\cos\theta = \frac{\sigma_0}{2}\sin 2\theta\end{aligned}\right\} \qquad (10.6)$$

したがって，軸方向力 N を受ける部材の場合には，材軸に垂直な断面に生じる垂直応力度 σ_0 がわかると，任意の傾きをもつ断面に生じる垂直応力度とせん断応力度は式 (10.6) から求めることができる．

以上は，部材のある断面全体にわたって断面の応力度が一様に分布する場合であるが，一般に図 10.5(a) のような場合には断面の応力度分布は一様でない．このような場合の，任意の傾きをもつ断面の応力度を求めてみよう．図 10.5 のように，力を受けてつり合っている物体の中の O 点を通る任意の傾きをもつ断面 m–n を考え，O 点に生じている応力度を p とすると，p は式 (10.6) のように垂直応力度とせん断応力度とに分解することができる．この物体の中に直交座標 x，y をとり，O 点を含む小さな三角柱を取り出すと，各面には図 10.5(b) のような応力度が作用していると考えられる．ここで，△ OAB を非常に小さくしていくと，各面に作用している応力度は，O 点の x および y 軸に垂直な面ならびに x 軸と θ の傾きをもつ軸に垂直な面の各応力度を表すことになる．いま，x および y 軸に垂直な面に作用する応力度をそれぞれ σ_x，τ_{xy} および σ_y，τ_{yx}，x 軸と θ の傾きをもつ軸に垂直な面に作用する応力度を σ_θ，τ_θ とし，図に示す方向を正とすると，この微小な三角柱はつり合いを保っているので，力のつり合い条件から

$$\left.\begin{aligned}\sum X = 0 &: -\sigma_x\cdot b\cdot dy + \tau_{yx}\cdot b\cdot dx + \sigma_\theta\cdot b\cdot ds\cos\theta + \tau_\theta\cdot b\cdot ds\sin\theta = 0 \\ \sum Y = 0 &: -\sigma_y\cdot b\cdot dx + \tau_{xy}\cdot b\cdot dy + \sigma_\theta\cdot b\cdot ds\sin\theta - \tau_\theta\cdot b\cdot ds\cos\theta = 0\end{aligned}\right\} \qquad (10.7)$$

が成立し，この式 (10.7) に，$dx = ds\sin\theta$，$dy = ds\cos\theta$ および式 (10.4) を代入す

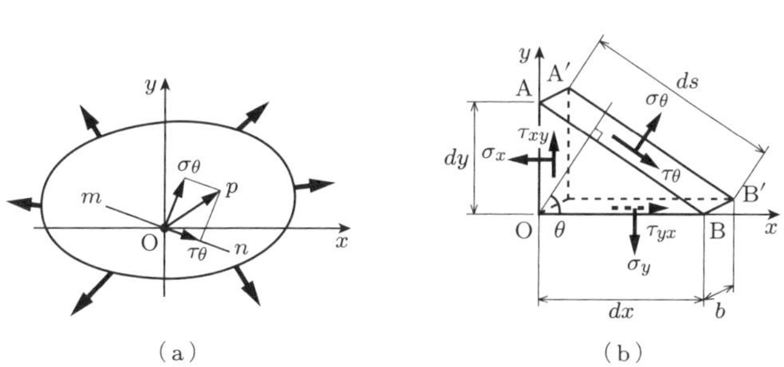

図 10.5

ると次の式が求められる.

$$\left.\begin{aligned}\sigma_\theta &= \sigma_x \cos^2\theta + \sigma_y \sin^2\theta - 2\tau_{xy}\sin\theta\cos\theta \\ \tau_\theta &= (\sigma_x - \sigma_y)\sin\theta\cdot\cos\theta + \tau_{xy}(\cos^2\theta - \sin^2\theta)\end{aligned}\right\} \tag{10.8}$$

また, 式 (10.8) は次のようにも表すことができる.

$$\left.\begin{aligned}\sigma_\theta &= \frac{\sigma_x + \sigma_y}{2} + \frac{\sigma_x - \sigma_y}{2}\cos 2\theta - \tau_{xy}\sin 2\theta \\ \tau_\theta &= \frac{\sigma_x - \sigma_y}{2}\sin 2\theta + \tau_{xy}\cos 2\theta\end{aligned}\right\} \tag{10.9}$$

このように, ある点で互いに直交した面上の応力度 σ_x, σ_y および $\tau_{xy}(\tau_{yx})$ がわかっているときには, その点の x 軸と θ だけ傾いた軸に垂直な面上の応力度 σ_θ および τ_θ は, 式 (10.9) から求めることができる.

10.2.3　モールの応力円

いま, σ を横軸, τ を縦軸とする直交座標をとり, この平面上に式 (10.9) の θ の値を変えて求められる $(\sigma_\theta, \tau_\theta)$ の点をとっていくと, この点の軌跡は図 10.6 のような円となる. これは式 (10.9) からもわかるように,

$$\begin{aligned}\sigma_\theta - \frac{\sigma_x + \sigma_y}{2} &= \frac{\sigma_x - \sigma_y}{2}\cos 2\theta - \tau_{xy}\sin 2\theta \\ \tau_\theta &= \frac{\sigma_x - \sigma_y}{2}\sin 2\theta + \tau_{xy}\cos 2\theta\end{aligned}$$

とし, 両式をそれぞれ2乗して加えると

$$\begin{aligned}\left(\sigma_\theta - \frac{\sigma_x + \sigma_y}{2}\right)^2 + \tau_\theta^2 &= \left(\frac{\sigma_x - \sigma_y}{2}\right)^2(\cos^2 2\theta + \sin^2 2\theta) + \tau_{xy}^2(\sin^2 2\theta + \cos^2 2\theta) \\ &= \left(\frac{\sigma_x - \sigma_y}{2}\right)^2 + \tau_{xy}^2\end{aligned} \tag{10.10}$$

となり, 中心座標は $\left(\dfrac{\sigma_x + \sigma_y}{2},\ 0\right)$ で半径が $\sqrt{\left(\dfrac{\sigma_x - \sigma_y}{2}\right)^2 + \tau_{xy}^2}$ の円を表していることがわかる. この円を**モールの応力円** (Mohr's stress circle) という.

このモールの応力円は, 円周上の P 点が x 軸に垂直な面上の応力度を表すものとすると, 円の中心 C に関して P 点から 2θ だけ反時計まわりに回転した円周上の R 点が, x 軸と θ の傾きをもつ軸に垂直な面上の応力度を表すことを示している. したがって, x 軸と直交する y 軸に垂直な面上の応力度は, CP を $180°$ だけ反時計まわりに回転した Q 点で表され, $\sigma_\theta = \sigma_y, \tau_\theta = -\tau_{xy}$ となり, この面に作用している応力度に一致する.

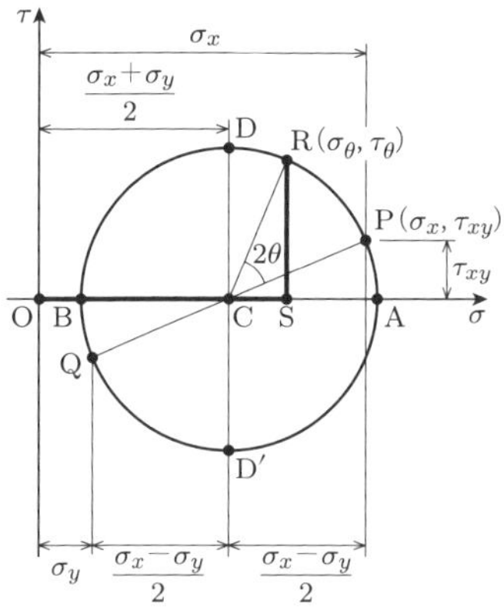

図 10.6

このようにして，θ の値を変えてモールの応力円を描くと，次のようなことがわかる．

モールの応力円が σ 軸と交わる A および B 点では，垂直応力度 σ_θ は最大および最小となりせん断応力度 τ_θ は 0 となる．この一組の垂直応力度を**主応力度** (principal stress) といい，主応力度の作用している面を**主応力面** (planes of principal stress) という．この A 点と B 点とは，$2\theta = 180°$ ，すなわち $\theta = 90°$ 回転した面上の応力度を表すから，主応力面は互いに直交することがわかる．主応力面上にはせん断応力度が存在しないから，式 (10.9) の τ_θ を 0 とおいて主応力面の法線が x 軸となす角度を次の式で求めることができる．

$$\tan 2\theta = \frac{2\tau_{xy}}{\sigma_y - \sigma_x} \tag{10.11}$$

式 (10.11) を満足する θ の値は，$0° \leqq 2\theta \leqq 360°$ の範囲で 2 つ存在し，この 2 つの値は互いに $90°$ だけ異なっている．主応力度 σ_1，σ_2 の値は，式 (10.11) を式 (10.9) に代入して次の式で表される．

$$\left.\begin{aligned} \sigma_1 &= \frac{\sigma_x + \sigma_y}{2} + \sqrt{\left(\frac{\sigma_x - \sigma_y}{2}\right)^2 + \tau_{xy}^2} \\ \sigma_2 &= \frac{\sigma_x + \sigma_y}{2} - \sqrt{\left(\frac{\sigma_x - \sigma_y}{2}\right)^2 + \tau_{xy}^2} \end{aligned}\right\} \tag{10.12}$$

式 (10.12) の右辺の第 1 項はモールの応力円の中心の σ の値を，第 2 項はその半径を表している．

モールの応力円の D および D′ 点では，せん断応力度 τ_θ が最大と最小（絶対値は最大値に同じ）となり，その値 τ_1，τ_2 を**主せん断応力度** (principal shearing stress) といい，次の式で表される．

$$\tau_1 = \sqrt{\left(\frac{\sigma_x - \sigma_y}{2}\right)^2 + \tau_{xy}^2}, \quad \tau_2 = -\sqrt{\left(\frac{\sigma_x - \sigma_y}{2}\right)^2 + \tau_{xy}^2} \tag{10.13}$$

式 (10.13) の値はモールの応力円の半径を表し，図 10.6 からもわかるようにこの面は主応力面から 45° 傾いており，垂直応力度は $\sigma_\theta = (\sigma_x + \sigma_y)/2$ となり，必ずしも 0 ではない．また，モールの応力円の中心のまわりに互いに 180° だけ回転した円周上の点のせん断応力度の値は，その絶対値は等しいが符号は反対であるから，10.2.1 項で述べたように，互いに直交する面上のせん断応力度の大きさは等しく，その方向は互いに向き合うかしりぞけ合うことがわかる．

さらに，互いに直交する 2 つの面上の垂直応力度の和は

$$\sigma_x + \sigma_y = \sigma_1 + \sigma_2 \tag{10.14}$$

となり，一定であることがわかる．

式 (10.9) の特別な場合として，図 10.7 のように x および y 軸を直交する主応力面の方向とすると，x および y 軸に垂直な面に作用する応力度は，主応力度 σ_1，σ_2 だけとなり，x 軸と θ だけ傾いた軸に垂直な面上の応力度 σ_θ および τ_θ は，次の式で表される．

$$\sigma_\theta = \frac{\sigma_1 + \sigma_2}{2} + \frac{\sigma_1 - \sigma_2}{2}\cos 2\theta, \quad \tau_\theta = \frac{\sigma_1 - \sigma_2}{2}\sin 2\theta \tag{10.15}$$

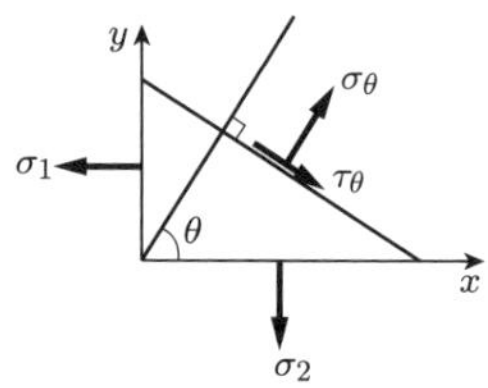

図 10.7

この場合のモールの応力円は，図 10.8 のように表され，x 軸と θ だけ傾いた軸に垂直な面上の応力度は，C 点を中心に σ 軸から 2θ だけ反時計まわりに回転した円周上の R 点で表される．

図 10.4 のように部材が軸方向力だけを受けるときには，式 (10.6) からもわかるように，断面のどの位置でも $\sigma_1 = \sigma_0$，$\sigma_2 = 0$ となり，モールの応力円は図 10.9 のようになる．

また，図 10.10(a) のように x および y 軸に垂直な面に τ_{xy} だけしか作用しないとき

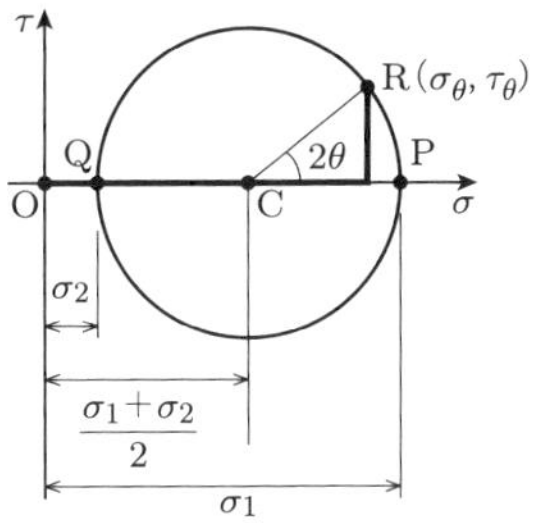

図 10.8

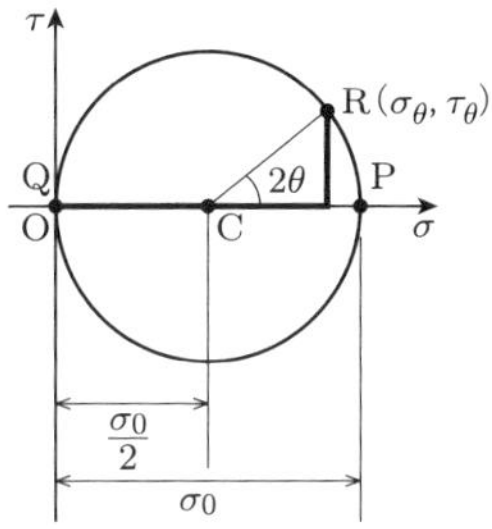

図 10.9

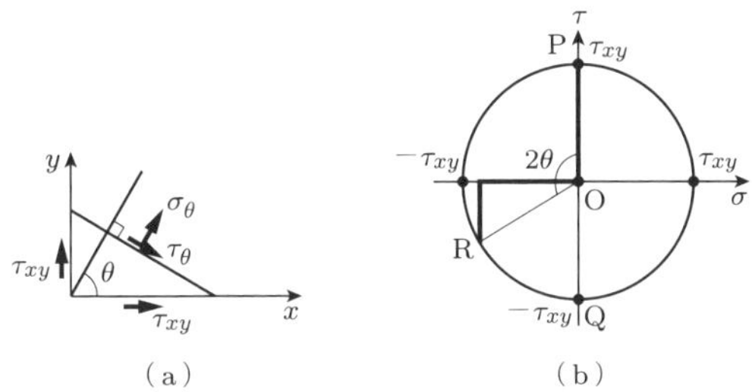

図 10.10

には，式 (10.9) は

$$\sigma_\theta = -\tau_{xy}\sin 2\theta, \quad \tau_\theta = \tau_{xy}\cos 2\theta \tag{10.16}$$

となり，モールの応力円は図 10.10(b) のようになる．このとき，主応力面は x 軸に対し $\theta = \pm 45^\circ$ の面をなし，主応力度の大きさは

$$\sigma_1 = \tau_{xy}, \quad \sigma_2 = -\tau_{xy} \tag{10.17}$$

となる．

10.3 ひずみ度

物体に力が加わるとその内部には応力が生じるが，同時にその形状が変化する．この形状の変化を**変形** (deformation) といい，物体の単位長さ当たりの変形量を**ひずみ度** (strain) という．応力度と同じように，ひずみ度にも垂直ひずみ度とせん断ひずみ度とがある．

10.3.1 垂直ひずみ度

図 10.11 のように，長さ l，幅 d の一様な断面の棒が材軸方向に引張力 N を受ける

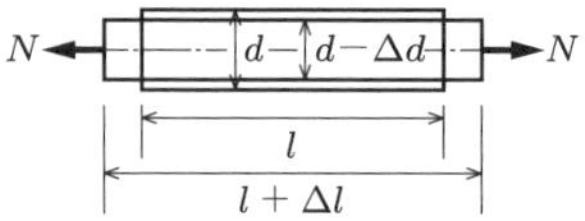

図 10.11

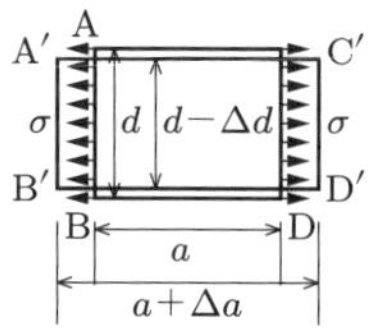

図 10.12

と，棒は伸びて長くなり同時に幅は縮んで細くなる．いま，棒の伸びた長さ Δl をもとの長さ l で除した値を

$$\varepsilon = \frac{\Delta l}{l} \tag{10.18}$$

とすると，これは単位長さ当たりの伸び量を表し，これを**垂直ひずみ度** (normal strain)，または**線ひずみ度** (linear strain) という．

また，図 10.12 のように，両側の断面に垂直応力度だけが作用している要素を考えると，伸びた長さをもとの長さで除した値 $\Delta a/a$ は，互いに単位長さだけ離れた 2 つの断面が，垂直応力度によってその方向に相対的に移動する量を表しているとも考えることができる．応力度の場合と同じように，引張力を受けて伸びるときを**引張ひずみ度** (tensile strain)，圧縮力を受けて縮むときを**圧縮ひずみ度** (compressive strain) といい，通常引張ひずみ度を正，圧縮ひずみ度を負で表す．

また，式 (10.18) の値は力によって垂直応力の生じた方向のひずみ度で，これを**縦ひずみ度** (longitudinal strain) ともいい，これに伴って生じる横の変形量をもとの幅で除した値

$$\varepsilon' = \frac{\Delta d}{d} \tag{10.19}$$

を縦ひずみ度に対して**横ひずみ度** (lateral strain) という．

この縦ひずみ度と横ひずみ度とは同時に生じるものであるから，ある一定の関係がある．この関係は，縦ひずみ度が正のときには横ひずみ度は負となる．

そこで，横ひずみ度と縦ひずみ度との比の絶対値を次のように表す．

$$\nu = \frac{1}{m} = \left|\frac{\varepsilon'}{\varepsilon}\right| \tag{10.20}$$

ここで，ν および m は材料によって定まる定数で，m を**ポアソン数** (Poisson's number)，また $\nu = 1/m$ を**ポアソン比** (Poisson's ratio) という．

10.3.2　せん断ひずみ度

外力を受けて変形している物体の中から，図 10.13(a) のような小さな正方形要素を

取り出したと考える．いま，この要素の周辺に一様なせん断応力度が作用しているものとすると，この要素は各辺の長さは変わらずに角度が変わり，正方形はひし形に変形する．ここで，この変形した要素を図 (b) のように置き換え，AB 面の移動量 Δa を要素の辺の長さ a で除した値を

$$\gamma = \frac{\Delta a}{a} \tag{10.21}$$

とすると，この値は，互いに単位長さだけ離れた平面が，せん断応力度によって，その面に平行な方向に相対的に移動する量を表し，これを**せん断ひずみ度** (shearing strain) という．このせん断ひずみ度は，互いに直角な 2 つの面の角度の変化量を表すものと考えることもできる．

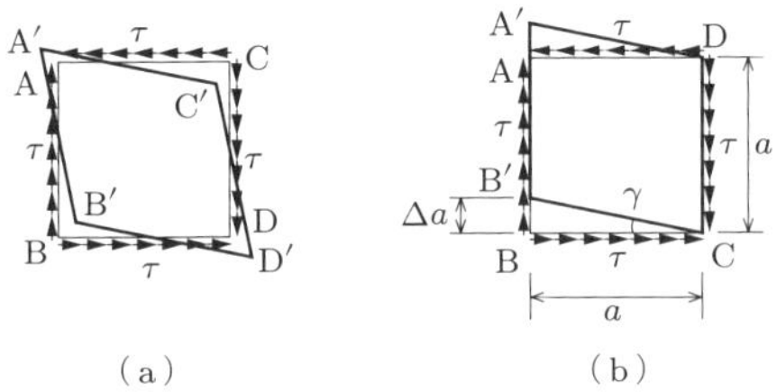

図 10.13

ひずみ度の大きさは一般に非常に小さく，せん断ひずみが生じても図 10.13 の要素の面積は変化しないと考える．したがって，せん断ひずみ度は形状変化だけに関係し，物体の体積変化には無関係であるとみなすことができる．

10.3.3 体積ひずみ度

外力を受けて変形している物体の中から小さな直方体要素を取り出し，その体積変化量 ΔV をもとの体積 V で除した値を

$$e = \frac{\Delta V}{V} \tag{10.22}$$

と表し，これを**体積ひずみ度** (volumetric strain) という．せん断ひずみ度は体積変化に無関係であると考えられるから，体積変化は垂直ひずみ度によって生じる．

いま，図 10.14 のように，直交座標 x，y，z の方向の垂直ひずみ度をそれぞれ ε_x，ε_y，ε_z とし，各辺の長さを dx，dy，dz とすると，変形後の各辺の長さは $(1+\varepsilon_x)dx$，$(1+\varepsilon_y)dy$，$(1+\varepsilon_z)dz$ となるから，変形後の体積変化量は

$$\begin{aligned}\Delta V &= (1+\varepsilon_x)(1+\varepsilon_y)(1+\varepsilon_z)dxdydz - dxdydz \\ &= (\varepsilon_x + \varepsilon_y + \varepsilon_z + \varepsilon_x\varepsilon_y + \varepsilon_y\varepsilon_z + \varepsilon_z\varepsilon_x + \varepsilon_x\varepsilon_y\varepsilon_z)dxdydz\end{aligned}$$

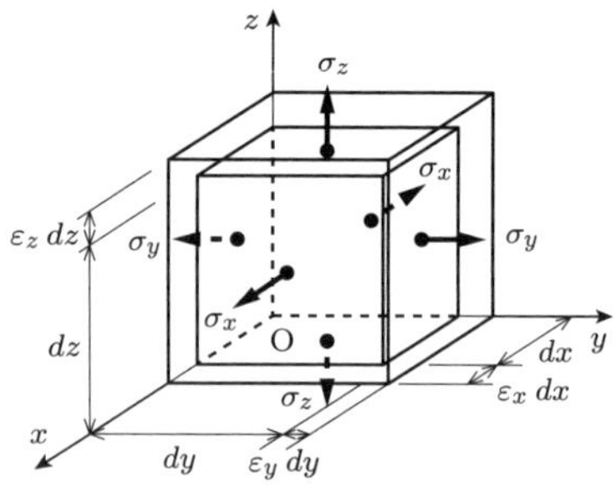

図 10.14

となり，体積ひずみ度は，これをもとの体積 $V = dxdydz$ で除して

$$e = \frac{\Delta V}{V} = \varepsilon_x + \varepsilon_y + \varepsilon_z + \varepsilon_x\varepsilon_y + \varepsilon_y\varepsilon_z + \varepsilon_z\varepsilon_x + \varepsilon_x\varepsilon_y\varepsilon_z$$

となる．しかし，垂直ひずみ度 ε_x，ε_y，ε_z の値はきわめて小さな値であるから，2 次以上の項を無視すると

$$e = \varepsilon_x + \varepsilon_y + \varepsilon_z \tag{10.23}$$

となり，体積ひずみ度は各方向の垂直ひずみ度の和で表される．

10.4　応力度とひずみ度との関係

10.4.1　弾　性

物体に力が加わると，物体は変形しその内部には応力が生じるが，その力を除くとまたもとの形にもどる．この性質を**弾性** (elasticity) といい，このような性質をもつ物体を**弾性体** (elastic body) という．通常の構造材料では，その応力度がそれぞれの材料特有のある限度よりも小さい間は，弾性体として取り扱うことができる．この限度の応力度を**弾性限度** (elastic limit) という．一般に，この弾性限度内では「応力度はひずみ度に比例する」という**フックの法則** (Hooke's law) が成立する．このときの比例定数を**弾性係数** (modulus of elasticity) といい，フックの法則は次の式で表される．

$$\text{応力度} = (\text{弾性係数}) \times (\text{ひずみ度}) \tag{10.24}$$

この弾性係数は応力度とひずみ度の種類によって異なり，それぞれ材料特有の値をもつ．また，この法則が成り立つ限度の応力度を**比例限度** (limit of proportionality) という．

構造材料に生じる応力度が弾性限度を越えると，力を除いてもひずみが残る．このような性質を**塑性** (plasticity) という．このとき残ったひずみを**永久ひずみ** (parmanent strain)，あるいは**残留ひずみ** (residual strain) という．

10.4.2 弾性の諸係数

フックの法則によると，垂直応力度 σ とその方向の垂直ひずみ度 ε との間には比例関係が存在し，次の式で表される．

$$\sigma = E \cdot \varepsilon \tag{10.25}$$

このときの比例定数 E を**ヤング係数** (Young's modulus)，あるいは縦弾性係数といい，ひずみ度の単位は無次元であるから，E は応力度と同じ kN/mm^2，N/mm^2 などの単位をもつ．

式 (10.25) から，たとえばヤング係数の値 $\varepsilon = 1$ のとき，すなわち，実際の構造材料ではこのようなひずみ度は起こりえないが，材がもとの長さの 2 倍になると仮定したときの垂直応力度を表しており，たとえば，鋼材の場合にはおよそ $E = 2.05 \times 10^5$ N/mm^2 という値である．したがって，逆に鋼材は，1 N/mm^2 の垂直応力度が作用すると $1/2.05 \times 10^5$ の垂直ひずみ度，すなわち 1 m の長さの材は $1/2.05 \times 10^5$ m だけ伸び縮みすることを表しており，ヤング係数 E の値が大きい材料ほど伸び縮みしにくいことがわかる．

また，せん断応力度 τ とせん断ひずみ度 γ との間にも比例関係が存在し，次の式で表される．

$$\tau = G \cdot \gamma \tag{10.26}$$

このときの比例定数 G を**せん断弾性係数** (shear modulus)，あるいは**剛性係数** (modulus of rigidity) または横弾性係数ともいい，kN/mm^2，N/mm^2 などヤング係数と同じ応力度の単位をもつ．

体積変化を表す体積ひずみ度 e に関しても，微小な要素に作用している垂直応力度との間に比例関係が存在し，次の式で表される．

$$\sigma_m = K \cdot e \tag{10.27}$$

ここに，σ_m は平均垂直応力度といわれるもので，次の式で与えられる．

$$\sigma_m = \frac{1}{3}(\sigma_x + \sigma_y + \sigma_z) \tag{10.28}$$

式 (10.27) の比例定数 K を，**体積弾性係数** (volume modulus) といい，ヤング係数およびせん断弾性係数と同じ単位 kN/mm^2，N/mm^2 などをもつ．

10.4.3 弾性の諸係数間の関係

いま，図 10.15 のように，小さな正方形要素の周辺に一様なせん断応力度が作用すると，その対角線方向の一方は伸び他方は縮む．その伸び縮み量は $\Delta a/\sqrt{2}$ であり，もとの長さは $\sqrt{2}a$ であるから，対角線方向の垂直ひずみ度は次の式で表される．

$$\varepsilon = \frac{\Delta a/\sqrt{2}}{\sqrt{2}a} = \frac{1}{2}\cdot\frac{\Delta a}{a} = \frac{1}{2}\cdot\gamma \tag{10.29}$$

このとき，図 10.10 のモールの応力円からもわかるように，主応力面は x 軸と 45° の傾きをなし，主応力度は $\sigma_1 = \tau$，$\sigma_2 = -\tau$ となる．いま，図 10.16 において，AC 方向および BD 方向の垂直応力度 σ_1 および σ_2 によって生じる AC 方向の垂直ひずみ度は，式 (10.25) と式 (10.20) を用いて次のように表される．

$$\varepsilon = \frac{\sigma_1}{E} - \frac{\sigma_2}{E}\cdot\nu = \frac{\tau}{E}(1+\nu) \tag{10.30}$$

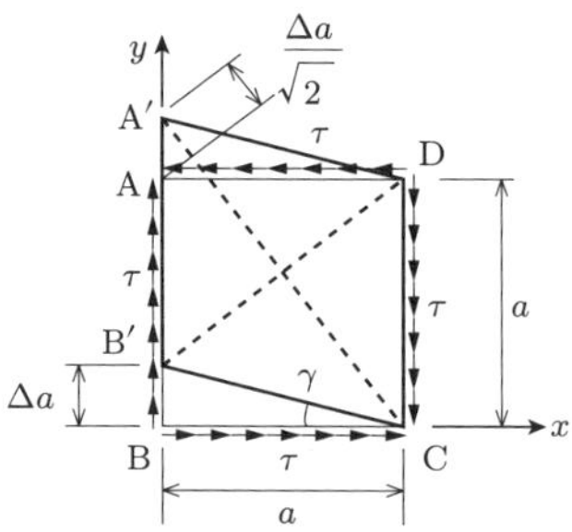

図 10.15

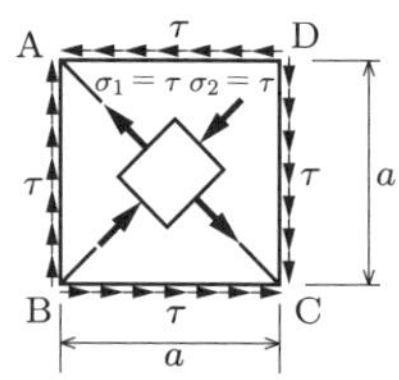

図 10.16

このひずみ度は式 (10.29) でも表されるから，これに式 (10.26) の関係を用いると

$$\varepsilon = \frac{1}{2}\cdot\frac{\tau}{G}$$

となり，これと式 (10.30) を比較すると，次の関係が求められる．

$$G = \frac{E}{2(1+\nu)} \tag{10.31}$$

次に，図 10.14 のように，直方体要素の各面に垂直応力度が作用し体積ひずみ度が生じた場合について考える．ある 1 つの方向の垂直応力度は直交する他の 2 つの方向の垂直ひずみ度に影響を与えるから，x，y，z の各方向の垂直ひずみ度は，次の式で表される．

$$\left.\begin{aligned}\varepsilon_x &= \frac{1}{E}\{\sigma_x - \nu(\sigma_y + \sigma_z)\}\\ \varepsilon_y &= \frac{1}{E}\{\sigma_y - \nu(\sigma_z + \sigma_x)\}\\ \varepsilon_z &= \frac{1}{E}\{\sigma_z - \nu(\sigma_x + \sigma_y)\}\end{aligned}\right\} \tag{10.32}$$

体積ひずみ度は，式 (10.23) で表され，これに式 (10.32) を代入すると

$$e = \frac{1-2\nu}{E}(\sigma_x + \sigma_y + \sigma_z)$$

となる．これと式 (10.28) から

$$\sigma_m = \frac{\sigma_x + \sigma_y + \sigma_z}{3} = \frac{E}{3(1-2\nu)} \cdot e$$

となり，これと式 (10.27) とを比較して，次の関係が求められる．

$$K = \frac{E}{3(1-2\nu)} \tag{10.33}$$

したがって，ヤング係数 E，ポアソン比 ν ，せん断弾性係数 G，体積弾性係数 K のうちいずれか 2 つの値がわかると，他の値は，式 (10.31) および式 (10.33) を用いて求めることができる．

■ 演習問題 10 ■

10.1 断面積 $2\,\mathrm{cm}^2$ の棒に，引張力 10000 N を加えたとき，最大せん断応力度はいくらか．

10.2 ある構造材料が，互いに直角な方向に引張応力度 σ_x=100 N/mm^2 と圧縮応力度 σ_y=50 N/mm^2 を受けている．このとき，x 軸と 30° の傾きを有する面上の応力度を求めよ．

10.3 ある構造材料が，互いに直角な方向に引張応力度 σ_x=50 N/mm^2 と σ_y=20 N/mm^2，さらにせん断応力度 τ_{xy}=15 N/mm^2 を受けている．この応力状態に対してモールの応力円を描き，主応力面と主応力度を求めよ．

10.4 長さ 80 cm，直径 2 cm の丸鋼を 100 kN の力で引っ張ったとき，この丸鋼はいくら伸びるか．また，いくら細くなるか．ただし，鋼材のヤング係数は 2.05×10^5 N/mm^2 ポアソン比は $\nu = 1/3$ である．

11 断面の性質

部材が外力を受けると，その内部には応力度およびひずみ度が生じる．この応力度の分布および変形の状態は，外力の大きさ，部材の材料の性質および断面の大きさや形状によって変わるものである．ここでは，断面の形状だけによって定まる諸性質について述べる．

11.1 | 断面一次モーメントと図心

図 11.1 において，任意に x および y 軸を設け，断面積 A の断面をこまかく分けてその微小面積を dA とすると，これに x および y 軸からの距離 y および x をそれぞれ乗じた値を全断面積について加え合わせたものを，x および y 軸に関する**断面一次モーメント** (statical moment of area) といい，次の式で表される．

$$S_x = \int_A y dA, \quad S_y = \int_A x dA \tag{11.1}$$

ここで，断面一次モーメントの単位は長さの 3 乗であり，cm^3 などで表される．

図 11.2 において，x および y 軸に関する断面一次モーメントを S_x および S_y とすると，これらの軸に平行で，それぞれ y_0 および x_0 だけ離れた X および Y 軸に関する断面一次モーメントは

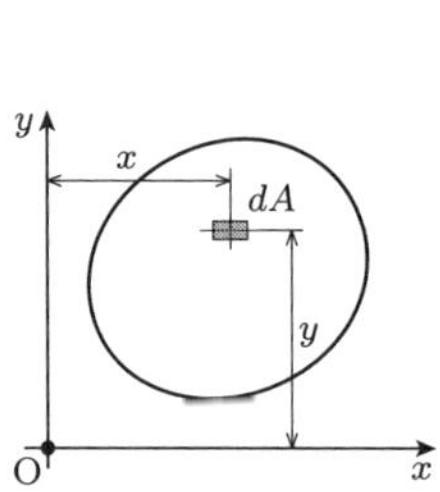

図 11.1

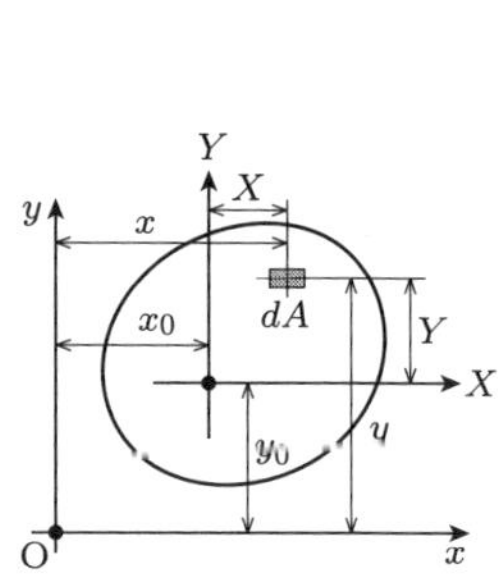

図 11.2

$$S_X = \int_A Y dA = \int_A (y - y_0) dA = \int_A y dA - y_0 \int_A dA$$
$$S_Y = \int_A X dA = \int_A (x - x_0) dA = \int_A x dA - x_0 \int_A dA$$

となり，式 (11.1) と

$$\int_A dA = A$$

の関係を用いると，次のように表される．

$$S_X = S_x - y_0 A, \quad S_Y = S_y - x_0 A \tag{11.2}$$

したがって，S_x および S_y がわかっていれば，それから距離 y_0 および x_0 だけ離れた平行な軸に関する断面一次モーメントは，式 (11.2) を用いて求めることができる．

1 つの点を通る任意の軸に関して断面一次モーメントが 0 であるとき，その点を断面の**図心** (center of section，centroid) といい，いかなる断面にも必ずただ 1 つ存在する．図 11.3 において，G 点が断面の図心に一致するものとすると，図心を通る軸に関する断面一次モーメントは 0 であるから，式 (11.2) の S_X および S_Y は 0 となる．したがって

$$\bar{x} = \frac{S_y}{A}, \quad \bar{y} = \frac{S_x}{A} \tag{11.3}$$

となり，任意の x および y 軸に関する断面一次モーメントが求められると，その値を断面積で除して，これらの軸から断面の図心までの距離を求めることができる．断面が対称形であれば，その対称軸については式 (11.1) の断面一次モーメントは 0 となるから，図心は対称軸上にある．また，式 (11.3) は

$$S_x = \bar{y} \cdot A, \quad S_y = \bar{x} \cdot A$$

とも書けるから，任意の x および y 軸に関する断面一次モーメントは，断面の図心の

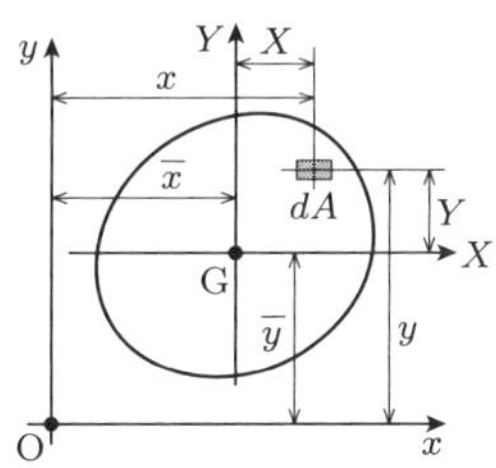

図 11.3

位置がわかっている場合には，断面積にその図心までの距離を乗じて求められることを表している．

例 11.1 図 11.4 に示す長方形断面の x および y 軸に関する断面一次モーメントと断面の図心を求める．

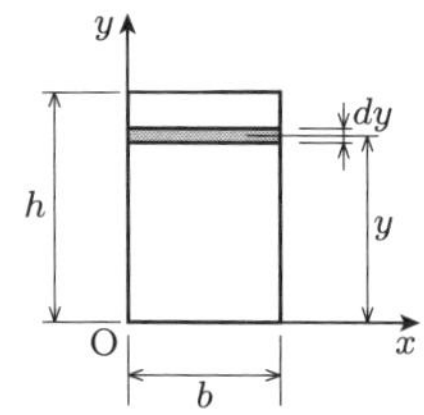

図 11.4

x 軸からの距離が等しい微小断面を図のようにとると，その面積 dA は，幅 b が一定であるから

$$dA = b \cdot dy$$

したがって，x 軸に関する断面一次モーメント S_x は，式 (11.1) から

$$S_x = \int_A y dA = \int_0^h b y dy = b \left[\frac{y^2}{2} \right]_0^h = \frac{bh^2}{2}$$

となり，また全断面積 A は

$$A = bh$$

であるから，x 軸から断面の図心までの距離 $\overline{y}$ は，式 (11.3) から次のように求められる．

$$\bar{y} = \frac{S_x}{A} = \frac{bh^2/2}{bh} = \frac{h}{2}$$

同じようにして，y 軸に関する断面一次モーメント S_y および y 軸から断面の図心までの距離 $\overline{x}$ は

$$S_y = \frac{b^2 h}{2}, \qquad \bar{x} = \frac{b}{2}$$

として求められる．

したがって，長方形断面の図心は，図 11.5 のように高さと幅をそれぞれ 2 分する位置にある．また，断面が対称形の場合には図心はその対称軸上にある．図 11.5 の 2 つの軸は断面の対称軸であるから，その交点は図心であることがわかる．

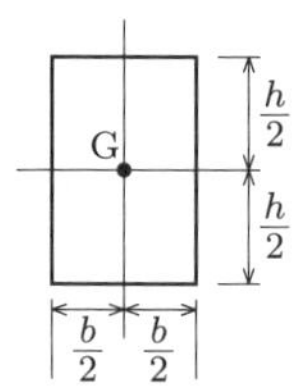

図 11.5

断面積が，断面積 A_1, A_2, $\cdots$, A_n なるいくつかの断面の集合からなるとき，この断面の x および y 軸に関する断面一次モーメントは，各断面のそれの代数和として，それぞれ次のように求められる．

$$S_x = \sum_n \bar{y}_n \cdot A_n, \quad S_y = \sum_n \bar{x}_n \cdot A_n \tag{11.4}$$

したがって，x および y 軸からその断面の図心までの距離 $\bar{y}$, $\bar{x}$ は，式 (11.3) を参考として，次の式で表される．

$$\bar{x} = \frac{S_y}{\sum_n A_n} = \frac{\sum_n \bar{x}_n \cdot A_n}{\sum_n A_n}, \quad \bar{y} = \frac{S_x}{\sum_n A_n} = \frac{\sum_n \bar{y}_n \cdot A_n}{\sum_n A_n} \tag{11.5}$$

例 11.2 図 11.6 に示す断面の図心を求める.

この断面は y 軸に関して対称であるから，図心 G は y 軸上にある．いま，この断面を正方形 ABCI と長方形 DEFH とに分け，それぞれの図心を G_1 および G_2 とすると，辺 AB から断面の図心までの距離 $\bar{y}$ は，式 (11.5) から次のように求められる.

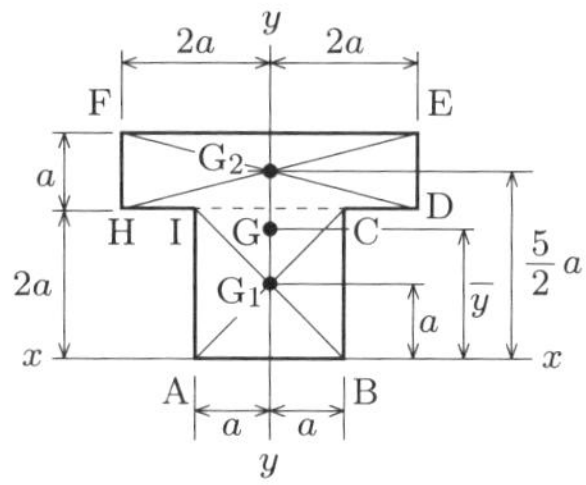

図 11.6

$$\bar{y} = \frac{S_x}{\sum A} = \frac{4a^2 \times a + 4a^2 \times \dfrac{5}{2}a}{4a^2 + 4a^2}$$
$$= \frac{14a^3}{8a^2} = \frac{7}{4}a$$

したがって，図心 G は，断面の対称軸である y 軸上で辺 AB から $7a/4$ の距離にある.

11.2 | 断面二次モーメントと断面相乗モーメント

図 11.7 において，微小面積 dA に x および y 軸からの距離 y および x の 2 乗をそれぞれ乗じ，全断面積について加え合わせたものを，x および y 軸に関する**断面二次モーメント** (moment of inertia of area) といい，次の式で表される.

$$I_x = \int_A y^2 dA, \quad I_y = \int_A x^2 dA \tag{11.6}$$

ここで，断面二次モーメントの単位は長さの 4 乗であり，cm^4 などで表され常に正

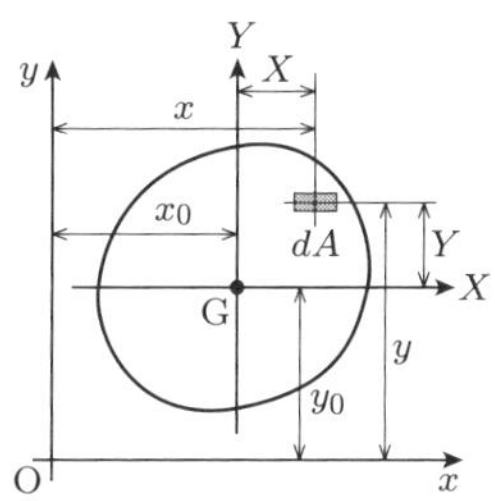

図 11.7

である.

断面の図心 G を通る X および Y 軸に関する断面二次モーメントをそれぞれ I_X および I_Y とするとき，これらの軸と平行で y_0 および x_0 だけ離れた x および y 軸に関する断面二次モーメントは

$$I_x = \int_A y^2 dA = \int_A (Y + y_0)^2 dA = \int_A Y^2 dA + 2y_0 \int_A Y dA + {y_0}^2 \int_A dA$$
$$I_y = \int_A x^2 dA = \int_A (X + x_0)^2 dA = \int_A X^2 dA + 2x_0 \int_A X dA + {x_0}^2 \int_A dA$$

となり，X および Y 軸は断面の図心を通るから

$$\int_A Y dA = 0, \quad \int_A X dA = 0$$

となるので，次のように表される.

$$I_x = I_X + {y_0}^2 A, \quad I_y = I_Y + {x_0}^2 A \tag{11.7}$$

式 (11.7) からわかるように，右辺の第 2 項は常に正であるから，互いに平行な軸に関する断面二次モーメントのうちでは，断面の図心を通るときの値が最小となる.

例 11.3 図 11.8 に示す長方形断面 ABCD の図心 G を通る X 軸に関する断面二次モーメント I_X を求める.

X 軸からの距離が等しい微小断面の面積 dA は

$$dA = b dy$$

であるから，X 軸に関する断面二次モーメント I_X は式 (11.6) から次のように求められる.

$$I_X = \int_A y^2 dA = \int_{-\frac{h}{2}}^{\frac{h}{2}} by^2 dy = b\left[\frac{y^3}{3}\right]_{-\frac{h}{2}}^{\frac{h}{2}} = \frac{bh^3}{12}$$

また，辺 AB を通る x 軸に関する断面二次モーメント I_x は，式 (11.7) から次のように求められる.

$$I_x = I_X + \left(\frac{h}{2}\right)^2 \times bh = \frac{bh^3}{12} + \frac{bh^3}{4} = \frac{bh^3}{3}$$

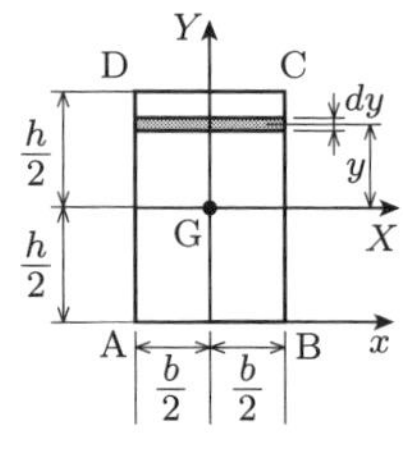

図 11.8

例 11.4 図 11.9 に示す半径 r の円形断面の図心 G を通る X 軸に関する断面二次モーメント I_X を求める.

X 軸に平行な微小断面の幅 b は

$$b = 2r\cos\theta$$

であり，また，この微小断面の X 軸からの距離 y は

$$y = r\sin\theta$$

であるから

$$dy = r\cos\theta \cdot d\theta$$

となり，微小断面の面積 dA は，次のようになる．

$$dA = 2r^2\cos^2\theta \cdot d\theta$$

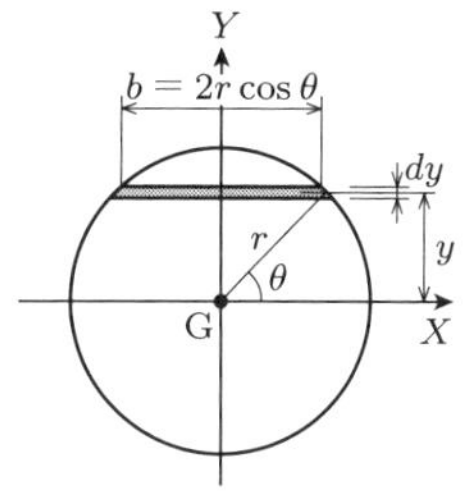

図 11.9

したがって，X 軸に関する断面二次モーメント I_X は，式 (11.6) から次のように求められる．

$$\begin{aligned} I_X &= \int_A y^2 dA = \int_{-r}^{r} by^2 dy = 2\int_0^{\frac{\pi}{2}} r^2\sin^2\theta \cdot 2r^2\cos^2\theta \cdot d\theta \\ &= 4r^4\int_0^{\frac{\pi}{2}} \sin^2\theta \cdot \cos^2\theta \cdot d\theta = \frac{\pi r^4}{4} \end{aligned}$$

いくつかの断面の集合からなる断面の任意の軸に関する断面二次モーメントは，各断面のその軸に関する断面二次モーメントの値を加えればよい．

例 11.5 図 11.10 の断面の図心 G を通る X 軸に関する断面二次モーメント I_X を求める．

この断面を正方形 ABCI と長方形 DEFH とに分けると，断面全体の図心 G から各々の図心 G_1 および G_2 までの距離はともに $3a/4$ であるから，断面の図心を通る X 軸に関する断面二次モーメント I_X は，式 (11.7) を用いて次のように求められる．

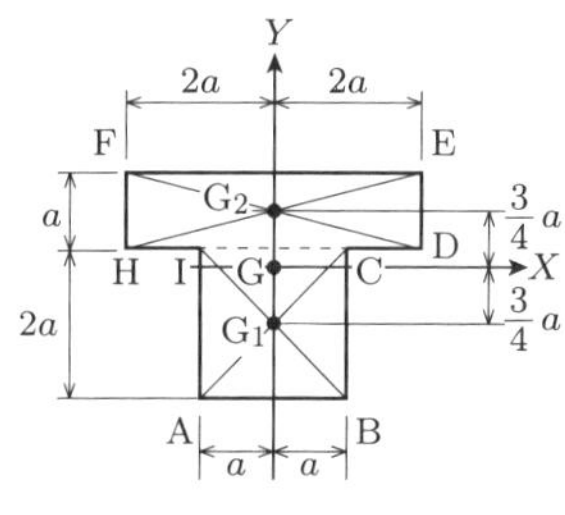

図 11.10

$$\begin{aligned} I_X &= \frac{2a \times (2a)^3}{12} + 4a^2 \times \left(\frac{3}{4}a\right)^2 + \frac{4a \times a^3}{12} + 4a^2 \times \left(\frac{3}{4}a\right)^2 \\ &= \frac{4}{3}a^4 + \frac{9}{4}a^4 + \frac{1}{3}a^4 + \frac{9}{4}a^4 = \frac{37}{6}a^4 \end{aligned}$$

図 11.7 において，微小面積 dA に直交座標軸からの距離 x および y を乗じ，これらを全断面積について加え合わせたものを，x，y 軸に関する**断面相乗モーメント** (product moment of inertia of area) といい，次の式で表される．

$$I_{xy} = \int_A xydA \tag{11.8}$$

この単位は断面二次モーメントと同じく長さの 4 乗であり，cm^4 などで表され，その値は正負いずれの値もとりうる．

式 (11.8) からわかるように，断面が対称形で x，y 軸のいずれかが対称軸の場合には，断面相乗モーメントは 0 となる．

11.3　断面の主軸

図 11.11 において，G 点を断面の図心とし，この点を通るある直交座標軸 x，y に関する断面二次モーメントならびに相乗モーメントをそれぞれ I_x，I_y および I_{xy} とする．いま，これらの値が座標軸の方向によってどのように変化するかを調べるため，x 軸と θ の傾きをもつ直交座標軸 X，Y に関する値を求めてみよう．式 (11.6) ならびに式 (11.8) から

$$I_X = \int_A Y^2 dA, \quad I_Y = \int_A X^2 dA, \quad I_{XY} = \int_A XY dA$$

であり，図 11.11 から

$$X = x\cos\theta + y\sin\theta, \quad Y = y\cos\theta - x\sin\theta \tag{11.9}$$

の関係があるから，次のような結果となる．

$$\left.\begin{aligned} I_X &= I_x\cos^2\theta + I_y\sin^2\theta - 2I_{xy}\sin\theta\cdot\cos\theta \\ I_Y &= I_x\sin^2\theta + I_y\cos^2\theta + 2I_{xy}\sin\theta\cdot\cos\theta \\ I_{XY} &= (I_x - I_y)\sin\theta\cdot\cos\theta + I_{xy}(\cos^2\theta - \sin^2\theta) \end{aligned}\right\} \tag{11.10}$$

また，式 (11.10) は次のようにも表される．

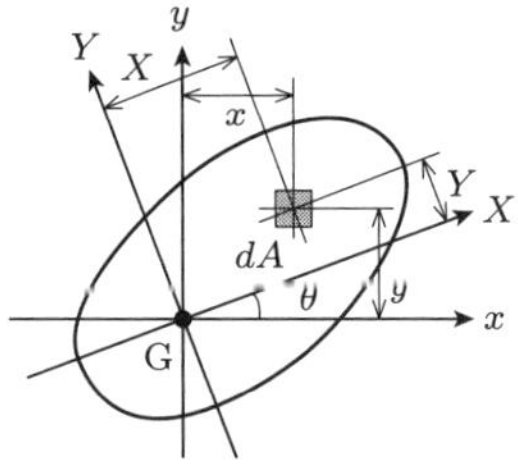

図 11.11

$$
\left.\begin{aligned}
I_X &= \frac{I_x + I_y}{2} + \frac{I_x - I_y}{2}\cos 2\theta - I_{xy}\sin 2\theta \\
I_Y &= \frac{I_x + I_y}{2} - \frac{I_x - I_y}{2}\cos 2\theta + I_{xy}\sin 2\theta \\
I_{XY} &= \frac{I_x - I_y}{2}\sin 2\theta + I_{xy}\cos 2\theta
\end{aligned}\right\} \tag{11.11}
$$

このように，ある与えられた断面の図心を通る直交座標軸に関するこれらの値は，座標軸の傾きによって変化するが，その中で，断面相乗モーメント I_{XY} が 0 となる直交座標軸が必ず存在する．この場合，この直交軸に関する 2 つの断面二次モーメントが最大値と最小値を与える．これらを**主断面二次モーメント** (principal moment of inertia of area) といい，その直交軸を**断面の主軸** (principal axis of area) という．

主断面二次モーメントを求めるためには，I_X および I_Y の θ に対する極値を求めればよい．式 (11.10) の I_X，I_Y を θ で微分すると

$$
\left.\begin{aligned}
\frac{dI_X}{d\theta} &= -2\{(I_x - I_y)\sin\theta\cdot\cos\theta + I_{xy}(\cos^2\theta - \sin^2\theta)\} \\
\frac{dI_Y}{d\theta} &= 2\{(I_x - I_y)\sin\theta\cdot\cos\theta + I_{xy}(\cos^2\theta - \sin^2\theta)\}
\end{aligned}\right\} \tag{11.12}
$$

となり，式 (11.12) の $\{\}$ 内は式 (11.10) の I_{XY} に等しくなる．したがって，I_X および I_Y が最大あるいは最小となるのは，式 (11.12) の値が 0，すなわち，I_{XY} が 0 となるときである．このときの θ の値は

$$
(I_x - I_y)\sin\theta\cdot\cos\theta + I_{xy}(\cos^2\theta - \sin^2\theta) = 0
$$

から

$$
\tan 2\theta = \frac{2I_{xy}}{I_y - I_x}
$$

で求められ，これを式 (11.10) あるいは式 (11.11) に代入すると，主断面二次モーメントが求められる．また，このときには，主軸に関する断面相乗モーメントは 0 となる．

いま，断面の図心を通る直交座標軸 x，y ならびにこれらの軸に関する断面二次モーメント I_x，I_y および断面相乗モーメント I_{xy} が与えられているときは，主断面二次モーメント I_1，I_2 と断面の主軸の方向 θ は，次の式で表される．

$$\left.\begin{aligned} I_1 &= \frac{I_x + I_y}{2} + \sqrt{\left(\frac{I_x - I_y}{2}\right)^2 + I_{xy}^2} \\ I_2 &= \frac{I_x + I_y}{2} - \sqrt{\left(\frac{I_x - I_y}{2}\right)^2 + I_{xy}^2} \\ \tan 2\theta &= \frac{2I_{xy}}{I_y - I_x} \end{aligned}\right\} \tag{11.13}$$

また，式 (11.11) および式 (11.13) から

$$I_X + I_Y = I_x + I_y = I_1 + I_2 \tag{11.14}$$

となり，直交軸に関する 2 つの断面二次モーメントの和はすべて等しく一定であることがわかる．

長方形断面のように断面が対称形のときには，その対称軸を含む直交軸に関する断面相乗モーメントは 0 となるから，対称軸はその断面の主軸の 1 つである．正多角形や円形のように直交しない対称軸のある断面では，特に主軸の方向は定まらず，どの方向の軸についても断面二次モーメントの値は同じであり，また，断面相乗モーメントは 0 である．

11.4　断面係数

図 11.12 において，断面の図心 G を通る座標軸 x および y に関する断面二次モーメント I_x および I_y を，各軸から断面の最外縁までの距離の絶対値 y_c，y_t および x_c，x_t でそれぞれ除した値を x および y 軸に関する**断面係数** (modulus of section) といい，次の式で表される．

$$Z_{xc} = \frac{I_x}{y_c}, \quad Z_x t = \frac{I_x}{y_t}, \quad Z_{yc} = \frac{I_y}{x_c}, \quad Z_y t = \frac{I_y}{x_t} \tag{11.15}$$

断面係数の単位は長さの 3 乗であり，cm^3 などで表される．

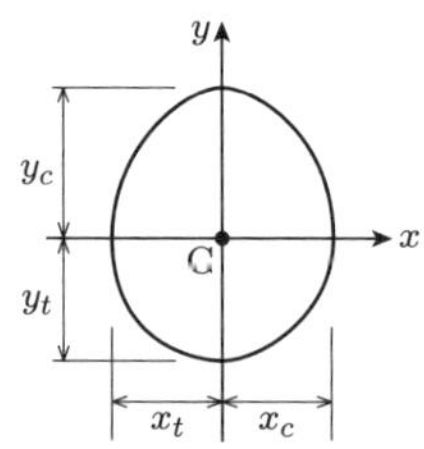

図 11.12

たとえば，x 軸が断面の対称軸の場合には，$y_c = y_t$ となり，$y_c = y_t = \bar{y}$ とすると

$$Z_x = Z_{xc} = Z_{xt} = \frac{I_x}{\bar{y}} \tag{11.16}$$

となる．

例 11.6 図 11.8 に示す長方形断面の断面係数を求める．

長方形断面の断面係数は，X および Y 軸が共に断面の対称軸であるから，式 (11.16) を用いて，次のように求められる．

$$Z_X = \frac{bh^3/12}{h/2} = \frac{bh^2}{6}, \quad Z_Y = \frac{b^3h/12}{b/2} = \frac{b^2h}{6}$$

11.5 断面二次半径

断面の図心を通る座標軸 x および y に関する断面二次モーメント I_x および I_y を断面積 A で除した値の平方根を，x および y 軸に関する**断面二次半径** (radius of gyration of area) または回転半径といい，次の式で表される．

$$i_x = \sqrt{\frac{I_x}{A}}, \quad i_y = \sqrt{\frac{I_y}{A}} \tag{11.17}$$

断面二次半径の単位は長さであるから，cm などで表される．

いま，式 (11.17) を変形すると，x 軸に関する値については

$$I_x = i_x^2 \cdot A \tag{11.18}$$

となり，x 軸に関する断面二次モーメント I_x は，x 軸から i_x なる距離に全断面積 A が集中したと考えたときの値に等しいことを表しており，y 軸に関しても同じように考えられる．

例 11.7 図 11.8 に示す長方形断面の断面二次半径を求める．

この長方形断面の x および y 軸に関する断面二次半径は，式 (11.17) から次のように求められる．

$$i_x = \sqrt{\frac{bh^3/12}{bh}} = \frac{h}{\sqrt{12}}, \quad i_y = \sqrt{\frac{b^3h/12}{bh}} = \frac{b}{\sqrt{12}}$$

11.6 断面極二次モーメント

図 11.13 において，微小面積 dA に断面の直交座標軸 x, y の原点からの距離 r の 2 乗を乗じ，全断面積について加え合わせたものを**断面極二次モーメント** (polar moment of inertia of area) といい，次の式で表される．

$$I_p = \int_A r^2 dA \tag{11.19}$$

断面極二次モーメントの単位は断面二次モーメントと同じく長さの 4 乗であり，cm^4 などで表され，常に正である．

ここで

$$r^2 = x^2 + y^2 \tag{11.20}$$

の関係があるから，これを式 (11.19) に代入すると

$$I_p = \int_A (x^2 + y^2) dA = I_x + I_y \tag{11.21}$$

となり，式 (11.14) からもわかるように，断面の直交座標軸に関する断面二次モーメントの和は一定であること，および，断面極二次モーメントはそれらの和で表されることを示している．

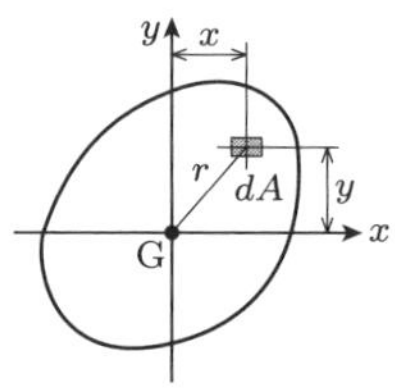

図 11.13

また，断面二次モーメントは断面上に横たわる軸に関して，断面極二次モーメントは断面に垂直な軸に関して断面二次モーメントを表している．

演習問題 11

11.1 図 11.14 の三角形断面の図心 G の x 軸からの距離 y_G と，図心を通る X 軸に関する断面二次モーメントを求めよ．

11.2 図 11.15 の台形断面の図心 G の x 軸からの距離 y_G と，図心を通る X 軸に関する断面二次モーメントを求めよ．

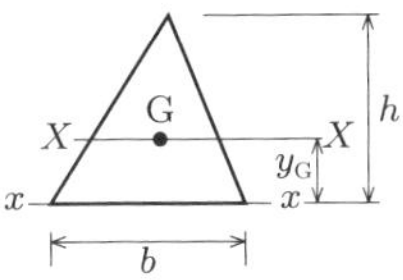

図 11.14

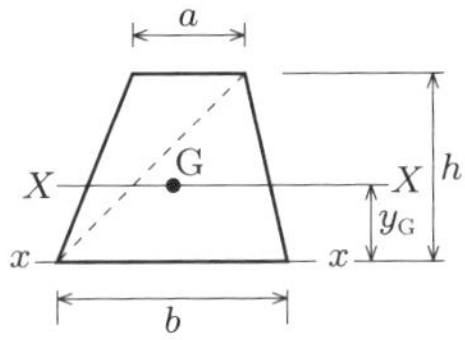

図 11.15

11.3 図 11.16 の正方形断面の X 軸に関する断面二次モーメントを求めよ．

11.4 図 11.17 の半径 r の円に内接する長方形断面の X 軸に関する断面二次モーメントが最大となるのはどのようなときか，また，断面係数についてはどうか．それぞれ，最大値も求めよ．

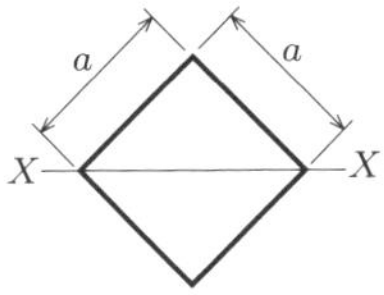

図 11.16

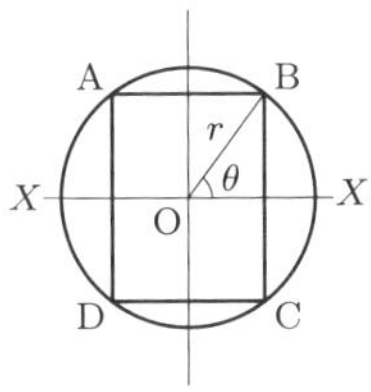

図 11.17

11.5 図 11.18 の I 形断面の図心 G を通る X 軸に関する断面二次モーメント，断面係数，断面二次半径を求めよ．

11.6 図 11.19 の T 形断面の図心 G の x 軸からの距離 y_G と，図心を通る X 軸に関する断面二次モーメント，断面係数を求めよ．

11.7 図 11.20 の L 形断面の図心 G の位置と，断面の主軸，主断面二次モーメントを求めよ．

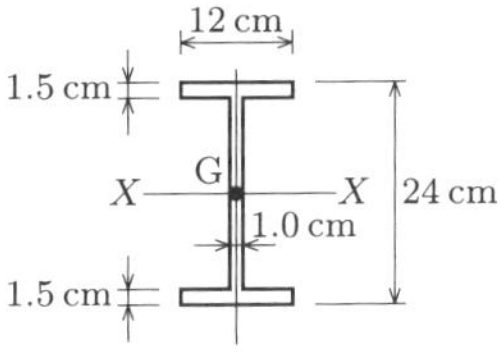

図 11.18

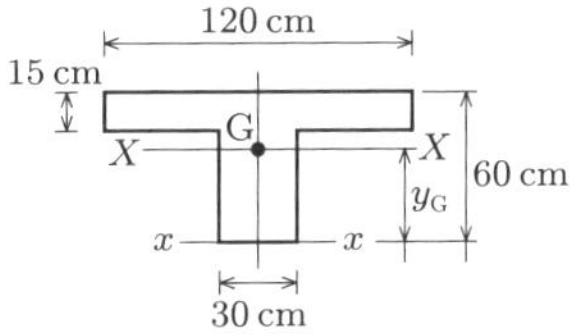

図 11.19

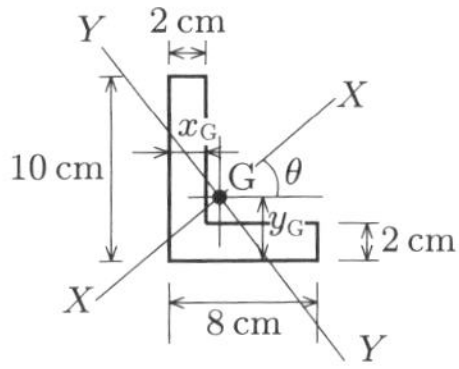

図 11.20

12 断面の応力度

12.1 軸方向力による応力度

図 12.1 のように，直線部材が軸方向力 N を受けると，材軸に垂直な断面には一様な垂直応力度 σ が生じる．この値は，部材の断面積を A として次の式で表される．

$$\sigma = \frac{N}{A} \tag{12.1}$$

この垂直応力度 σ は，軸方向力が圧縮力のときは圧縮応力度，図のように引張力のときは引張応力度となる．垂直応力度 σ が式 (12.1) で表されるのは，軸方向力 N の作用点が断面の図心に一致するときで，N が断面の図心以外の点に作用するときには，さらに曲げの作用が加わり，式 (12.1) では表せないが，これについては 12.5 節で述べる．

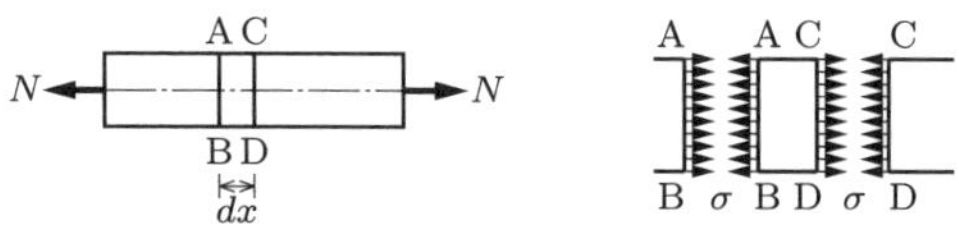

図 12.1

12.2 曲げモーメントによる応力度

図 12.2 のように，部材が曲げモーメントを受けると部材には曲がりを生じ，ある断面を境にして一方は伸び，他方は縮む．この材繊維の伸び縮みは，その境となる伸び縮みのない面から最も離れた上下端で最大となり，内部に向かうほど小さくなる．この伸び縮みのない面を**中立面** (neutral plane) といい，中立面と部材断面の交わる線を**中立軸** (neutral axis) という．

曲げモーメントを受ける部材の応力度を求めるときには，「材軸に直角な断面は，曲げモーメントを受けて曲がった後も，曲がった後の材軸に直角な平面を保つ」という法則

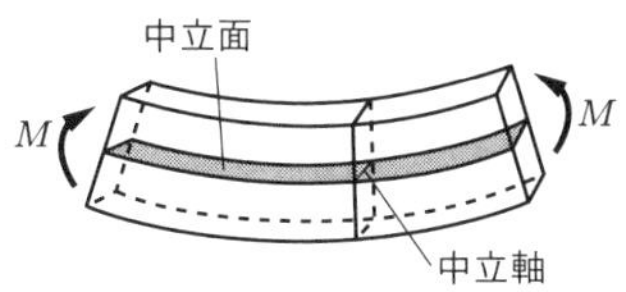

図 12.2

に従うものと仮定する．この仮定は**オイラー-ベルヌーイの仮定** (Euler-Bernoulli's assumption) といわれるもので，一般に平面保持の仮定ともいわれている．

12.2.1 断面の 1 つの主軸まわりに曲げを受ける場合

いま，図 12.3(a) のように曲げモーメントが断面の主軸を含む面内に作用するものとすると，図 (b) のように，変形前の断面 AB は平面保持の仮定によって変形後は A′B′ となる．AB 面から dx だけ離れた CD 面は変形後は C′D′ となるものとすると，材繊維は円弧をなし，2 つの dx だけ離れた断面は $d\theta$ だけ傾いて交わることになる．ここで，dx を十分に小さくとると，この微小要素の変形は図 (c) に等しいとみなすことができる．ここで，中立面の位置がわかったものとし，断面の延長線の交点 O から中立面までの距離を ρ とすると，中立面から距離 y だけ離れた位置の材繊維の伸び Δdx は，幾何学的関係から

$$\frac{\Delta dx}{dx} = \frac{y}{\rho}$$

となる．したがって，この位置での垂直ひずみ度 ε は，伸びた長さをもとの長さで除

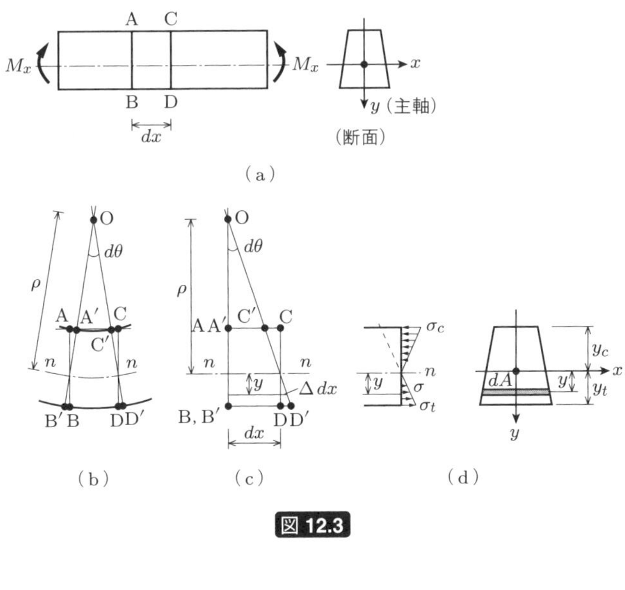

図 12.3

して得られるから,

$$\varepsilon = \frac{\Delta dx}{dx} = \frac{y}{\rho} \tag{12.2}$$

となり, 部材が弾性体のときには, フックの法則から図 (d) のような垂直応力度 σ が生じ, 次のように表される.

$$\sigma = E \cdot \varepsilon = E \cdot \frac{y}{\rho} \tag{12.3}$$

この垂直応力度は**曲げ応力度** (bending stress) ともいわれ, 中立軸からの距離 y に比例している.

この応力度を合成したものは, 力のつり合いからこの断面に作用する軸方向力および曲げモーメントに等しくならなければならない. いま, この断面には軸方向力は作用していないから, 次の 2 つの式が成立しなければならない.

$$\int_A \sigma dA = N = 0 \tag{12.4}$$

$$\int_A \sigma \cdot y dA = M_x \tag{12.5}$$

式 (12.4) に式 (12.3) を代入すると

$$\int_A \sigma dA = \frac{E}{\rho} \int_A y dA = 0$$

となる. $\int_A y dA$ は式 (11.1) の x 軸に関する断面一次モーメントであり, この値が 0 であるということは, 11.1 節から, 中立軸は断面の図心を通ることになる. 曲げモーメントが断面の主軸である y 軸を含む面内に作用していれば, y 軸に直交する x 軸も主軸となる. したがって, 中立軸は断面のもう 1 つの主軸と一致する.

式 (12.5) に式 (12.3) を代入すると

$$\int_A \sigma y dA = \frac{E}{\rho} \int_A y^2 dA = M_x$$

となり, $\int_A y^2 dA$ は x 軸に関する断面二次モーメントで, これを I_x とすると

$$\frac{1}{\rho} = \frac{M}{EI_x} \tag{12.6}$$

となる. ここに, $1/\rho$ は部材の**曲率** (curvature) といわれるもので曲がりの程度を表すものであり, ρ を**曲率半径** (radius of curvature) という. また, 図 (b) の O 点を**曲率の中心** (center of curvature) ともいう.

式 (12.6) を式 (12.3) に代入すると, 断面の各位置での曲げ応力度は

$$\sigma = \frac{M_x}{I_x} \cdot y \tag{12.7}$$

となり，断面の上下端で最大となる．いま，図 (d) のように，中立軸から断面の引張側最外縁および圧縮側最外縁までの距離をそれぞれ y_t および y_c とすると，断面の最大引張応力度 σ_t および最大圧縮応力度 σ_c は，次の式で表される．

$$\sigma_t = \frac{M_x}{I_x} \cdot y_t = \frac{M_x}{Z_{xt}}, \quad \sigma_c = \frac{M_x}{I_x} \cdot y_c = \frac{M_x}{Z_{xc}} \tag{12.8}$$

この σ_t および σ_c を断面の**縁応力度** (fiber stress) という．

曲げモーメントを受ける部材の断面に生じる最大の曲げ応力度は，曲げモーメントの値を断面係数で除して求められる．そして，x 軸に関して上下対称断面の場合には，引張側と圧縮側の最大曲げ応力度の値は等しくなる．

12.2.2 断面の 2 つの主軸まわりに同時に曲げを受ける場合

図 12.4(a) のように，曲げモーメントが断面の主軸を含む面以外の面内に作用するときは，一般に，中立軸は曲げモーメントの作用する面に直角ではなく，図 (b) のようにある傾きをもつようになる．このような状態は，たとえば，勾配をもった屋根の母屋材のように，断面の主軸とある傾きをもった面内に荷重が加わる場合に生じる．このようなときには，曲げモーメントを断面の主軸を含む 2 つの面内に分解すれば，それぞれについて式 (12.7) が成り立つから，その結果を重ね合わせればそのときの曲げ応力度分布を求めることができる．

図 12.4 において，x および y 軸を断面の主軸とし，荷重の作用面が y 軸と角度 α だけ傾いているものとする．荷重によって生じるこの位置での曲げモーメントを M とすると，x および y 軸まわりの曲げモーメント M_x および M_y はそれぞれ次のようになる．

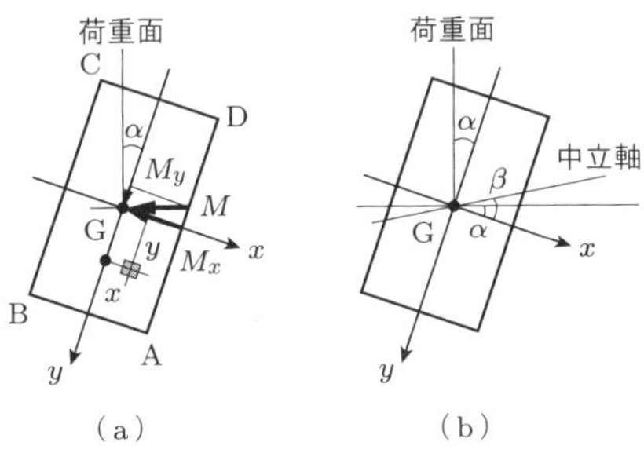

図 12.4

$$M_x = M\cos\alpha, \quad M_y = M\sin\alpha \tag{12.9}$$

一方，x および y 軸に関する断面二次モーメントを I_x および I_y とすると，図 (a) の断面内の任意の点（x，y）に生じる曲げ応力度は，2 つの場合の式 (12.7) を重ね合わせて次の式で求められる．

$$\sigma = \frac{M_x}{I_x}y + \frac{M_y}{I_y}x \tag{12.10}$$

したがって，図 12.4 の断面では，M_x によって，AB 側が引張りまた CD 側が圧縮となり，M_y によって，AD 側が引張りまた BC 側が圧縮となるから，最大引張応力度 σ_t は A 点に，また，最大圧縮応力度 σ_c は C 点に生じ，次のように求められる．

$$\sigma_t = \frac{M_x}{Z_{xt}} + \frac{M_y}{Z_{yt}}, \quad \sigma_c = \frac{M_x}{Z_{xc}} + \frac{M_y}{Z_{yc}} \tag{12.11}$$

断面が x および y 軸に関して対称なときは，両者の値は等しくなり，次のようになる．

$$\sigma_t = \sigma_c = \frac{M_x}{Z_x} + \frac{M_y}{Z_y} \tag{12.12}$$

断面の中立軸の位置では垂直応力度の値が 0 となるから，式 (12.10) の σ を 0 とおくことによって，中立軸の位置を求めることができる．すなわち

$$\frac{M_x}{I_x}y + \frac{M_y}{I_y}x = 0 \tag{12.13}$$

であるから，式 (12.13) に式 (12.9) を代入すると，中立軸が x 軸となす角度 β は

$$\tan\beta = \frac{-y}{x} = \frac{I_x}{I_y}\tan\alpha \tag{12.14}$$

となり，曲げモーメントの作用方向 α と主断面二次モーメントの比によって定まる．I_x と I_y が等しい特別な場合を除いて，β は α と等しくないから，曲げモーメントの作用面が断面の主軸と一致しないときには，中立軸は荷重面に垂直にはならず，図 12.4(b) のように，さらに最小断面二次モーメントをもつ主軸の方向に傾くことになる．

12.3 | せん断力による応力度

図 12.5(a) のように，いくつかの部材を重ねて両端を支え，これに荷重を加えると，それぞれの部材は別々に曲がりその間には滑りが生じる．しかし，図 (b) のように，図 (a) と同じ高さの 1 つの部材のときには，このような滑りは生じない．これは，1 つの部材を層状に切断した面を考えると，この面にはせん断応力度が作用して，この面の

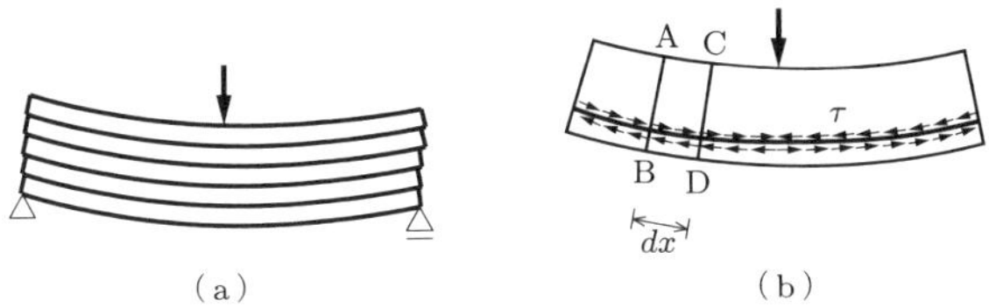

図 12.5

滑りに抵抗しているからである．ここでは，このような曲げを受ける部材に生じるせん断応力度の値を求めてみよう．

いま，図 12.6 のように，図 12.5(b) から部材の一部を取り出し，断面 AB の曲げモーメントを M，せん断力を Q とする．断面 AB から dx だけ離れた断面を CD とし，材軸方向に曲げモーメントが変化するものとして断面 CD の曲げモーメントを $M + dM$ とすると，せん断力 Q は式 (4.2) から次の式で求められる．

$$Q = \frac{dM}{dx} \tag{12.15}$$

図 12.6(a) で，中立面から y の距離にある層を EF とし，この位置より外側にある EFDB 部分について材軸方向の力のつり合いを考える．部材の表面には力は作用していないから，この部分に作用する応力度は，左右の断面に生じる曲げ応力度と EF 面に生じるせん断応力度だけである．まず，中立面から y の距離にある位置の曲げ応力度は式 (12.7) から

$$\sigma = \frac{M}{I} \cdot y$$

であるから，EB 面および FD 面に作用する力は，それぞれ

$$\int_y^{y_t} \sigma dA = \frac{M}{I} \int_y^{y_t} y dA \tag{12.16}$$

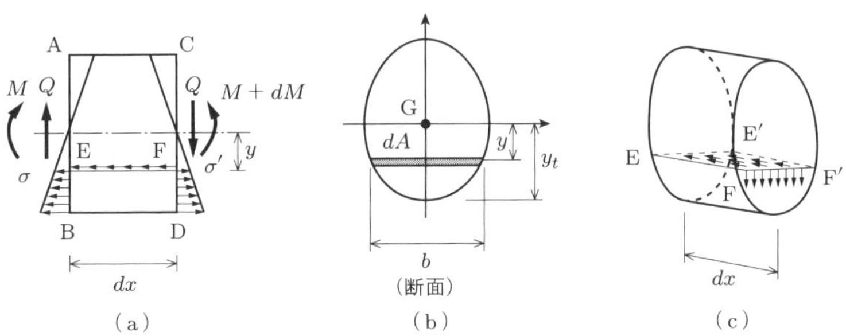

図 12.6

$$\int_y^{y_t} \sigma' dA = \frac{M + dM}{I} \int_y^{y_t} y dA \tag{12.17}$$

となる．次に，EF 面に作用するせん断応力は，その位置の断面の幅を b とし，この間にせん断応力度 τ が均等に分布しているものと仮定すると，

$$\tau \cdot b \cdot dx$$

となる．ここで，左右の断面に作用する力は向きが逆であるから，材軸方向の力のつり合いから，EF 面に作用するせん断応力はこの 2 つの力の差に等しくならなければならない．したがって，式 (12.16) および式 (12.17) から

$$\frac{dM}{I} \int_y^{y_t} y dA = \tau b dx$$

となり，ここで

$$S = \int_y^{y_t} y dA \tag{12.18}$$

とおき，式 (12.15) を用いると，$dM/dx = Q$ であるから，中立面から距離 y の位置のせん断応力度 τ は，次の式で表される．

$$\tau = \frac{QS}{bI} \tag{12.19}$$

ここで，S はせん断応力度を求める位置から外側の部分の中立軸に関する断面一次モーメントを表しており，断面の最外縁で 0 であり，中立面で最大となる．また，10.2 節から，互いに直交する断面のせん断応力度は等しいから，この値は材軸に直角な断面内で中立軸から y の距離にある位置のせん断応力度をも表すことになる．

例 12.1　**図 12.7 の長方形断面のせん断応力度分布を求める．**

中立軸から距離 y の位置のせん断応力度を表す式 (12.19) において

$$I = \frac{bh^3}{12}$$

$$S = b\left(\frac{h}{2} - y\right)\left\{y + \frac{1}{2}\left(\frac{h}{2} - y\right)\right\}$$

$$= \frac{b}{2}\left(\frac{h^2}{4} - y^2\right)$$

であるから，せん断応力度 τ は

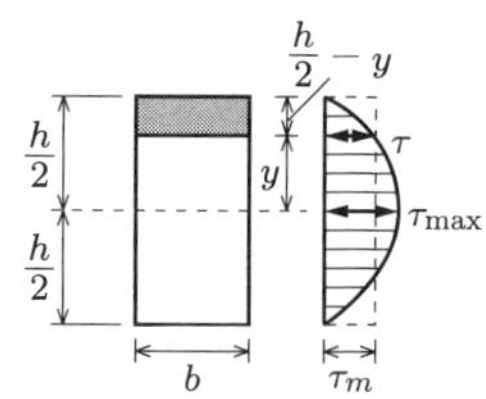

（a）　（b）

図 12.7

$$\tau = \frac{6Q}{bh^3}\left(\frac{h^2}{4} - y^2\right)$$

となり，図 (b) のような中立軸 (y=0) で最大となる放物線分布となる．その最大値 $\tau_{\max}$ は

$$\tau_{\max} = \frac{3}{2}\cdot\frac{Q}{bh} = \frac{3}{2}\cdot\frac{Q}{A} = \frac{3}{2}\cdot\tau_m$$

となり，せん断力 Q が断面に均等に分布すると考えたときの平均せん断応力度 τ_m の 3/2 倍となる．

このように，式 (12.19) からもわかるように，ある断面の最大せん断応力度 $\tau_{\max}$ は，断面の中立軸の位置に生じ，一般に次の式で表される．

$$\tau_{\max} = k\cdot\frac{Q}{A} \tag{12.20}$$

すなわち，$\tau_{\max}$ はせん断応力度が断面に均等に分布すると考えたときの k 倍の値となり，k の値は，断面の形状によって定まるもので，たとえば，長方形断面のときには 3/2，円形断面のときには 4/3 となる．

また，I 形断面のせん断応力度分布は図 12.8 に示すようになり，せん断力 Q がほとんど全部ウェブ部分に均等に分布するとみてよい場合が多く，通常，次の式で表される．

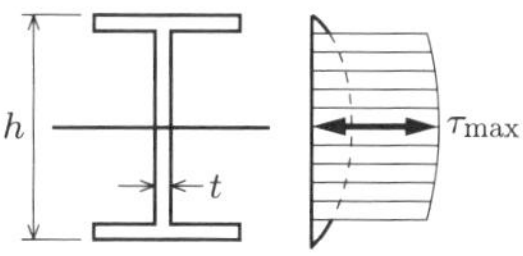

図 12.8

$$\tau_{\max} \fallingdotseq \frac{Q}{jt} \qquad ただし\ j = 0.85h \tag{12.21}$$

12.4　ねじりモーメントによる応力度

図 12.9 のように，円形断面の棒が両端にねじりモーメント M_t を受けると，棒はねじられて変形する．O_1A_1AO が棒の軸を含む平面上にあるとき，ねじりを受けて断面上の半径 OA が OA′ にきたとすると，∠AOA′ を θ で表し，これをこの断面における**ねじり角** (angle of torsion) という．ここで，棒の断面はねじられた後も平面を保ち，

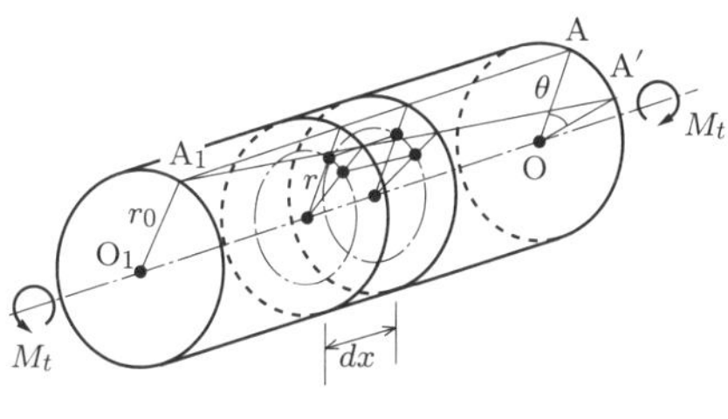

図 12.9

断面の直径はねじられた後も直線を保ちかつ同じ量だけ回転するものと仮定する．いま，図 12.10(a) のように，ねじりを受けている棒から長さ dx，半径 r の要素を取り出すと，両側の断面ではいずれもねじり角が生じているが，その値は両断面で $d\theta$ だけ変化している．半径 r の円柱の表面の変形を考えてみると，図 (b) のように，変形前に abdc であった長方形は，ねじりを受けて変形した後は弧 ac と bd の回転による移動量が異なるため，平行四辺形 a′b′d′c′ となり直角だった ∠bac が γ だけ変化する．この γ はせん断ひずみ度といわれるものであり，その大きさは，

$$\gamma = \frac{\mathrm{bb'} - \mathrm{aa'}}{dx} = \frac{r(\theta + d\theta) - r \cdot \theta}{dx} = \frac{r \cdot d\theta}{dx}$$

となり

$$\varphi = \frac{d\theta}{dx} \tag{12.22}$$

とおくと

$$\gamma = r \cdot \varphi \tag{12.23}$$

となる．ここに，φ は材軸方向のねじり角の変化を表すもので，ねじり率といわれている．

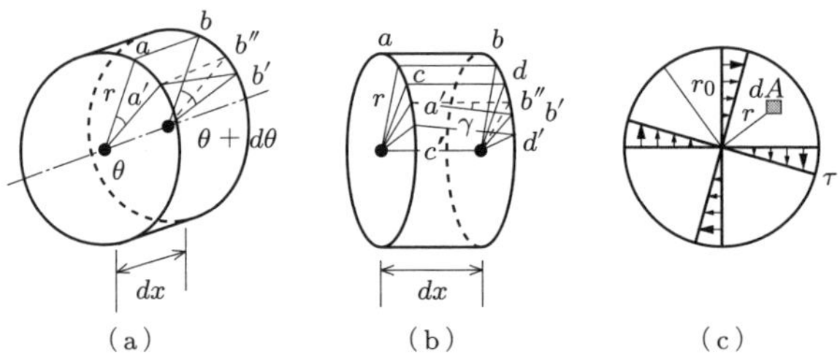

図 12.10

せん断ひずみ度が生じると，それに応じてせん断応力度が生じる．これは，部材が弾性体であれば，せん断弾性係数を用いて次の式で表される．

$$\tau = G \cdot \gamma = G \cdot r \cdot \varphi \tag{12.24}$$

せん断応力度は，断面の中心からの距離 r に比例し，図 (c) のように，断面上では材軸のまわりに回転するような方向に分布する．

力のつり合いから，このせん断応力度の材軸まわりのモーメントを全断面について加え合わせたものは，ねじりモーメント M_t に等しくならなければならないから，式

(12.24) を用いると

$$M_t = \int_A \tau r dA = G \cdot \varphi \int_A r^2 dA = GI_p \cdot \varphi$$

となり，ねじり率は次の式で表される．

$$\varphi = \frac{M_t}{GI_p} \tag{12.25}$$

ここに，I_p は断面極二次モーメントである．

式 (12.25) を式 (12.24) に代入すると，ねじりモーメントを受ける円形断面棒のせん断応力度は

$$\tau = \frac{M_t}{I_p} \cdot r \tag{12.26}$$

となり，最大せん断応力度 $\tau_{\max}$ は断面の最外縁に生じ，その値は，棒の半径を r_0 とすると

$$\tau_{\max} = \frac{M_t}{I_p} \cdot r_0 \tag{12.27}$$

となる．

ここでは円形断面の棒について述べたが，これらは円筒断面の棒についても成り立つ．しかし，長方形やその他の断面の部材では，ねじりモーメントを受けると断面は平面ではなくなり，断面には**そり** (warping) が生じるため問題が複雑となるので，ここでは取り扱わない．

12.5 軸方向力と曲げモーメントによる応力度

図 12.11(a) のように，直線部材が断面の図心に作用する軸方向力と断面の主軸を含む面内の曲げモーメントを同時に受けるときは，図 (b) のように，断面に生じる応力度は，軸方向力 N によって生じる垂直応力度と曲げモーメント M によって生じる垂直応力度とを重ね合わせることによって，次のように求められる．

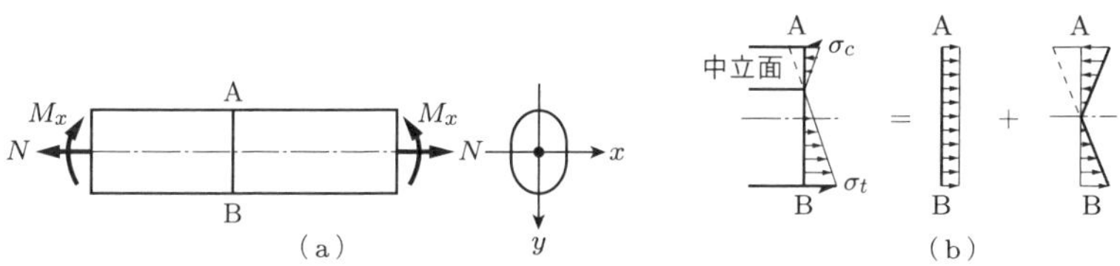

図 12.11

$$\sigma = \frac{N}{A} + \frac{M_x}{I_x} \cdot y \tag{12.28}$$

したがって，断面の図心の位置における垂直応力度は軸方向力だけによる値となり，断面の中立軸の位置は，軸方向力の値に応じて y 軸方向に移動する．

ここで，図 12.12(a) のように，軸方向力 N の作用点が，断面の図心と一致せずに，図心から断面の主軸上に距離 e だけ離れた場合を考えるとき，このような力を**偏心力** (eccentric force) といい，e を**偏心距離** (eccentric distance) という．いま，図 12.12(b) のように，与えられた軸方向力 N のほかに，断面の図心の位置に作用する同じ大きさで互いに逆向きの一対の軸力を加えてみる．もちろん，新たに加えた軸力はそれ自体合力が 0 となるものであるから，部材断面に生じる応力は変わらない．ここで，同じ大きさで距離 e だけ離れた逆向きの一対の力は $M = N \cdot e$ のモーメントをもつ偶力となるから，偏心力の作用は，断面の図心の軸方向力と曲げモーメントが同時に作用する場合と同じ効果をもつことになる．したがって，図 12.13 のような断面の垂直応力度 σ の分布は，式 (12.28) に $M = N \cdot e$ を代入し，断面二次半径 $i_x = \sqrt{I_x/A}$ を用いると，次の式で求められる．

$$\sigma = \frac{N}{A} + \frac{Ne}{I_x}y = \frac{N}{A}\left(1 + \frac{e}{I_x/A} \cdot y\right) = \frac{N}{A}\left(1 + \frac{e \cdot y}{i_x^2}\right) \tag{12.29}$$

この垂直応力度 σ の分布は，図心 G の位置 ($y = 0$) では軸方向力だけによる値となり，軸方向力の作用点の側では次第にその値が大きくなり，反対側では次第に小さくなる．断面の最外縁 A および B 点の x 軸からの距離をそれぞれ y_c および y_t とする

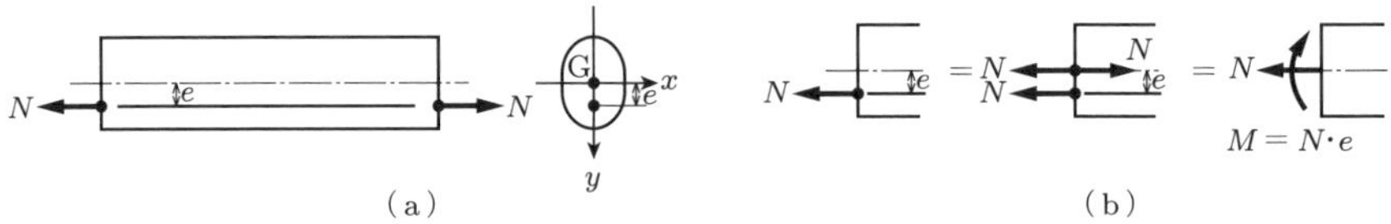

図 12.12

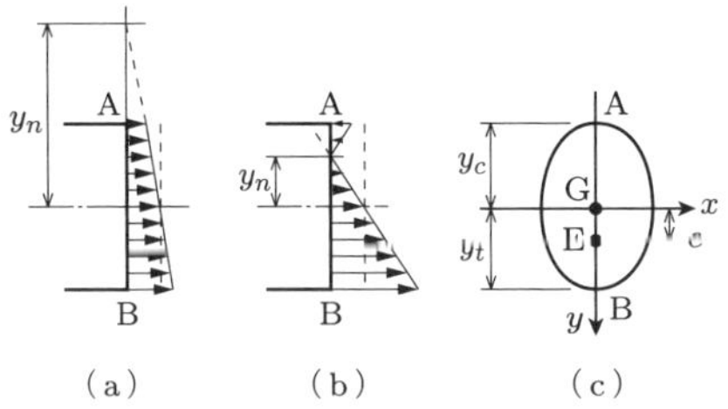

図 12.13

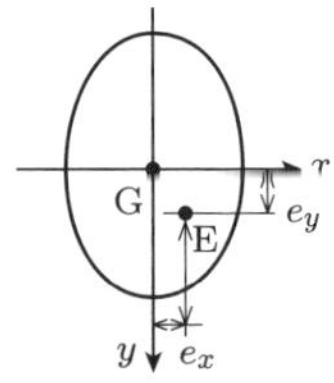

図 12.14

と，A および B 点の垂直応力度は次の式で表される．

$$\text{A 点}:\sigma = \frac{N}{A}\left(1 - \frac{e \cdot y_c}{i_x^2}\right),\quad \text{B 点}:\sigma = \frac{N}{A}\left(1 + \frac{e \cdot y_t}{i_x^2}\right) \tag{12.30}$$

したがって，偏心距離が小さく $e < i_x^2/y_c$ のときは，図 12.13(a) のように全断面に同じ方向の垂直応力度が生じ，偏心距離が大きく $e > i_x^2/y_c$ のときは，図 12.13(b) のように断面内に中立軸が現れ，この軸を境にして両側の垂直応力度の向きは逆になる．この中立軸の位置 y_n は，式 (12.29) の σ を 0 とおいて次のように求められる．

$$y_n = -\frac{i_x^2}{e} \tag{12.31}$$

式 (12.31) は，中立軸の位置は常に偏心の方向と反対側にあり，また，軸力 N の大きさには無関係に，偏心距離 e によって定まることを表している．

次に，図 12.14 のように，偏心力 N の作用点が，断面の主軸からはずれ，主軸である x および y 軸からそれぞれ e_y および e_x の距離にあるときには，偏心力 N の作用は，図心に作用する軸方向力 N，x 軸まわりの曲げモーメント $M_x = N \cdot e_y$ および y 軸まわりの曲げモーメント $M_y = N \cdot e_x$ の 3 つが同時に作用した場合と同じ効果をもつことになる．したがって，断面内の任意の位置での垂直応力度 σ は次の式で表される．

$$\sigma = \frac{N}{A} + \frac{M_x}{I_x}y + \frac{M_y}{I_y}x \tag{12.32}$$

式 (12.32) に $M_x = N \cdot e_y$ および $M_y = N \cdot e_x$ を代入し，断面二次半径 $i_x = \sqrt{I_x/A}$ および $i_y = \sqrt{I_y/A}$ を用いると，式 (12.32) は次のようになる．

$$\sigma = \frac{N}{A}\left(1 + \frac{e_y \cdot y}{i_x^2} + \frac{e_x \cdot x}{i_y^2}\right) \tag{12.33}$$

直線部材に圧縮力が作用するときは，式 (12.30) からもわかるように，その偏心距離がある値よりも小さければ，断面内には圧縮応力度だけが生じ，引張応力度は生じない．この限界は，中立軸が断面の図心に対して偏心力の作用点と反対側の断面の最外縁を通るときで，図 12.15 のように作用点が主軸上にある場合には，式 (12.31) の y_n を $-y_c$ とおいて，次のように求められる．

$$e = \frac{i_x^2}{y_c} \tag{12.34}$$

偏心力の作用点が断面の主軸上にない場合には，式 (12.33) を用いて，この限界の点を断面のすべての方向について求め，それを連ねると，図 12.15 のように断面の図心のまわりにある図形ができる．このグレー部分の図形を**断面の核** (core of section)

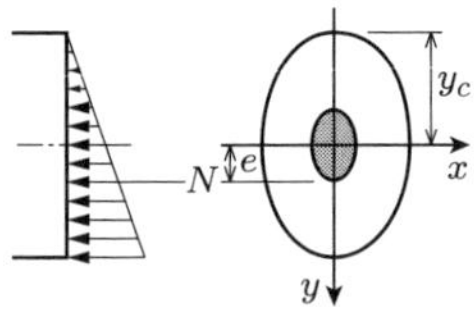

図 12.15

といい，圧縮力の作用点がこの中にあるときには，断面には圧縮応力度しか生じない．

例 12.2　図 12.16 のような直径 d の円形断面の核を求める．

円形断面の場合には，偏心がどの方向でも主軸上に偏心がある場合として扱えるから，断面内に引張応力度を生じさせない圧縮力の偏心の限度は，式 (12.34) に $i^2 = d^2/16$, $y_c = d/2$ を代入して

$$e = \frac{d^2/16}{d/2} = \frac{d}{8}$$

となり，断面の核は，図中のグレーで示した直径 $d/4$ の円となる．

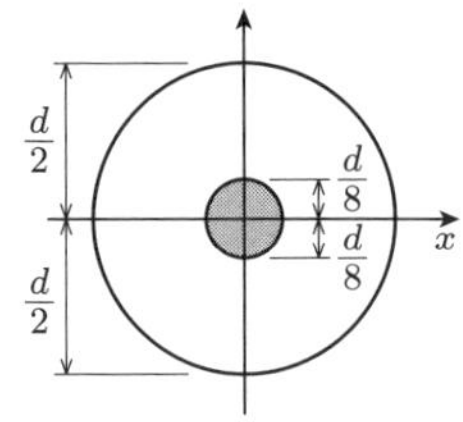

図 12.16

例 12.3　図 12.17 のような長方形断面の核を求める．

圧縮力が AEGF の区域内にある場合を考えると，反対側の区域の端部 C に引張応力度が生じない間は，断面内に引張応力度が生じないことになる．

したがって，C 点で垂直応力度が 0 となる偏心状態は，式 (12.33) において，$x = -b/2$, $y = -h/2$, $i_x^2 = h^2/12$, $i_y^2 = b^2/12$ として $\sigma = 0$ とおくと次のように求められる．

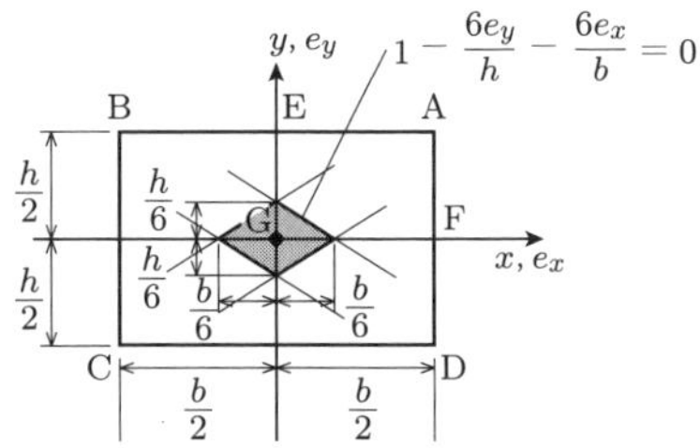

図 12.17

$$1 - \frac{6e_y}{h} - \frac{6e_x}{b} = 0$$

これが，この区域における偏心の限度を表す式である．

ほかの区域についても同じように求めると，長方形断面の核は，図中のグレーで示した 2 つの主軸上の 3 等分点を結ぶひし形となる．

12.6　部材の主応力線

部材に外力が作用すると，その断面には，一般に垂直応力度とせん断応力度が生じる．第 10 章で述べたように，力を受けた物体内部の各点では，互いに直交する主応力

面が存在し，この面に作用する垂直応力度は最大あるいは最小であり，かつ，この面にはせん断応力度は作用しない．

いま，部材内部の各点について，その点での垂直応力度とせん断応力度から主応力面の方向を求め，これをつなぐと，互いに直交した曲線群が得られる．これらを**主応力線** (lines of principal stress) という．

軸方向力のみや一定の曲げモーメントを受ける部材では，材軸に垂直な断面にはせん断応力度を生じないので，主応力線は，図 12.18(a)，(b) のような材軸方向の線とこれに直交する線となる．

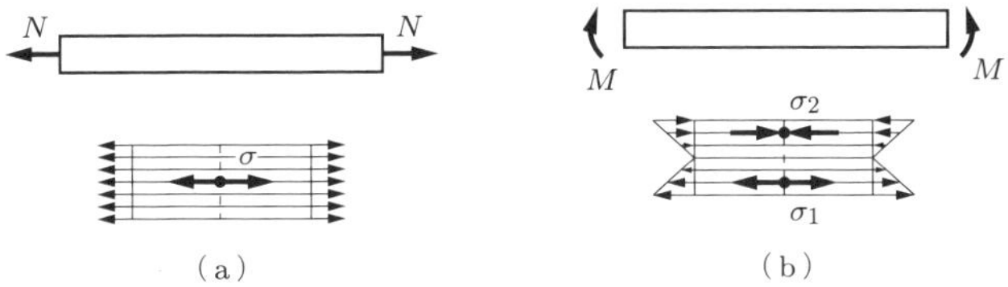

図 12.18

一方，曲げモーメントが一定でないときには，材軸に垂直な断面にせん断応力度 τ が生じるから，これと曲げ応力度 σ との関係によって断面内の各点での主応力面の方向はいろいろに変化する．たとえば，断面の最外縁では $\tau = 0$ であるから，曲げ応力度 σ がそのまま 1 つの主応力度となり，他の主応力度は 0 となる．断面の中立軸位置では，$\sigma = 0$ であるから，主応力面の方向は，式 (10.11) から，材軸に対し $\theta = \pm 45°$ となり，主応力度は，式 (10.12) から σ_1，$\sigma_2 = \pm\tau$ となる．したがって，このような場合の主応力線は複雑となり，等分布荷重を受ける単純梁の場合には，おおよそ図 12.19 のようになり，実線と直角方向に最大の引張応力度 σ_1，破線と直角方向に最大の圧縮応力度 σ_2 が生じる．

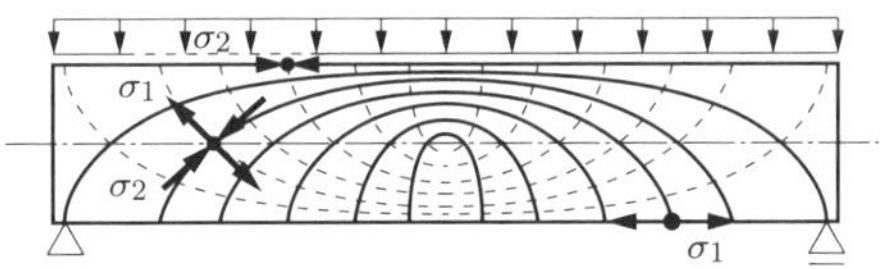

図 12.19

演習問題 12

12.1　図 12.20 のような等分布荷重を受ける長方形断面の単純梁に生じる最大曲げ応力度と最大せん断応力度を求めよ．

12.2　図 12.21 のような集中荷重を受ける H 形断面片持梁に生じる最大曲げ応力度と最大せん断応力度を求めよ．

12.3　図 12.22 のようなせん断力 Q が作用する三角形断面のせん断応力度分布と，その最大値を求めよ．

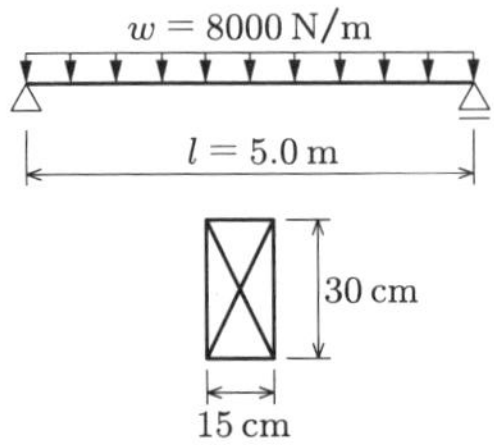

図 12.20

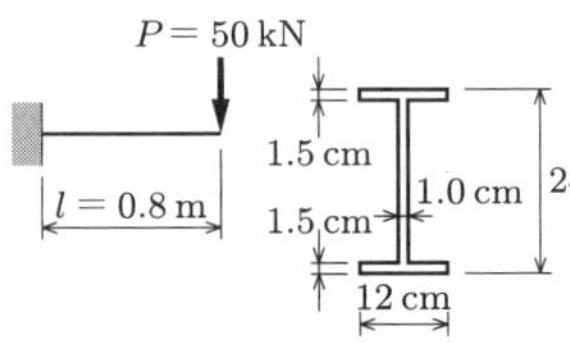

図 12.21

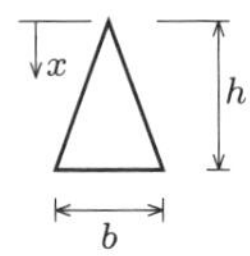

図 12.22

12.4　図 12.23 のような偏心圧縮力を受ける円形断面柱の A，B 点の応力度を求めよ．

12.5　図 12.24 の箱形断面の核を求めよ．

12.6　図 12.25 のような長方形断面の木材の単純梁が中央集中荷重 $P = 40\,\mathrm{kN}$ を受けるとき，A，B，C，D 点での主応力面と主応力度を求めよ．ただし，木材の自重は $6000\,\mathrm{N/m^3}$ とする．

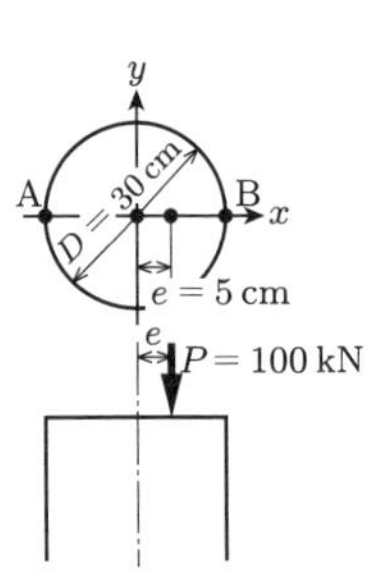

図 12.23

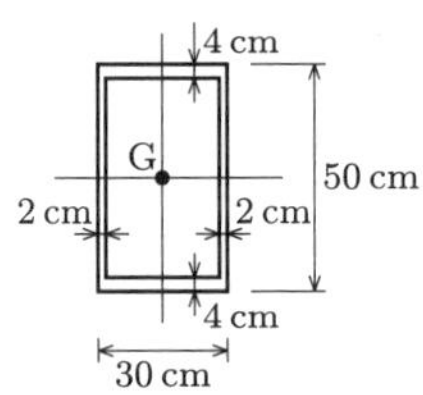

図 12.24

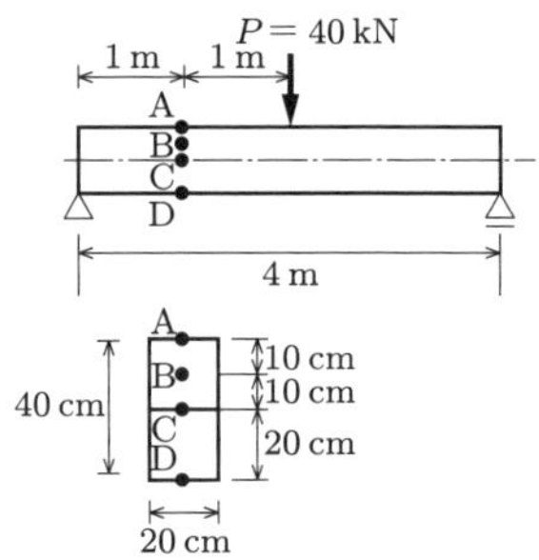

図 12.25

13 部材の変形

13.1 軸方向力による変形

図 13.1 のように，直線部材に軸方向力 N が作用するときには，部材は軸方向に伸び縮みする．このとき，断面に生じる応力度は，全断面に一様で，断面積を A とすると，この断面の応力度 σ は

$$\sigma = \frac{N}{A}$$

となる．したがって，フックの法則からひずみ度は $\varepsilon = \sigma/E = N/EA$ となり，微小長さ dx の軸方向の弾性変形量 Δdx は，次の式で表される．

$$\Delta dx = \varepsilon \cdot dx = \frac{N}{EA} \cdot dx \tag{13.1}$$

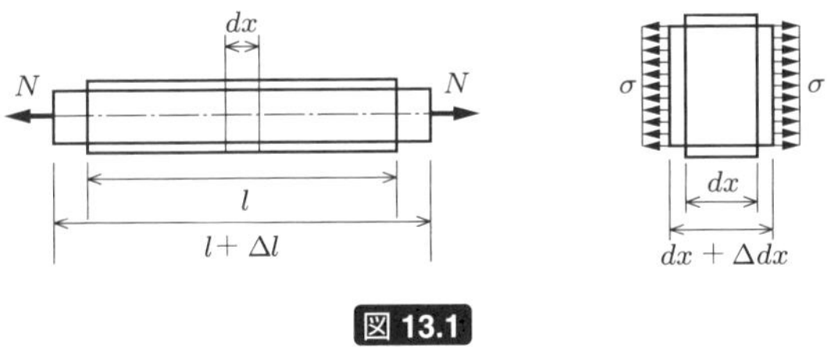

図 13.1

よって，長さ l の部材で軸方向力が材軸方向に変化しなければ，全長の伸び縮み量 Δl は次のように表される．

$$\Delta l = \varepsilon \cdot l = \frac{Nl}{EA} \tag{13.2}$$

しかし，N が圧縮力で部材が比較的細長いときには，14.1 節に述べる座屈現象が生じる．

13.2 曲げモーメントによる変形

13.2.1 たわみ曲線

図 13.2 のように，部材に曲げモーメントが作用すると部材はわん曲する．いま，図のように直交座標軸 x，y をとると，部材の断面の図心を連ねた材軸の変形後の形を**たわみ曲線** (deflection curve) または弾性曲線といい，これを $y = f(x)$ で表すと，ある点 x の位置での y の値をその点の**たわみ** (deflection)，dy/dx の値，すなわち傾きをその点の回転角または**たわみ角** (slope) という．

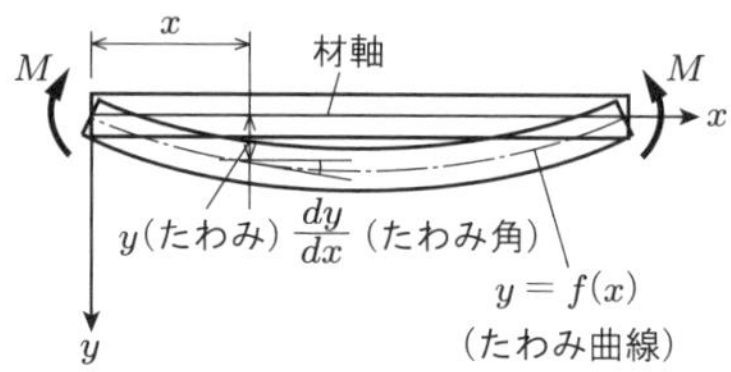

図 13.2

12.2 節で示したように，部材が曲げモーメントを受けると，図 13.3 のような互いに dx だけ離れた断面は $d\theta$ だけ傾いて交わる．いま，この交点から断面の中立軸までの距離を ρ とすると，ρ はこの位置での曲率半径といわれるもので，式 (12.6) から次のように表される．

$$\frac{1}{\rho} = \frac{M}{EI} \tag{13.3}$$

ここに，EI を**曲げ剛性** (flexural rigidity) という．また，曲率半径の逆数，すなわち，曲率は，曲げモーメントの大きさに比例し，曲げ剛性に反比例することがわかる．

次に，たわみ曲線が与えられたとき，この曲率がどのように表されるかを調べてみ

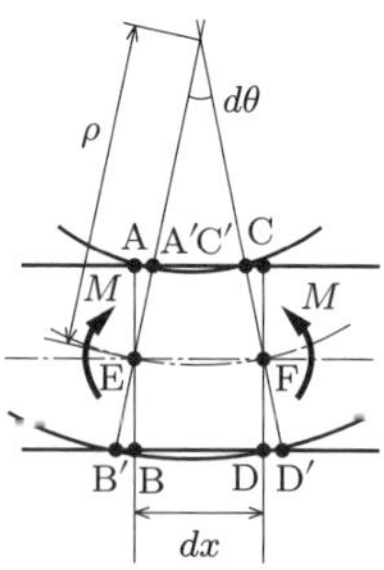

図 13.3

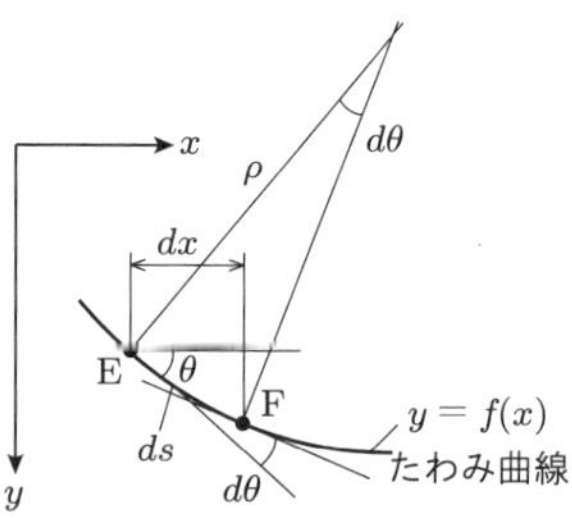

図 13.4

よう．いま，図 13.4 のように，長さ ds のたわみ曲線の一部を取り出し，E 点のたわみ角を θ とすると，ds が十分に小さければ EF は半径 ρ の円弧とみなせるから，

$$\frac{1}{\rho} = \frac{d\theta}{ds}$$

と表される．ここで，$\theta = dy/dx$ であり，たわみが小さければ $ds \fallingdotseq dx$ とみなせるから

$$\frac{d\theta}{ds} \fallingdotseq \frac{d\theta}{dx} = \frac{d}{dx}\left(\frac{dy}{dx}\right) = \frac{d^2y}{dx^2}$$

となり，曲率は次の式で表される．

$$\frac{1}{\rho} = \frac{d^2y}{dx^2} \tag{13.4}$$

式 (13.3) と式 (13.4) とは同じ曲率を表しているが，曲げモーメント M の符号の定め方に注意する必要がある．図 13.2 のように y 軸の正の方向に凸にわん曲を生じるような曲げモーメントを正とすると，このときの d^2y/dx^2 は負となることに注意して，次のような関係が求められる．

$$\frac{d^2y}{dx^2} = -\frac{M}{EI} \tag{13.5}$$

式 (13.5) は，曲げモーメントによる部材のたわみ曲線の微分方程式である．曲げモーメント M は，荷重状態が与えられると材軸方向の座標 x の関数として求めることができるから，この微分方程式を積分することによってたわみ曲線を求めることができる．したがって，任意の位置でのたわみ角 θ およびたわみ y は，次の式で表される．

$$\theta = \frac{dy}{dx} = -\int \frac{M}{EI}dx + C_1 \tag{13.6}$$

$$y = -\int\left(\int \frac{M}{EI}dx\right)dx + C_1x + C_2 \tag{13.7}$$

ここに C_1，C_2: 積分定数

これらの積分定数は，材端の条件から定まるものである，たとえば，ピン支点およびローラー支点では，たわみが生じないから $y = 0$ であり，また，曲げモーメントが 0 であるから，式 (13.5) から $d^2y/dx^2 = 0$ である．固定支点では，たわみもたわみ角も生じないから，$y = 0$ および $dy/dx = 0$ である．

集中荷重を受ける場合には，荷重点の左と右とでは曲げモーメントは不連続となり，別々の微分方程式となるが，部材の変形は連続しているから，この点で 2 つの方程式の dy/dx と y がそれぞれ等しいという条件を入れて解けばよい．

このような条件を境界条件という．なお，たわみ角は時計まわりに回転する場合を正，また，たわみは y 軸の正の方向にたわむ場合を正とする．

次に，計算例によってたわみ曲線式の求め方を説明しよう．以下の例では，部材の曲げ剛性 EI は全長にわたって一定であるとする．

例 13.1 **図 13.5 のような自由端に集中荷重を受ける片持梁のたわみ曲線を求める．**

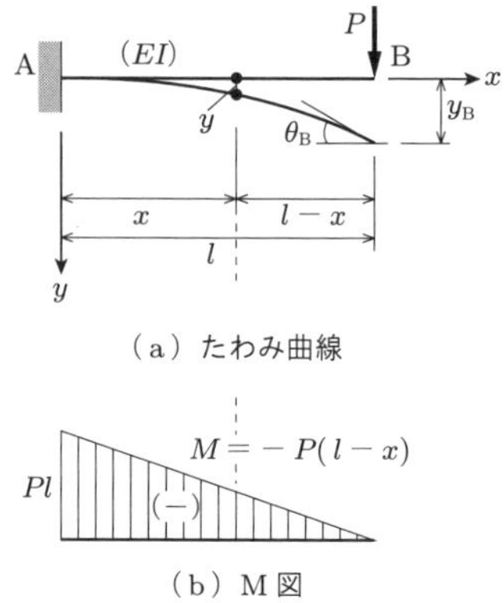

図 13.5

固定支点 A から距離 x の位置での曲げモーメントは

$$M = -P(l - x)$$

であるから，式 (13.5) に代入すると

$$\frac{d^2y}{dx^2} = \frac{P}{EI}(l - x)$$

となり，この式を積分すると次のようになる．

$$\frac{dy}{dx} = \frac{P}{EI}\left(lx - \frac{1}{2}x^2\right) + C_1$$

$$y = \frac{P}{EI}\left(\frac{l}{2}x^2 - \frac{1}{6}x^3\right) + C_1x + C_2$$

境界条件は，A 端は固定支点であるから

$$x = 0 : \frac{dy}{dx} = 0, \quad y = 0$$

となり，積分定数は次のように求められる．

$$C_1 = C_2 = 0$$

したがって，この場合のたわみ角 θ およびたわみ y は，それぞれ

$$\theta = \frac{dy}{dx} = \frac{Pl^2}{2EI}\left\{2\left(\frac{x}{l}\right) - \left(\frac{x}{l}\right)^2\right\}, \quad y = \frac{Pl^3}{6EI}\left\{3\left(\frac{x}{l}\right)^2 - \left(\frac{x}{l}\right)^3\right\}$$

となる．また，自由端のたわみ角 θ_B およびたわみ y_B は，上の式で $x = l$ とおいて

$$\theta_B = \frac{Pl^2}{2EI}, \quad y_B = \frac{Pl^3}{3EI}$$

となる．

例 13.2 図 13.6 のような等分布荷重を受ける片持梁のたわみ曲線を求める.

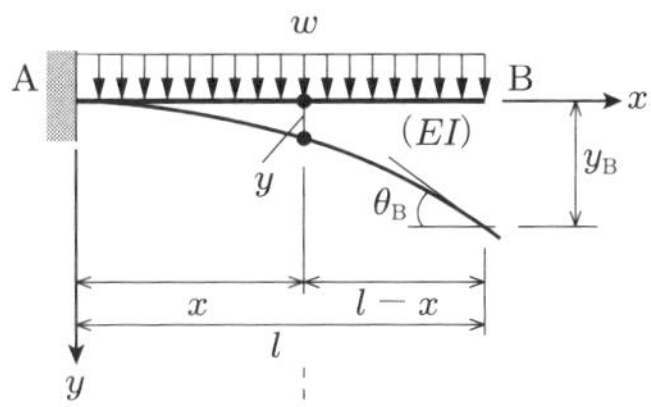

(a) たわみ曲線

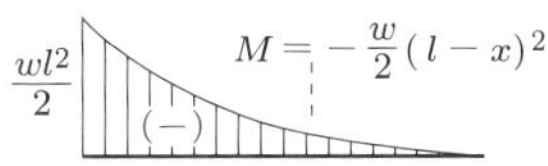

(b) M 図

図 13.6

固定支点 A からの距離 x の位置での曲げモーメントは

$$M=-\frac{w}{2}(l-x)^2$$

であるから，これを式 (13.5) に代入すると

$$\frac{d^2y}{dx^2}=\frac{w}{2EI}(l-x)^2$$

となり，この式を積分すると次のようになる.

$$\frac{dy}{dx}=\frac{w}{2EI}\left(l^2x-lx^2+\frac{1}{3}x^3\right)+C_1$$

$$y=\frac{w}{2EI}\left(\frac{l^2}{2}x^2-\frac{l}{3}x^3+\frac{1}{12}x^4\right)+C_1x+C_2$$

境界条件は，A 端は固定支点であるから

$$x=0:\frac{dy}{dx}=0,\quad y=0$$

となり，積分定数は次のように求められる.

$$C_1=C_2=0$$

したがって，この場合のたわみ角 θ およびたわみ y は，それぞれ

$$\theta=\frac{dy}{dx}=\frac{wl^3}{6EI}\left\{3\left(\frac{x}{l}\right)-3\left(\frac{x}{l}\right)^2+\left(\frac{x}{l}\right)^3\right\}$$

$$y=\frac{wl^4}{24EI}\left\{6\left(\frac{x}{l}\right)^2-4\left(\frac{x}{l}\right)^3+\left(\frac{x}{l}\right)^4\right\}$$

となる.

また，自由端 B のたわみ角 θ_B およびたわみ y_B は，上の式で $x=l$ とおいて

$$\theta_B=\frac{wl^3}{6EI},\quad y_B=\frac{wl^4}{8EI}$$

となる.

例 13.3　図 13.7 のような等分布荷重を受ける単純梁のたわみ曲線を求める.

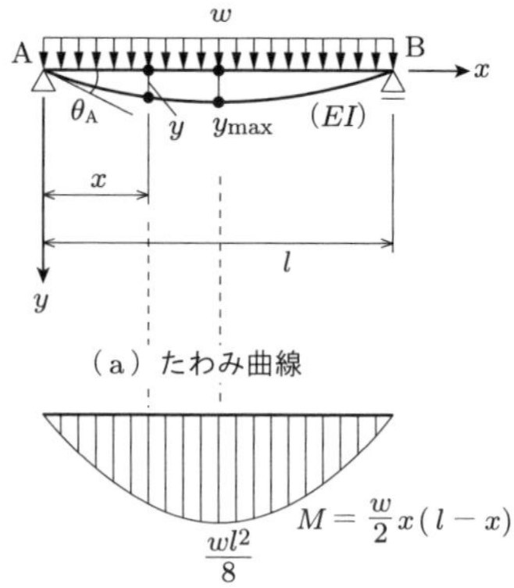

(a) たわみ曲線

(b) M 図

図 13.7

A 点から距離 x の位置での曲げモーメントは

$$M = \frac{w}{2}x(l-x)$$

であるから，これを式 (13.5) に代入すると

$$\frac{d^2y}{dx^2} = -\frac{w}{2EI}x(l-x)$$

となり，この式を積分すると次のようになる.

$$\frac{dy}{dx} = -\frac{w}{2EI}\left(\frac{l}{2}x^2 - \frac{1}{3}x^3\right) + C_1$$

$$y = -\frac{w}{2EI}\left(\frac{l}{6}x^3 - \frac{1}{12}x^4\right) + C_1x + C_2$$

境界条件は，A および B 端がピンおよびローラー支点であるから

$$x = 0 : y = 0, \qquad x = l : y = 0$$

となり，積分定数は次のように求められる.

$$C_1 = \frac{wl^3}{24EI}, \quad C_2 = 0$$

したがって，この場合のたわみ角 θ およびたわみ y は，それぞれ

$$\theta = \frac{dy}{dx} = \frac{wl^3}{24EI}\left\{1 - 6\left(\frac{x}{l}\right)^2 + 4\left(\frac{x}{l}\right)^3\right\}$$

$$y = \frac{wl^4}{24EI}\left\{\left(\frac{x}{l}\right) - 2\left(\frac{x}{l}\right)^3 + \left(\frac{x}{l}\right)^4\right\}$$

となる.

また，最大たわみ角は A および B 端に生じ

$$\theta_A = \left(\frac{dy}{dx}\right)_{x=0} = \frac{wl^3}{24EI}, \quad \theta_B = \left(\frac{dy}{dx}\right)_{x=l} = -\frac{wl^3}{24EI}$$

となり，さらに，最大たわみはスパンの中央点に生じ，上式で $x = l/2$ とおいて

$$y_{max} = (y)_{x=\frac{l}{2}} = \frac{5wl^4}{384EI}$$

となる.

例 13.4 図 13.8 のような 1 つの集中荷重を受ける単純梁のたわみ曲線を求める.

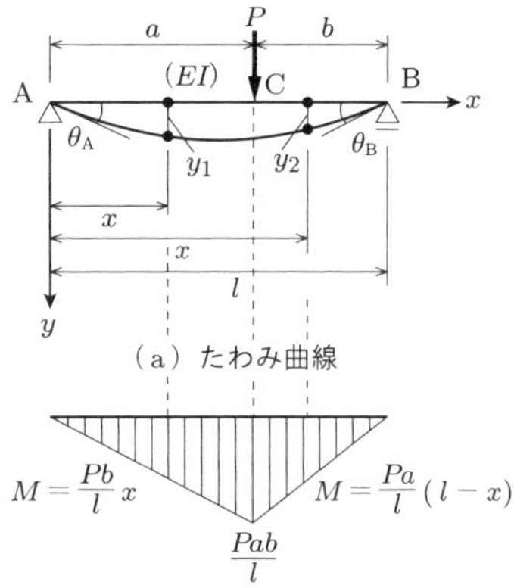

（b）M 図

図 13.8

この場合には，荷重点の左右で曲げモーメント図は不連続となり，この左右の曲げモーメントを表す式が異なる.

すなわち

$$0 \leqq x \leqq a : M = \frac{Pb}{l} \cdot x$$

$$a \leqq x \leqq l : M = \frac{Pb}{l}x - P(x-a) = \frac{Pa}{l}(l-x)$$

であるから，これらを式 (13.5) に代入して

$$0 \leqq x \leqq a : \frac{d^2 y_1}{dx^2} = -\frac{1}{EI} \cdot \frac{Pb}{l}x$$

$$a \leqq x \leqq l : \frac{d^2 y_2}{dx^2} = -\frac{1}{EI} \times \left\{ \frac{Pb}{l}x - P(x-a) \right\}$$

となり，これらを積分すると次のようになる.

$$0 \leqq x \leqq a : \frac{dy_1}{dx} = -\frac{1}{EI} \cdot \frac{Pb}{2l}x^2 + C_1$$

$$y_1 = -\frac{1}{EI} \cdot \frac{Pb}{6l}x^3 + C_1 x + C_2$$

$$a \leqq x \leqq l : \frac{dy_2}{dx} = -\frac{1}{EI} \left\{ \frac{Pb}{2l} \cdot x^2 - \frac{P}{2}(x-a)^2 \right\} + C_3$$

$$y_2 = -\frac{1}{EI} \left\{ \frac{Pb}{6l}x^3 - \frac{P}{6}(x-a)^3 \right\} + C_3 x + C_4$$

境界条件は，A および B 端がピンおよびローラー支点であり，また，たわみ曲線は $x = a$ で連続であるから

$$x = 0 \ : y_1 = 0$$

$$x = l \ : y_2 = 0$$

$$x = a \ : \left(\frac{dy_1}{dx} \right)_{x=a} = \left(\frac{dy_2}{dx} \right)_{x=a}, \quad (y_1)_{x=a} = (y_2)_{x=a}$$

となり，積分定数は次のように求められる.

$$C_1 = C_3 = \frac{Pb(l^2 - b^2)}{6EIl}, \quad C_2 = C_4 = 0$$

したがって，たわみ角およびたわみ曲線は次のように表される.

$$0 \leqq x \leqq a : \theta = \frac{dy_1}{dx} = \frac{Pb}{6EIl}(l^2 - b^2 - 3x^2)$$

$$y_1 = \frac{Pb}{6EIl}x(l^2 - b^2 - x^2)$$

$$a \leqq x \leqq l: \quad \theta = \frac{dy_2}{dx} = \frac{P}{6EIl}\{b(l^2 - b^2 - 3x^2) + 3l(x-a)^2\}$$

$$y_2 = \frac{P}{6EIl}\{bx(l^2 - b^2 - x^2) + l(x-a)^3\}$$

また，A および B 端のたわみ角は

$$\theta_{\mathrm{A}} = \left(\frac{dy_1}{dx}\right)_{x=0} = \frac{Pb}{6EIl}(l^2 - b^2) = \frac{Pab}{6EIl}(l+b)$$

$$\theta_{\mathrm{B}} = \left(\frac{dy_2}{dx}\right)_{x=l} = -\frac{Pab}{6EIl}(l+a)$$

となり，さらに，荷重点のたわみ y_{C} は

$$y_{\mathrm{C}} = (y_1)_{x=a} = (y_2)_{x=a} = \frac{Pa^2b^2}{3EIl}$$

となる．

荷重 P がスパンの中央点に作用するときは，$a = b = l/2$ とおいて

$$\theta_{\mathrm{A}} = -\theta_{\mathrm{B}} = \frac{Pl^2}{16EI}, \quad y_{\mathrm{C}} = \frac{Pl^3}{48EI}$$

となる．

次に，図 13.9 のように，梁に分布荷重が作用しているとき，任意の断面での曲げモーメントおよびそのせん断力とその位置での分布荷重との間には，4.2 節で述べたように次のような関係がある．

$$\left.\begin{aligned} &\frac{dQ}{dx} = -w_x \\ &\frac{dM}{dx} = Q \\ &\frac{d^2M}{dx^2} = \frac{d}{dx}\left(\frac{dM}{dx}\right) = \frac{dQ}{dx} = -w_x \end{aligned}\right\} \tag{13.8}$$

曲げ剛性 EI が部材の全長にわたって一定の場合には，式 (13.5) を x について微分

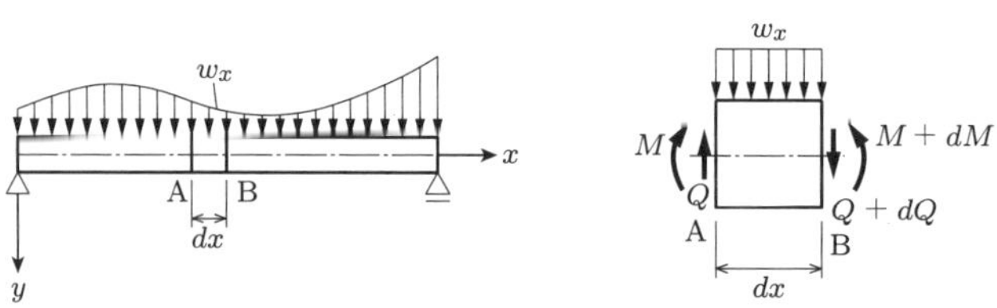

図 13.9

すると

$$\frac{d^3y}{dx^3}=-\frac{1}{EI}\cdot\frac{dM}{dx},\quad \frac{d^4y}{dx^4}=-\frac{1}{EI}\cdot\frac{d^2M}{dx^2}$$

となり，これらに式 (13.8) を用いると，次のようになる．

$$\frac{d^3y}{dx^3}=-\frac{Q}{EI} \tag{13.9}$$

$$\frac{d^4y}{dx^4}=\frac{wx}{EI} \tag{13.10}$$

したがって，たわみ曲線を求める場合には，式 (13.5) のかわりに式 (13.10) を積分して求めることもできる．ただし，この場合には 4 つの積分定数を決定することが必要であり，このためには，境界条件として 2 つの材端の変形条件のほかに，曲げモーメントが 0 の点で $d^2y/dx^2=0$ およびせん断力が 0 の点で $d^3y/dx^3=0$ を用いればよい．

次に，この方法を用いて，図 13.6 のような等分布荷重を受ける片持梁のたわみ曲線を求めてみよう．

式 (13.10) において，$w_x=w=$一定であるから順次積分すると，次のようになる．

$$\frac{d^3y}{dx^3}=\frac{w}{EI}x+C_1$$

$$\frac{d^2y}{dx^2}=\frac{w}{2EI}x^2+C_1x+C_2$$

$$\frac{dy}{dx}=\frac{w}{6EI}x^3+\frac{C_1}{2}x^2+C_2x+C_3$$

$$y=\frac{w}{24EI}x^4+\frac{C_1}{6}x^3+\frac{C_2}{2}x^2+C_3x+C_4$$

境界条件は，B 端は自由端でせん断力および曲げモーメントは 0 であるから

$$x=l:\frac{d^3y}{dx^3}=0,\quad \frac{d^2y}{dx^2}=0$$

また，A 端は固定支点でたわみ角およびたわみが 0 であるから

$$x=0:\frac{dy}{dx}=0,\quad y=0$$

となり，これらの条件から，積分定数は次のように求められる．

$$C_1=-\frac{wl}{EI},\quad C_2=\frac{wl^2}{2EI},\quad C_3=C_4=0$$

したがって

$$Q = -EI \cdot \frac{d^3y}{dx^3} = w(l-x)$$

$$M = -EI\frac{d^2y}{dx^2} = -\frac{wl^2}{2}\left\{1 - 2\left(\frac{x}{l}\right) + \left(\frac{x}{l}\right)^2\right\} = -\frac{w}{2}(l-x)^2$$

$$\theta = \frac{dy}{dx} = \frac{wl^3}{6EI}\left\{3\left(\frac{x}{l}\right) - 3\left(\frac{x}{l}\right)^2 + \left(\frac{x}{l}\right)^3\right\}$$

$$y = \frac{wl^4}{24EI}\left\{6\left(\frac{x}{l}\right)^2 - 4\left(\frac{x}{l}\right)^3 + \left(\frac{x}{l}\right)^4\right\}$$

となり，例 13.2 の結果と一致する．

13.2.2 モールの定理

ここで，式 (13.5) の曲げモーメントを受ける部材のたわみ曲線の微分方程式と，式 (13.8) の分布荷重と曲げモーメントとの関係式を比較するため，もう一度繰り返して書いてみよう．

$$\left.\begin{aligned} \frac{d^2M}{dx^2} &= \frac{d}{dx}\left(\frac{dM}{dx}\right) = \frac{dQ}{dx} = -w_x \\ \frac{d^2y}{dx^2} &= \frac{d}{dx}\left(\frac{dy}{dx}\right) = \frac{d\theta}{dx} = -\frac{M}{EI} \end{aligned}\right\} \tag{13.11}$$

式 (13.11) からわかるように，分布荷重 w_x と M/EI，せん断力 Q とたわみ角 θ，曲げモーメント M とたわみ y とがそれぞれ対応している．したがって，分布荷重 w_x が与えられれば，そのときの部材のせん断力 Q や曲げモーメント M が求められるのと同じように，M/EI を分布荷重と考えてそのときの部材のせん断力を求めると，その値はその点のたわみ角 θ となり，曲げモーメントを求めると，その値はその点のたわみ y を表すことになる．このときの M/EI を**弾性荷重** (elastic load) あるいは**仮想荷重** (virtual load) という．

式 (13.11) を積分することにより，せん断力，曲げモーメント，たわみ角およびたわみは，それぞれ次のように表される．

$$\left.\begin{aligned} Q &= -\int_0^x w_x dx + C_1 \\ M &= -\int_0^x \left(\int_0^x w_x dx\right) dx + C_1 x + C_2 \\ \theta &= -\int_0^x \frac{M}{EI} dx + D_1 \\ y &= -\int_0^x \left(\int_0^x \frac{M}{EI} dx\right) dx + D_1 x + D_2 \end{aligned}\right\} \tag{13.12}$$

式 (13.12) の積分定数は，部材の境界条件によって定めることができる．この境界条件を，図 13.10 の単純梁と片持梁について表すと

単純梁では

$$x=0,\ x=l : M=0, \quad Q \neq 0$$
$$x=0,\ x=l : y=0, \quad \theta \neq 0$$

片持梁では

$$\text{自由端}\ x=l : M=0, \quad Q=0$$
$$\text{固定端}\ x=0 : y=0, \quad \theta=0$$

となる．これらから，単純梁では，y および θ の積分定数を定めるための条件式は，M および Q の積分定数を定める場合と同じであり，片持梁では，y および θ の積分定数を定めるための条件式は固定端において与えられており，M および Q の積分定数を定めるための条件式は自由端において与えられているが，その形は同じであることがわかる．すなわち，ピンおよびローラー支点では，対応する応力と変形の状態が，それぞれ $M=0,\ Q \neq 0 : y=0,\ \theta \neq 0$ で一致するため，弾性荷重を受ける単純梁はもとのままの状態でよいが，自由端では，対応する応力と変形の状態は $M=0,\ Q=0 : y \neq 0,\ \theta \neq 0$，固定端では $M \neq 0,\ Q \neq 0 : y=0,\ \theta=0$ で，自由端と固定端では互いに逆の関係にあるから，弾性荷重を受ける片持梁では，自由端と固定端を入れかえる必要があることになる．

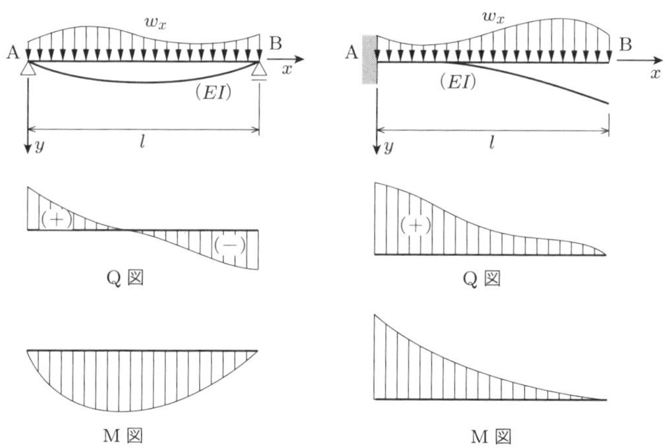

（a）単純梁　（b）片持梁

図 13.10

したがって，部材のたわみ y およびたわみ角 θ は，式 (13.6)，(13.7) の積分をするかわりに，次のような関係を用いて求めることができる．

1) 単純梁の各点のたわみ y およびたわみ角 θ は，M/EI を弾性荷重とみなしたときの，その点の曲げモーメントおよびせん断力に等しい．
2) 片持梁の各点のたわみ y およびたわみ角 θ は，M/EI を弾性荷重とみなし，自由端と固定支点を入れかえたときの，その点の曲げモーメントおよびせん断力に等しい．

この関係を**モールの定理** (Mohr's theorem) という．

さらに，ピン節点での応力と変形の状態は

$$M = 0,\ Q \neq 0 \text{ で連続，}\quad y \neq 0,\ \theta \neq 0 \text{ で不連続}$$

連続梁の支点では

$$M \neq 0,\ Q \neq 0 \text{ で不連続，}\quad y = 0,\ \theta \neq 0 \text{ で連続}$$

となり，互いに逆の関係にあることがわかるから，これを利用すると，モールの定理をさらに単純梁や片持梁以外の種々の梁にも適用することができる．このように，モールの定理を適用するために支点などを入れ替えた梁は**共役梁** (conjugate beam) と呼ばれる．

以下に例を示すが，いずれの場合にも，部材の曲げ剛性 EI は全長にわたって一定であるとする．

例 13.5　**図 13.11(a) のような中央集中荷重を受ける単純梁の変形を求める．**

このときの曲げモーメント図は，図 13.11(b) のように中央で $Pl/4$ の三角形となる．いま，EI は全長にわたって一定であるから，弾性荷重も図 13.11(c) のようにこれに比例した三角形分布の荷重となり，モールの定理から，この弾性荷重によるせん断力図および曲げモーメント図を求めると，それぞれ図 13.11(d) および (e) のようになり，これらが，図 13.11(a) の場合のたわみ角およびたわみを表すことになる．

A および B 点のたわみ角は，図 13.11(c) の仮想荷重による A および B 点のせん断力に等しいから，対称条件を用いて

$$\theta_A = -\theta_B = \frac{Pl}{4EI} \cdot \frac{l}{2} \cdot \frac{1}{2} = \frac{Pl^2}{16EI}$$

となり，+ は時計まわり，− は反時計まわりの回転を表す．

また，C 点のたわみは，図 13.11(c) の弾性荷重による C 点の曲げモーメントに等しいから

$$y_C = \frac{Pl^2}{16EI}\cdot\frac{l}{2} - \frac{Pl}{4EI}\cdot\frac{l}{2}\cdot\frac{1}{2}\cdot\frac{l}{6} = \frac{Pl^3}{48EI}$$

となる．＋は下向きにたわむことを表している．

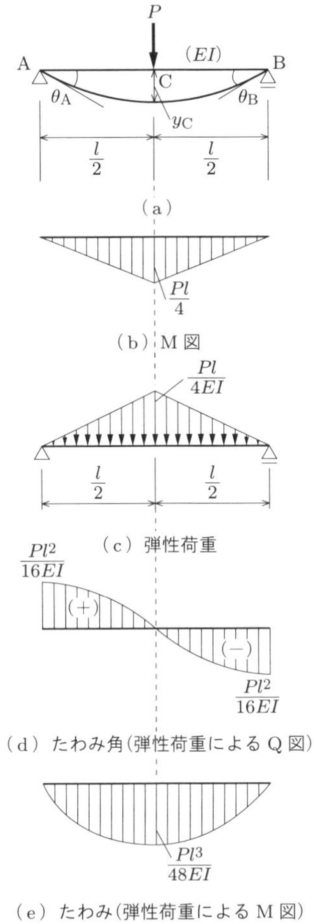

図 13.11

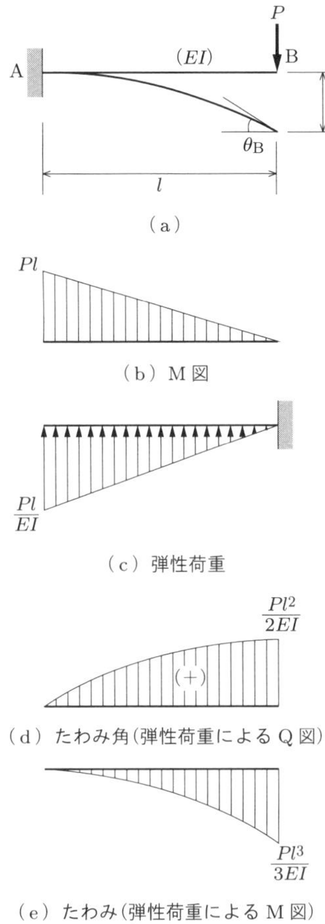

図 13.12

例 13.6 図 13.12(a) のような自由端に集中荷重が作用する片持梁の変形を求める．

この場合の曲げモーメント図は，図 13.12(b) のように負となるから，弾性荷重もこれに比例して図 13.12(c) のように下から上に向かう三角形分布の荷重となる．

ここで，A 点を自由端，B 点を固定端と想像したときのせん断力図および曲げモーメント図を求めると，それぞれ図 13.12(d) および (e) のようになり，これらが図 13.12(a) の場合のたわみ角およびたわみを表すことになる．

自由端 B のたわみ角およびたわみは，図 13.12(c) の B 点のせん断力および曲げモーメントに等しいから

$$\theta_{\mathrm{B}} = \frac{Pl}{EI} \cdot l \cdot \frac{1}{2} = \frac{Pl^2}{2EI},$$
$$y_{\mathrm{B}} = \frac{Pl}{EI} \cdot l \cdot \frac{1}{2} \cdot \frac{2l}{3} = \frac{Pl^3}{3EI}$$

となり，いずれも正の値である．

例 13.7　**図 13.13(a) のような自由端 C に集中荷重を受ける構造物の変形を求める．**

このときの曲げモーメント図は図 13.13(b) となるから，弾性荷重は図 13.13(c) のようになる．ここで，この構造物の A 点はピン支点のままとし，また，B 点をピン節点に，さらに，C 点を固定端におきかえる．このような構造物について，弾性荷重によるせん断力図および曲げモーメント図を求めると，これらがそれぞれ，図 13.13(a) のたわみ角およびたわみを表す．

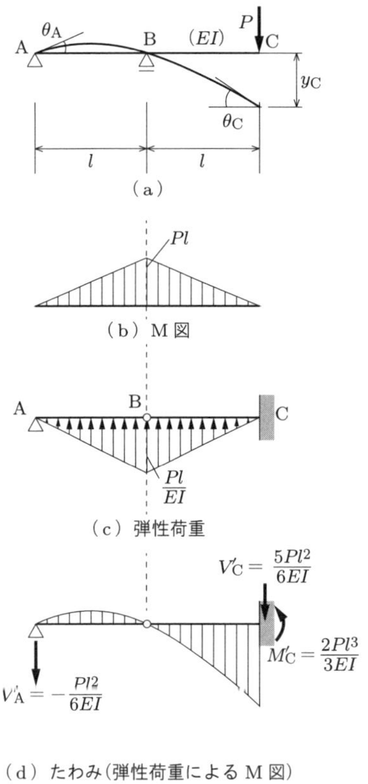

図 13.13

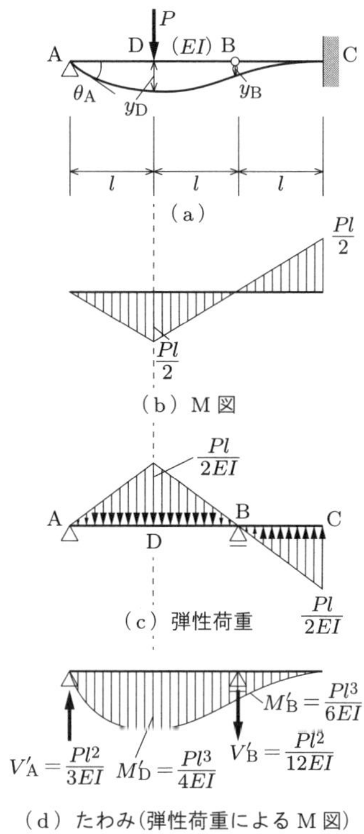

図 13.14

A および C 点のたわみ角と C 点のたわみは，次のように求められる．

$$\theta_{\mathrm{A}} = Q'_{\mathrm{A}} = -V'_{\mathrm{A}} = -\frac{Pl^2}{6EI}$$

$$\theta_{\mathrm{C}} = Q'_{\mathrm{C}} = V'_{\mathrm{C}} = \frac{5Pl^2}{6EI}$$

$$y_{\mathrm{C}} = M'_{\mathrm{C}} = \frac{2Pl^3}{3EI}$$

図 13.13(d) の弾性荷重による曲げモーメント図は，図 13.13(a) のたわみ曲線を表している．

例 13.8 図 13.14(a) のような構造物の変形を求める．

このときの曲げモーメント図は図 13.14(b) となり，弾性荷重は図 13.14(c) となる．ここで，構造物の A 点はピン支点のままとし，また，B 点は連続部材の支点に，さらに，C 点は自由端におきかえる．このような構造物について，仮想反力 V'_{A}，V'_{B} を力のつり合いから求めると，図に示す向きで

$$V'_{\mathrm{A}} = \frac{Pl^2}{3EI}, \quad V'_{\mathrm{B}} = \frac{Pl^2}{12EI}$$

となる．A 点のたわみ角は，弾性荷重による A 点のせん断力であるから

$$\theta_{\mathrm{A}} = Q'_{\mathrm{A}} = V'_{\mathrm{A}} = \frac{Pl^2}{3EI}$$

となり，D および B 点のたわみは，弾性荷重による D および B 点の曲げモーメントであるから

$$\begin{aligned} y_{\mathrm{D}} &= M'_{\mathrm{D}} \\ &= \frac{Pl^2}{3EI} \cdot l - \frac{Pl}{2EI} \cdot l \cdot \frac{1}{2} \cdot \frac{l}{3} = \frac{Pl^3}{4EI} \end{aligned}$$

$$y_{\mathrm{B}} = M'_{\mathrm{B}} = \frac{Pl}{2EI} \cdot l \cdot \frac{1}{2} \cdot \frac{2l}{3} = \frac{Pl^3}{6EI}$$

となる．

図 13.14(d) の弾性荷重による曲げモーメント図は，図 13.14(a) のたわみ曲線を表している．

13.3 せん断力による変形

部材の断面にせん断力が作用すると，断面は互いに滑るような変形をするため，部材のたわみは曲げモーメントだけによるたわみよりも大きくなる．

部材の断面のせん断応力度の分布は，12.3 節で述べたように断面上で一様でないか

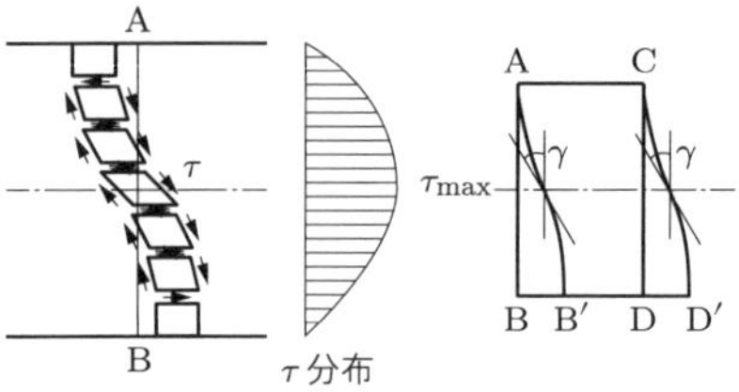

図 13.15

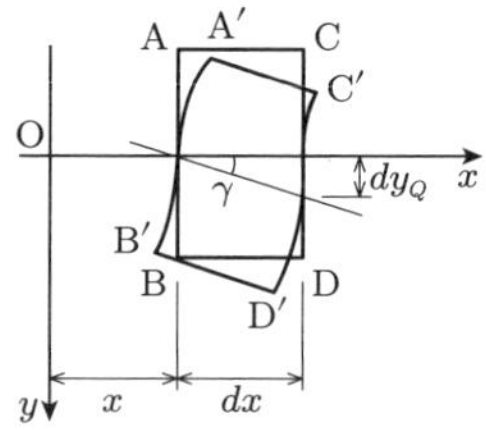

図 13.16

ら，各層は図 13.15 のように，せん断応力度の大きさによって少しずつひし形に変形し，その結果，変形前は平面であった断面 AB は変形後はわん曲して AB′ となり，中立軸の位置では，中立面と断面が傾くことになる．

いま，断面に作用するせん断力を Q とすると，この傾き γ は中立軸位置でのせん断ひずみ度であるから，式 (10.26) および式 (12.20) から

$$\gamma = \frac{\tau_{\max}}{G} = k\frac{Q}{GA} \tag{13.13}$$

となる．

せん断力による部材のたわみを求める場合には，図 13.16 のように，断面の中立軸の位置で傾きを変えずに鉛直のまま滑ると仮定すると，せん断力 Q によるたわみ曲線のたわみ角は中立軸位置でのせん断ひずみ度 γ に等しい．

せん断力によるたわみを y_Q とすると，任意の位置でのたわみ角を表す式は，式 (13.13) から

$$\frac{dy_Q}{dx} = k\cdot\frac{Q}{GA} \tag{13.14}$$

となる．

部材に分布荷重 w_x が作用する場合には，せん断力 Q は x の連続関数となり微分可能であるから，せん断力だけによるたわみ曲線の曲率は次の式で表される．

$$\frac{d^2y_Q}{dx^2} = \frac{k}{GA}\cdot\frac{dQ}{dx} = -\frac{k}{GA}\cdot w_x \tag{13.15}$$

せん断力は曲げモーメントの材軸方向の変化を表すもので，部材の場合には常に曲げモーメントに付随して起こり，単独に生じることはない．したがって，せん断力の影響を考慮してたわみを求める場合には，式 (13.5) の曲げモーメントだけによるたわみ曲線の曲率に式 (13.15) を加えて

$$\frac{d^2y}{dx^2} = -\frac{1}{EI}\left(M + \frac{kEI}{GA}w_x\right) \tag{13.16}$$

とし，この式を積分すればよい．

積分を行わずにモールの定理を用いるときには，仮想荷重として

$$\frac{1}{EI}\left(M+\frac{kEI}{GA}w_x\right)$$

を用いて計算すればよい．

例 13.9 図 13.17(a) の集中荷重を受ける一定断面の片持梁の自由端のたわみを求める．

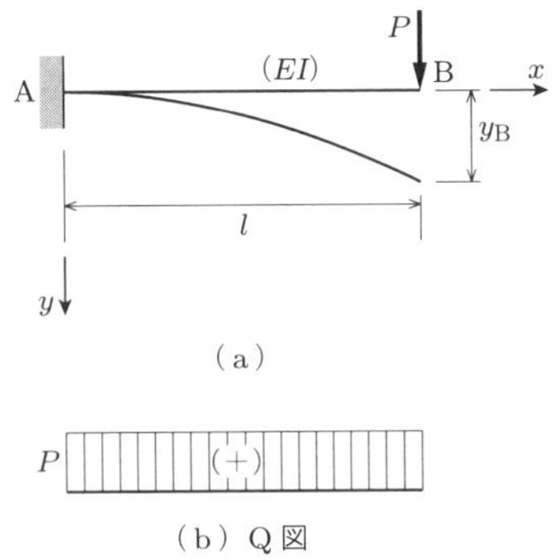

図 13.17

まず，曲げモーメントだけによる B 点のたわみ y_{BM} は，13.2 節から

$$y_{BM}=\frac{Pl^3}{3EI}$$

となる．

次に，このときのせん断力図は図 (b) のように一定であるから，せん断力によるたわみ角はすべての位置で同じ値となり

$$\frac{dy_Q}{dx}=k\cdot\frac{Q}{GA}=\frac{kP}{GA}$$

であるから，B 点でのせん断力による付加たわみ y_{BQ} は

$$y_{BQ}=\int_0^l\frac{kP}{GA}dx=\frac{kPl}{GA}$$

となる．したがって，全たわみは次のように求められる．

$$y_B=y_{BM}+y_{BQ}=\frac{Pl^3}{3EI}+\frac{kPl}{GA}=\frac{Pl^3}{3EI}\left(1+3k\frac{i^2}{l^2}\cdot\frac{E}{G}\right)$$

ここに，i は断面二次半径で，高さ h の長方形断面では

$$i^2=\frac{h^2}{12},\quad k=\frac{3}{2}$$

であるから，$E/G=2(1+\nu)=2.6$ とすると

$$y_B=\frac{Pl^3}{3EI}\left(1+0.975\,\frac{h^2}{l^2}\right)$$

となる．

よって，h/l が小さい細長い部材では，せん断力のたわみに及ぼす影響は非常に小さくなる．たとえば，$h/l=1/5$ のときは，せん断力によるたわみは，曲げモーメントだけによるたわみの約 4%となる．

例 13.10　図 13.18(a) のような等分布荷重を受ける一定断面の単純梁の中央点のたわみを求める.

弾性荷重は

$$\frac{M}{EI}=\frac{wx(l-x)}{2EI},\quad \frac{1}{EI}\cdot\frac{k\cdot EI}{GA}w$$

の 2 つからなり，曲げモーメントによるものは図 (b) のような放物線分布荷重，せん断力によるものは図 (c) のような等分布荷重となる.

まず，曲げモーメントによる中央点のたわみ y_{CM} は，13.2 節から

$$y_{\mathrm{CM}}=\frac{5wl^4}{384EI}$$

となる.

次に，せん断力による付加たわみ y_{CQ} は，モールの定理から kw/GA なる弾性等分布荷重を受ける単純梁の中央点の曲げモーメントに等しく

$$y_{\mathrm{CQ}}=\frac{kl^2}{8GA}$$

となる．したがって，中央点 C の全たわみは

$$y_{\mathrm{C}}=y_{\mathrm{CM}}+y_{\mathrm{CQ}}=\frac{5wl^4}{384EI}+\frac{kwl^2}{8GA}=\frac{5wl^4}{384EI}\left(1+\frac{48}{5}k\cdot\frac{i^2}{l^2}\cdot\frac{E}{G}\right)$$

のように求められる．ここに，i は断面二次半径である.

いま，部材の断面が高さ h の長方形断面の場合には

$$i^2=\frac{h^2}{12},\quad k=\frac{3}{2}$$

であり，$E/G=2(1+\nu)=2.6$ と仮定すると

$$y_{\mathrm{C}}=\frac{5l^4}{384EI}\left(1+3.12\frac{h^2}{l^2}\right)$$

となる，部材が比較的細長い $h/l=1/10$ のときには，曲げモーメントだけを考えたときのたわみより約 3 %大きくなるが，せん断力によるたわみの影響は非常に小さいことがわかる.

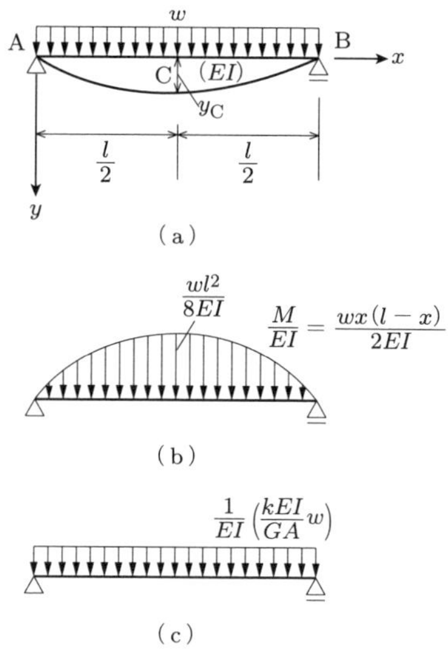

図 13.18

演習問題 13

13.1 図 13.19 の単純梁と片持梁のたわみ曲線を求め，最大たわみを求めよ．ただし，部材の曲げ剛性を全長にわたり一定の EI とし，せん断力の影響は無視する．

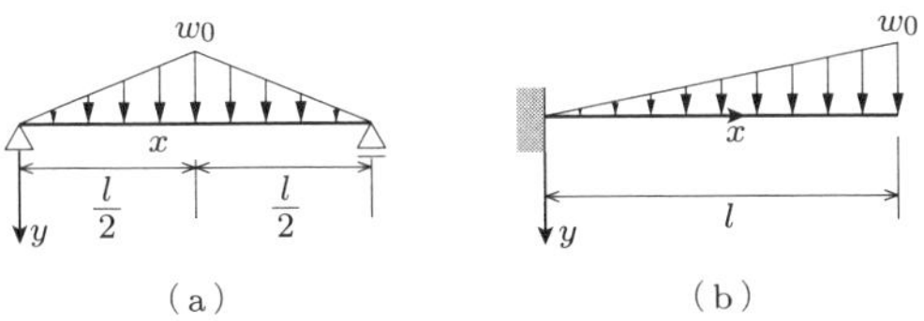

図 13.19

13.2 図 13.20 の単純梁の中央点 C のたわみと両端のたわみ角をせん断力の影響を無視して求めよ．

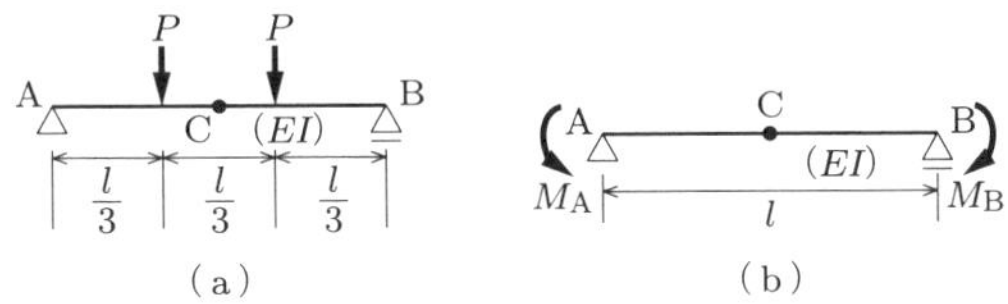

図 13.20

13.3 図 13.21 の構造物の荷重点のたわみをせん断力の影響を無視して求めよ．

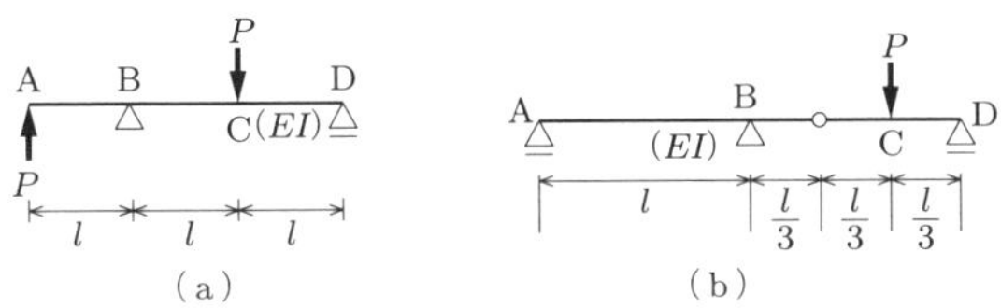

図 13.21

13.4 図 13.22 のような変断面部材の荷重点 C のたわみをせん断力の影響を無視して求めよ．

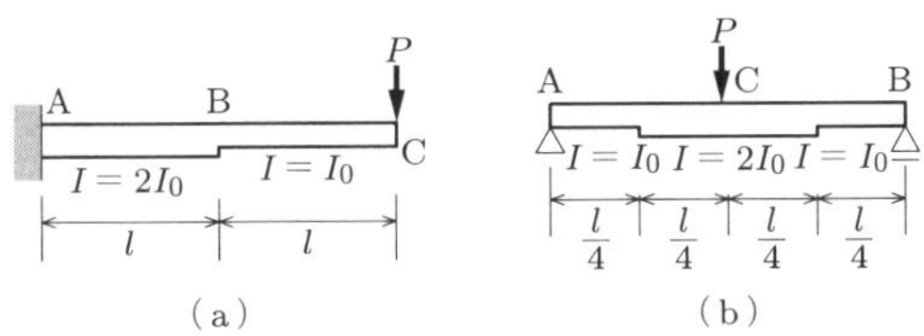

図 13.22

14 圧縮材の座屈

14.1 両端ピンの部材の座屈

図 14.1 のように，長さが l で両端ピンのまっすぐな棒が中心圧縮力 N を受ける場合を考えよう．このような場合には，圧縮力が小さい間は，13.1 節で述べたように，棒の断面には一様な圧縮応力度が生じ，$\Delta l = Nl/EA$ だけ縮むが，この状態からさらに圧縮力が増加してある値に達すると，棒は横にたわみはじめて破壊する．この現象を圧縮材の**座屈** (buckling) といい，このときの圧縮力を**座屈荷重** (buckling load) という．

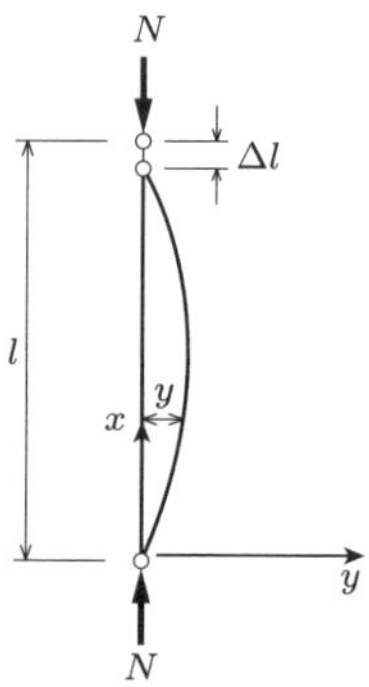

図 14.1

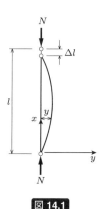

ここで，この座屈荷重を求めてみよう．いま，図 14.1 のように，部材が圧縮力 N を受けて，わずかに横方向にたわんだ状態でつり合いを保っているものとする．このたわみを部材断面の主軸の 1 つの方向と考え，部材の任意の位置 x でのたわみを y とすると，この位置では次の曲げモーメントが存在する．

$$M = N \cdot y \tag{14.1}$$

このたわみ y が微小であれば，13.2 節で述べたように，式 (13.5) に式 (14.1) を代入して，次のようなたわみ曲線の微分方程式が求められる．

$$\frac{d^2y}{dx^2} = -\frac{N}{EI}y \tag{14.2}$$

いま，

$$\alpha^2 = \frac{N}{EI} \tag{14.3}$$

とおくと，式は次のようになる．

$$\frac{d^2y}{dx^2} + \alpha^2 y = 0 \tag{14.4}$$

この微分方程式の一般解は

$$y = C_1 \sin \alpha x + C_2 \cos \alpha x \tag{14.5}$$

であり，積分定数 C_1，C_2 は，部材の材端条件を満足するように定めなければならない．材端条件は

$$x = 0 : y = 0, \quad x = l : y = 0$$

であるから，積分定数は

$$C_2 = 0 \tag{14.6}$$

$$C_1 \sin \alpha l = 0 \tag{14.7}$$

となる．

式 (14.7) が成立するためには，$C_1 = 0$ あるいは $\sin \alpha l = 0$ である．まず，$C_1 = 0$ とすると，C_2 も 0 であるから，式 (14.5) の y の値は x の値のいかんにかかわらず $y = 0$ となりまったくたわみを生じず，まっすぐに縮んでつり合っている状態で，いま考えている状態ではない．そこで，式 (14.5) のたわみ y が存在するためには，$C_1 \neq 0$ であり，

$$\sin \alpha l = 0 \tag{14.8}$$

でなければならない．式 (14.8) を満足するのは，

$$\alpha l = n\pi \quad (n = 1,\ 2,\ \cdots)$$

の場合で，この場合にのみ，わずかにたわんだ状態でのつり合いが存在することになる，そして，このときの荷重は，式 (14.2) から

$$N = \alpha^2 EI = \frac{n^2\pi^2 EI}{l^2} \tag{14.9}$$

となり，このときのたわみ曲線式は，$C_2 = 0$ であるから式 (12.21) から

$$y = C_1 \sin \frac{n\pi}{l} x \tag{14.10}$$

となる．これは，図 14.2 のように，$n = 1, 2, 3, \cdots$ の座屈形状に対応して無数にあるが，$n = 1$ のときの荷重が最小であり最初に到達する荷重であって，$n = 2$ 以上に相当する荷重は，それ以下の座屈変形が生じないように部材の途中の横たわみを拘束しておかなければならない．したがって，$n = 1$ のときの荷重が最初に定義した座屈荷重であり，次の式で与えられる．

$$N_k = \frac{\pi^2 EI}{l^2} \tag{14.11}$$

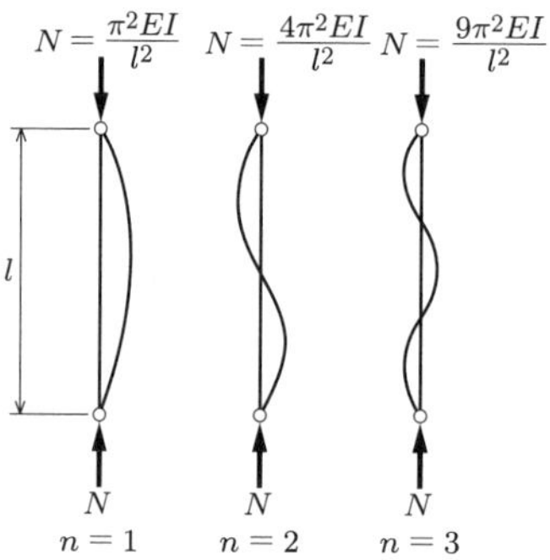

図 14.2

この問題は，1759 年にオイラー (L. Euler) がはじめて取り扱ったもので，通常オイラー座屈といわれている．

圧縮力が座屈荷重 N_k よりも小さい場合には，部材は圧縮力によりまっすぐに縮んだ状態でつり合いを保っているが，圧縮力が N_k に達すると，こんどはまっすぐに縮んだ状態ではつり合いは保てなくなり，たわみを生じて曲がった状態でつり合いを保つことになる．一般に座屈現象とは，1 つの変形形式から異なった他の変形形式に移行する現象であると考えられ，ほかにも種々の座屈現象があるが，オイラー座屈は，部材が縮むという変形から曲がるという変形に移行する 1 つの代表的な座屈現象である．

座屈荷重に達する瞬間までは，部材の断面には一様な圧縮応力度が生じており，この瞬間の圧縮応力度は，式 (14.11) の座屈荷重を断面積 A で除して，次のように求められる．

$$\sigma_k = \frac{N_k}{A} = \frac{\pi^2 EI}{Al^2} = \frac{\pi^2 E}{(l/i)^2} \tag{14.12}$$

ここに，i は断面二次半径で，式 (11.17) で表されるもので，この σ_k を**座屈応力度** (buckling unit stress) という．また，

$$\lambda = \frac{l}{i} \tag{14.13}$$

とおくと，式 (14.11) は

$$\sigma_k = \frac{\pi^2 E}{\lambda^2} \tag{14.14}$$

となる．ここに，λ を**細長比** (slenderness ratio) といい，座屈応力度はヤング係数と細長比のみで評価できることになる．式 (14.14) を図示すると，図 14.3 のようになり，これは，オイラー曲線ともいわれている．

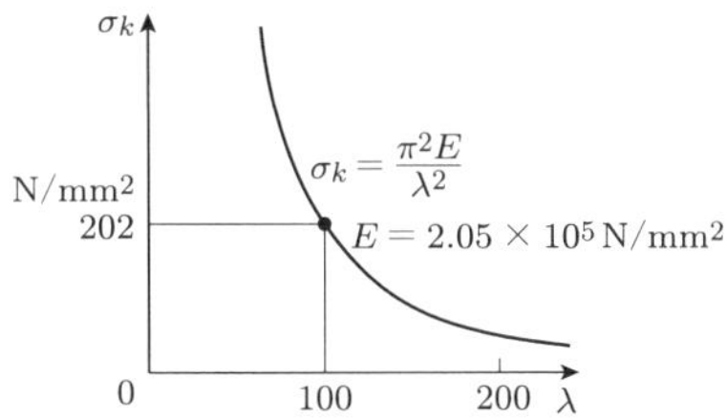

図 14.3

14.2 種々の材端条件をもつ部材の座屈

14.1 節では両端ピンの部材を取り扱ったが，他の支持条件をもつ部材についても同じようにして求められる．たとえば，図 14.4 のような一端ピン他端固定の部材の場合には，圧縮力 N により座屈を生じてわん曲すると，材端には水平反力 Q が生じる．いま，固定端を原点とし任意の位置 x でのたわみを y とすると，この位置での曲げモーメントは

$$M = N \cdot y - Q(l - x) \tag{14.15}$$

であるから，次の微分方程式が成立する．

$$\frac{d^2 y}{dx^2} = -\frac{1}{EI}\left\{Ny - Q(l - x)\right\} \tag{14.16}$$

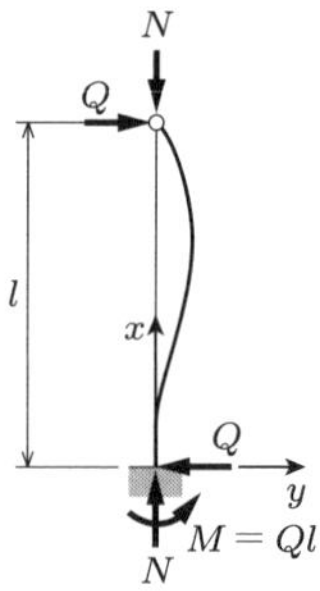

図 14.4

式 (14.16) の一般解は，$\alpha^2 = N/EI$ を用いて次の式で表される．

$$y = C_1 \sin \alpha x + C_2 \cos \alpha x + \frac{Q(l-x)}{N} \tag{14.17}$$

材端条件は

$$x = 0 : y = 0, \quad \frac{dy}{dx} = 0$$

$$x = l : y = 0$$

であるから，次の 3 つの式が成り立たなければならない．

$$\left.\begin{aligned} &C_2 + \frac{Q}{N} l = 0 \\ &\alpha C_1 - \frac{Q}{N} = 0 \\ &C_1 \sin \alpha l + C_2 \cos \alpha l = 0 \end{aligned}\right\} \tag{14.18}$$

式 (14.18) のはじめの 2 つの式から積分定数 C_1 および C_2 を求め，これらを第 3 式に代入すると，次の式が求められる．

$$\tan \alpha l = \alpha l \tag{14.19}$$

式 (14.19) を満足する αl の最小値は $\alpha l = 4.493$ であるから，座屈荷重は近似的に次の式で表される．

$$N_k = \alpha^2 EI = \frac{4.493^2 EI}{l^2} \fallingdotseq \frac{2\pi^2 EI}{l^2} \fallingdotseq \frac{\pi^2 EI}{(0.7l)^2} \tag{14.20}$$

また，ほかの材端条件をもつ部材の座屈荷重についても同じようにして求めることができる．これらの結果をまとめて，種々の材端条件をもつ部材の座屈荷重は，両端ピンの部材の場合と同じ形で，次の式のように表すことができる．

$$N_k = \frac{\pi^2 EI}{l_k^2} \tag{14.21}$$

ここに，l_k を**座屈長さ** (buckling length) といい，この座屈長さは，その材の長さと，両端の支持条件で定まる座屈長さ係数 k との積で，次のように表される．

$$l_k = k \cdot l \tag{14.22}$$

この座屈長さ l_k は，各種の支持条件の部材を，座屈荷重の等しい両端ピンの部材に換算したときの長さに相当する．図 14.5 に，長さ l の種々の支持条件の場合の座屈形状と座屈長さ係数を示すが，座屈荷重は，l/k^2 に比例するから，両端ピンの場合と比較して，座屈が弾性範囲で起こる限り，一端固定で他端自由のときには 1/4 に低下し，一端固定で他端ピンのときには 2 倍に，両端固定のときには 4 倍に増大することがわかる．

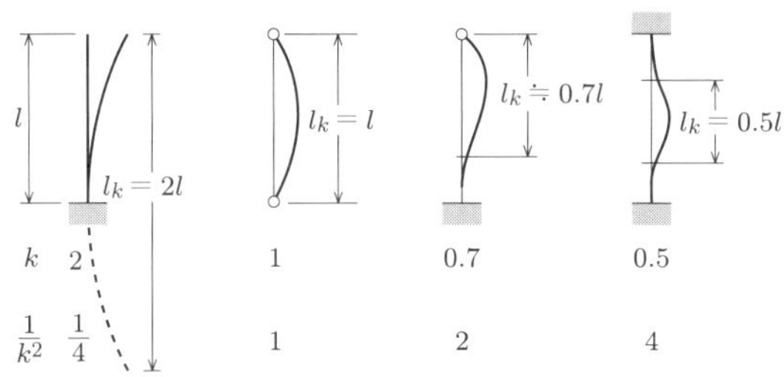

図 14.5

また，座屈応力度は式 (14.14) で表されるが，細長比については，式 (14.13) の l のかわりに l_k を用いて

$$\sigma_k = \frac{\pi^2 E}{\lambda^2}, \quad \lambda = \frac{l_k}{i} \tag{14.23}$$

とすればよい．

14.3 非弾性座屈

式 (14.14) からわかるように，細長比が大きくなるにつれて座屈応力度は小さくなり座屈しやすくなるが，細長比が小さくなると座屈応力度は急激に増大する．この理論は，フックの法則にもとづいた弾性座屈理論であるから，細長比の大きい範囲では実験結果とよく一致する．しかし，細長比がある程度以上小さくなると，座屈応力度が比例限度を超え，ヤング係数が変化して次第に小さくなっていくため，応力度とひずみ度とが比例しなくなり，この理論は成立せず，また，実験結果とも一致しなくなる．

この理論の適用限度は，座屈応力度 σ_k が比例限度 σ_p に達したときで，式 (14.14) から，このときの細長比 λ_p を求めると次のようになる．

$$\lambda_p = \sqrt{\frac{\pi^2 E}{\sigma_p}} \tag{14.24}$$

この λ_p を限界細長比といい，これは，弾性座屈理論の限界を与える細長比である．この限界細長比以下の範囲では，座屈を生じる以前に圧縮応力度が比例限度を超えており，塑性の影響が加わってくるため，この範囲の座屈を非弾性座屈あるいは弾塑性座屈という．ここでは，非弾性座屈についての説明は省略するが，多くの実験結果や理論的考察から，圧縮応力度のとりうる値には限度があるため，図 14.6 のように，細長比が小さくなるにつれて座屈応力度はオイラー曲線から大きく離れてくる．

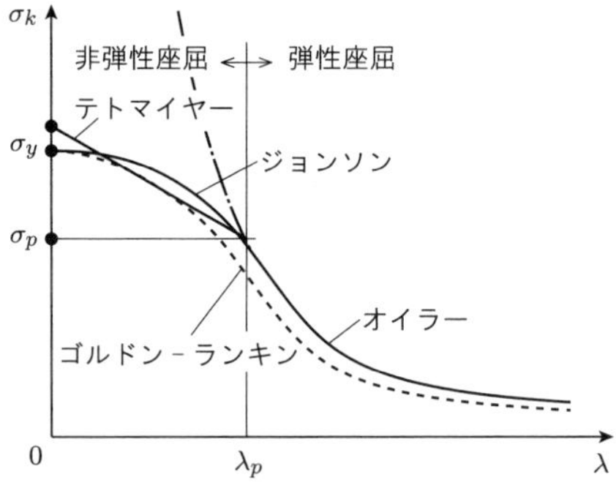

図 14.6

この非弾性座屈に対しては，図中に示すようなテトマイヤー (L. V. Tetmajer) の直線式，ジョンソン (J. B. Johnson) の放物線式，ゴルドン–ランキン (Gordon-Rankine) の式などの実験式があり，これらが，実際の設計式の基礎として活用されている．

これらの実験式は，次のように表される．

$$\left.\begin{array}{ll} \text{テトマイヤー} & : \sigma_k = \sigma_0(l - a\lambda) \\ \text{ジョンソン} & : \sigma_k = \sigma_y - k \cdot \lambda^2 \\ \text{ゴルドン–ランキン} & : \sigma_k = \dfrac{\sigma_y}{1 + c\lambda^2} \end{array}\right\} \tag{14.25}$$

ここに σ_y：降伏応力度，λ ：細長比， σ_0，a，k，c：材料によって定まる定数

解　答

第2章

2.1　(a) 数式解法：

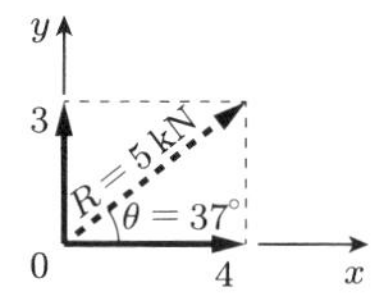

$$
\begin{aligned}
R &= \sqrt{(\sum X)^2 + (\sum Y)^2} \\
&= \sqrt{(P_1 + P_2 \cos\alpha)^2 + (P_2 \sin\alpha)^2} \\
&= \sqrt{16 + 9} \\
&= \sqrt{25} = 5\,\mathrm{kN}
\end{aligned}
$$

図式解法：

示力図

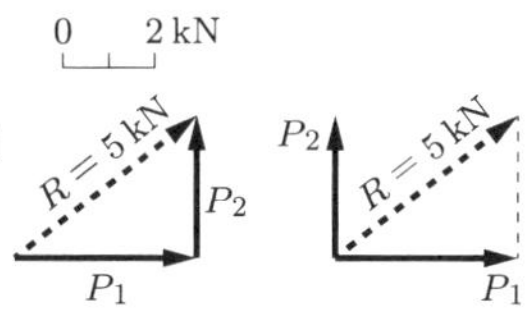

(b) 数式解法：

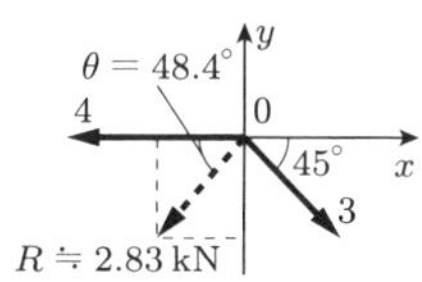

$$
\begin{aligned}
R &= \sqrt{(\sum X)^2 + (\sum Y)^2} \\
&= \sqrt{(\sum P_i \cos\alpha_i)^2 + (\sum P_i \sin\alpha_i)^2} \\
&= \sqrt{25 - 12\sqrt{2}} \fallingdotseq 2.83\,\mathrm{kN}
\end{aligned}
$$

図式解法：

示力図

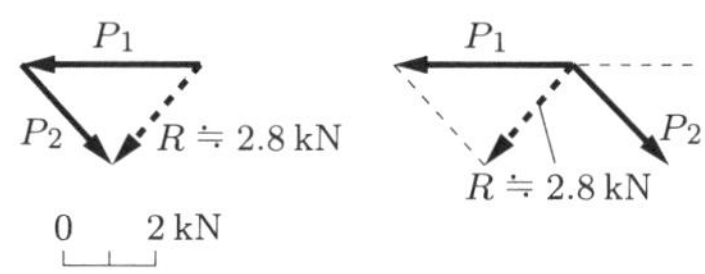

（c）数式解法：

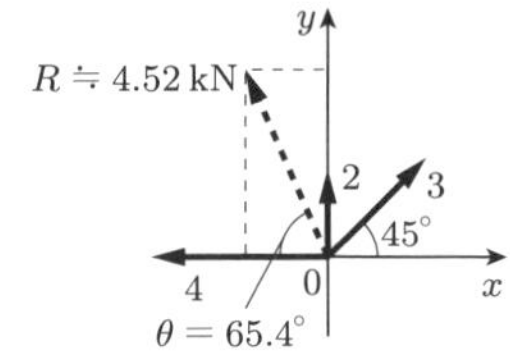

$$
\begin{aligned}
R &= \sqrt{(\sum X)^2 + (\sum Y)^2} \\
&= \sqrt{(\sum P_i \cos\alpha_i)^2 + (\sum P_i \sin\alpha_i)^2} \\
&= \sqrt{29 - 6\sqrt{2}} \fallingdotseq 4.52\,\mathrm{kN}
\end{aligned}
$$

図式解法：

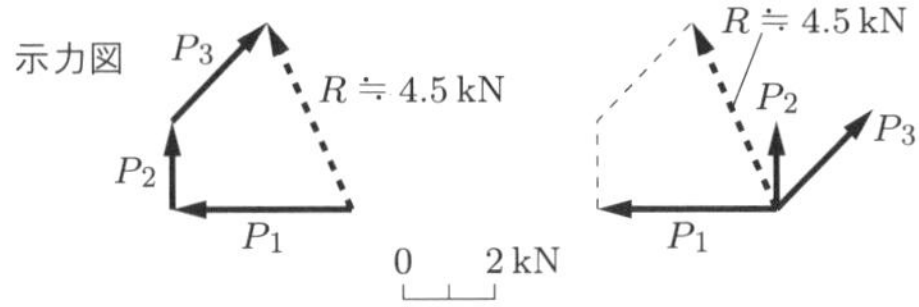

（d）数式解法：

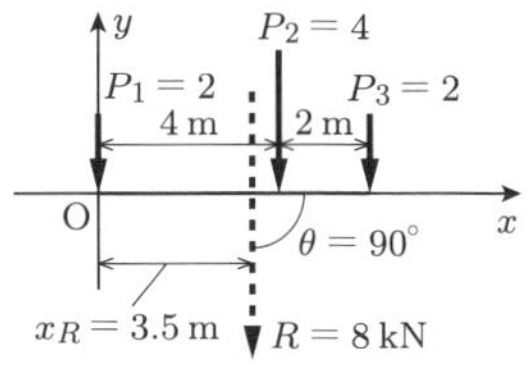

$$
\begin{aligned}
R &= \sqrt{(\sum X)^2 + (\sum Y)^2} \\
&= \sqrt{0 + (P_1 \sin\alpha + P_2 \sin\alpha + P_3 \sin\alpha)^2} \\
&= \sqrt{(2+4+2)^2} \\
&= 8\,\mathrm{kN}
\end{aligned}
$$

$$
\begin{aligned}
H &= \frac{\sum X}{R} = \frac{-2 \times 0 - 4 \times 4 - 2 \times 6}{-8} \\
&= \frac{28}{8} = 3.5\,\mathrm{m}
\end{aligned}
$$

図式解法：

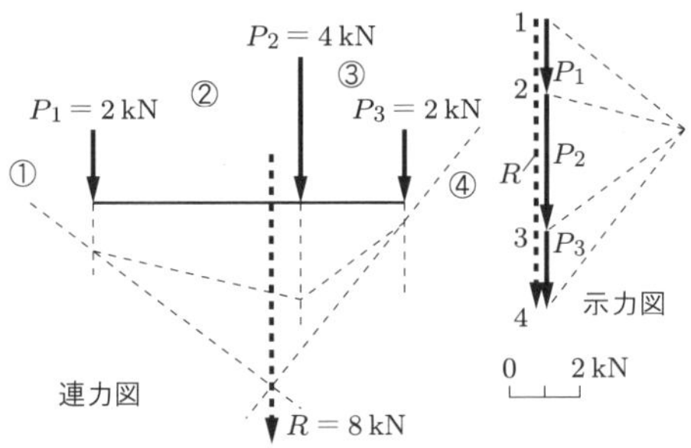

（e）数式解法：

$$
\begin{aligned}
R &= \sqrt{(\sum X)^2 + (\sum Y)^2} \\
&= \sqrt{(\sum P_i \cos\alpha_i)^2 + (\sum P_i \sin\alpha_i)^2}
\end{aligned}
$$

$$= \sqrt{(-3-3)^2}$$
$$= 6\,\mathrm{kN}$$
$$H = \frac{\sum M}{R} = \frac{\sum P_i H_i}{R}$$
$$= \frac{-3 \times (2/2) - 3 \times 5}{-6}$$
$$= 3\,\mathrm{m}$$

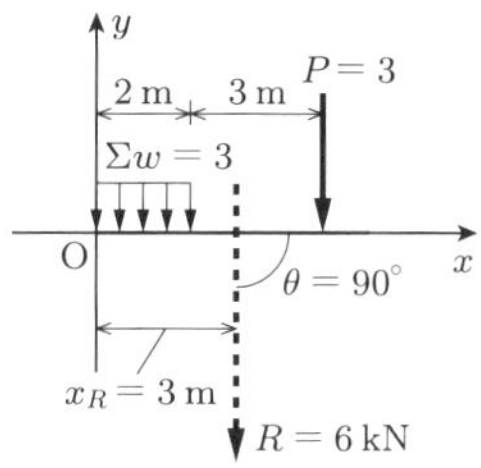

図式解法：

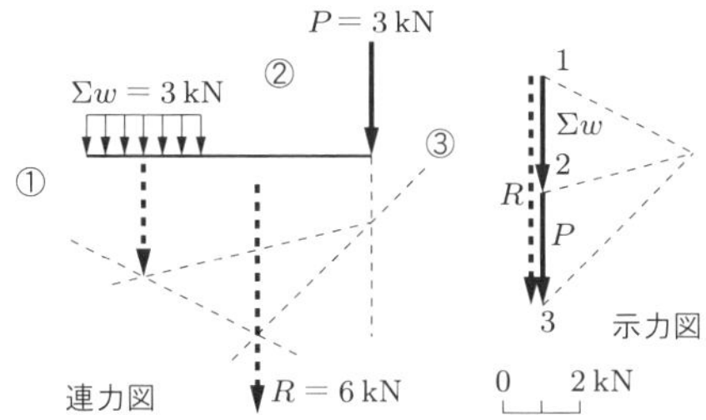

(f) 数式解法：

$$R = \sqrt{(\sum X)^2 + (\sum Y)^2}$$
$$= \sqrt{(\sum P_i \cos\alpha_i)^2 + (\sum P_i \sin\alpha_i)^2}$$
$$= \sqrt{(300+600)^2 + (600 \times \sqrt{3}/2)^2}$$
$$\fallingdotseq 1040\,\mathrm{kN}$$

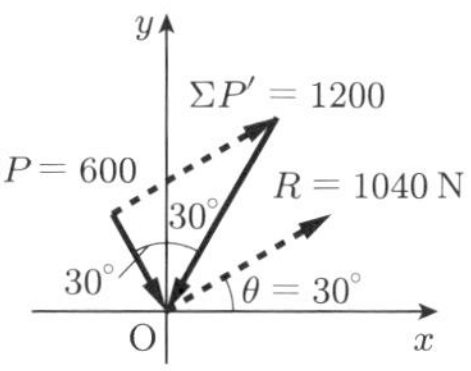

O 点は ΣP と $\Sigma P'$ との交点とする

図式解法：

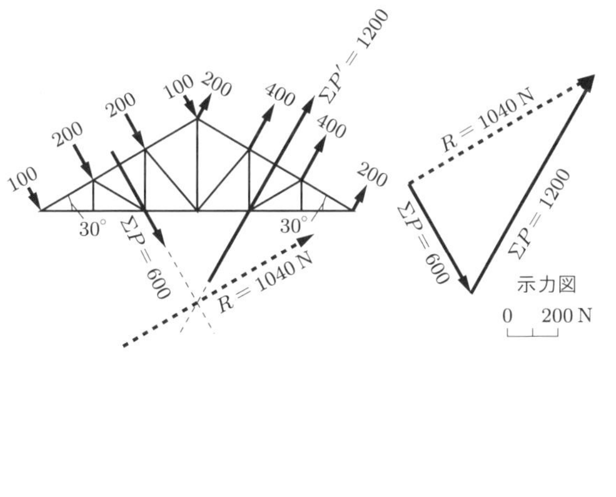

2.2 (a) $P_x = P\cos\theta$

$P_y = P\sin\theta$ より

$P_u = 1 \times \cos 30^\circ \fallingdotseq 0.87\,\mathrm{kN}$

$P_v = 1 \times \sin 30^\circ \fallingdotseq 0.50\,\mathrm{kN}$

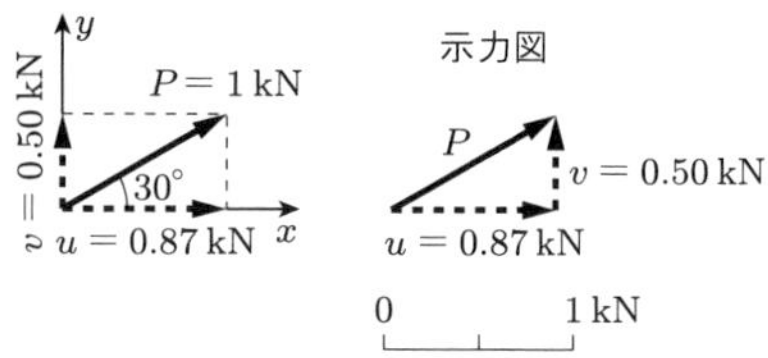

(b) $P_x = \dfrac{\sin(\alpha-\theta)}{\sin\alpha} \times P$

$P_y = \dfrac{\sin\theta}{\sin\alpha} \times P$ より

$\alpha = 120^\circ, \quad \theta = 30^\circ$

$P_u = \dfrac{\sin(120^\circ - 30^\circ)}{\sin 120^\circ} \times 5$

$= \dfrac{1}{\sqrt{3}/2} \times 5 \fallingdotseq 5.78\,\mathrm{kN}$

$P_v = \dfrac{\sin 30^\circ}{\sin 120^\circ} \times 5 = \dfrac{1/2}{\sqrt{3}/2} \times 5 \fallingdotseq 2.89\,\mathrm{kN}$

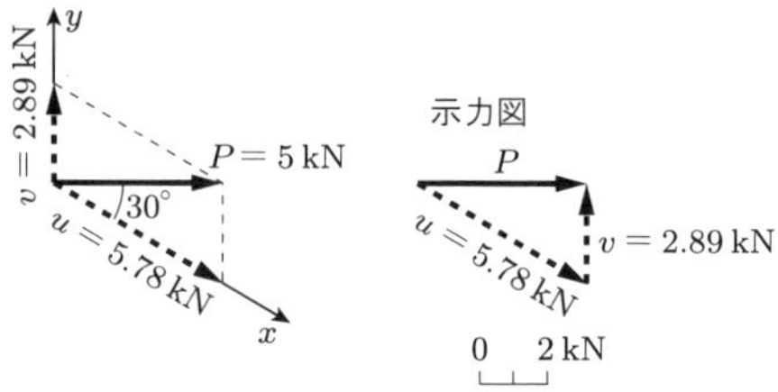

(c) $P_x = \dfrac{\sin(\alpha-\theta)}{\sin\alpha} \times P$

$P_y = \dfrac{\sin\theta}{\sin\alpha} \times P$ より $\alpha = 120^\circ, \quad \theta = 30^\circ$

$P_u = \dfrac{\sin(120^\circ - 30^\circ)}{\sin 120^\circ} \times 5$

$= \dfrac{1}{\sqrt{3}/2} \times 5 \fallingdotseq 5.78\,\mathrm{kN}$

$P_v = \dfrac{\sin 30^\circ}{\sin 120^\circ} \times 5$

$= \dfrac{1/2}{\sqrt{3}/2} \times 5 \fallingdotseq 2.89\,\mathrm{kN}$

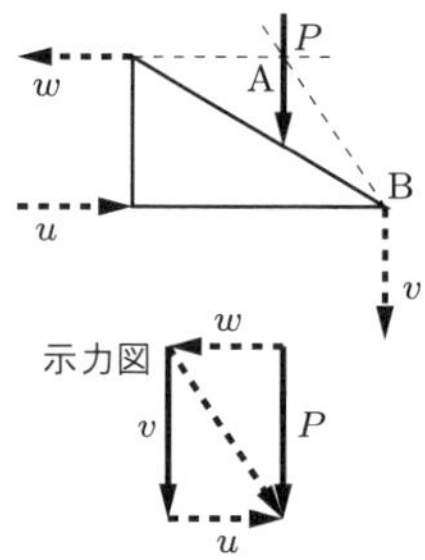

(d) 略

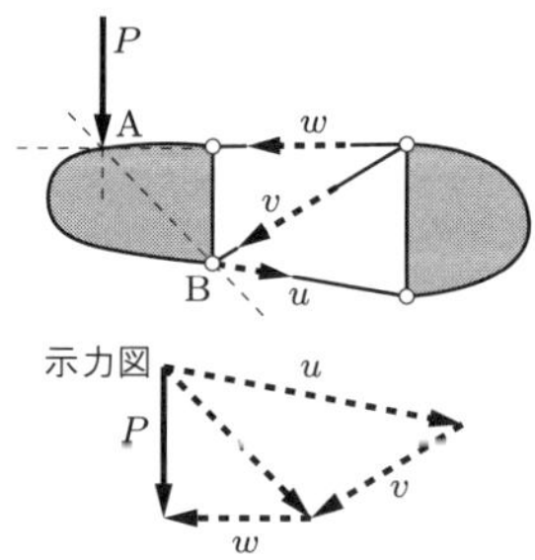

2.3 (a)

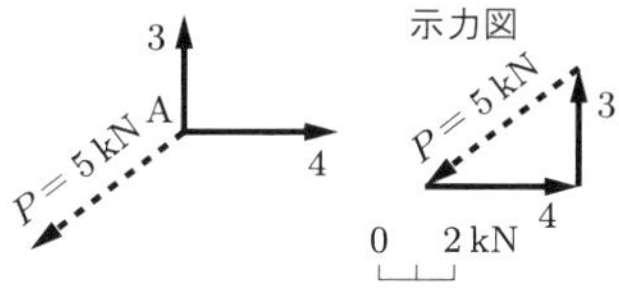

数式解法：

$$
\begin{aligned}
R &= \sqrt{(\sum X)^2 + (\sum Y)^2} \\
&= \sqrt{(\sum P_i \cos\alpha_i)^2 + (\sum P_i \sin\alpha_i)^2} \\
&= \sqrt{3^2 + 4^2} \\
&= \sqrt{25} = 5\,\text{kN}
\end{aligned}
$$

(b)

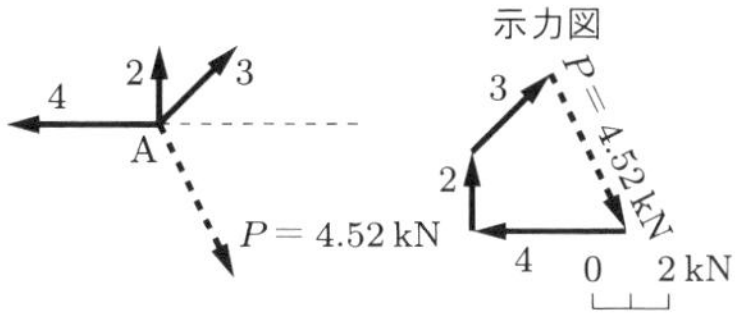

数式解法：

$$
\begin{aligned}
R &= \sqrt{(\sum X)^2 + (\sum Y)^2} \\
&= \sqrt{(-4+3/\sqrt{2})^2 + (2+3/\sqrt{2})^2} \\
&= \sqrt{29 - 12\sqrt{2}} \fallingdotseq 4.52\,\text{kN}
\end{aligned}
$$

(c) $\sum X = 0,\ \sum Y = 0,\ \sum M_A = 0$ より

$H_A = P\cos\theta,\ V_A = P\sin\theta$

$M_A = M$

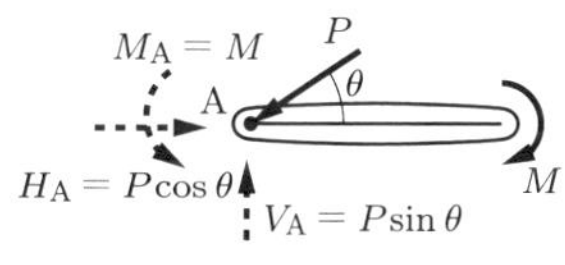

(d) $\sum X = 0,\ \sum Y = 0, \sum M_A = 0$ より

$H_A = 0,\ V_A = 2P$

$M_A = P \times l + P \times 2l = 3Pl$

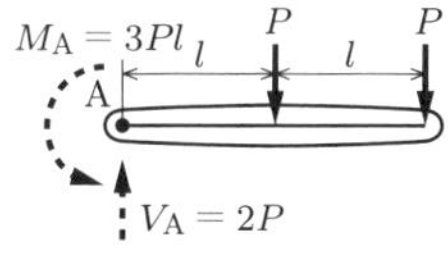

第3章

3.1 (a) $\sum X = 0:\ \sum P\cos\theta + H_A = (0+0) + H_A = 0$

$\sum Y = 0:\ \sum P\sin\theta - V_A - V_B = (6+3) - V_A - V_B = 0$

$$(\sum M)_{\rm A} = 0: \ \sum P\cos\theta \times a - V_{\rm B} \times l = (6 \times 2 + 3 \times 4) - V_{\rm B} \times 6 = 0$$

よって，$H_{\rm A} = 0\,{\rm kN}$, $V_{\rm B} = (12 + 12)/6 = 4\,{\rm kN}$, $V_{\rm A} = 6 + 3 - 4 = 5\,{\rm kN}$

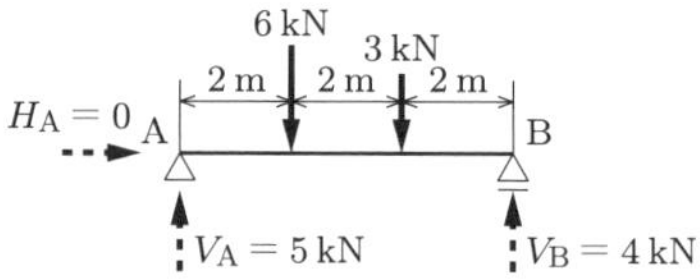

(b) $\sum X = 0: \ (0 + 0) + H_{\rm A} = 0$

$\sum Y = 0: \ (6 + 3) - V_{\rm A} = 0$

$(\sum M)_{\rm A} = 0: \ (6 \times 2 + 3 \times 4) - M_{\rm A} = 0$

よって，$H_{\rm A} = 0\,{\rm kN}$，$V_{\rm A} = 6 + 3 = 9\,{\rm kN}$，

$M_A = -(12 + 12) = -24\,{\rm kN{\cdot}m}$

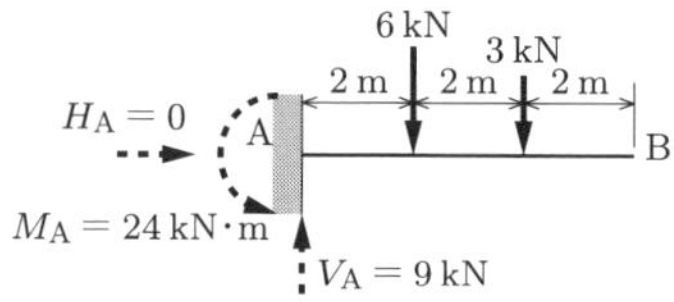

(c) $\sum X = 0: \ (0 + 0) + H_{\rm B} = 0$

$\sum Y = 0: \ (6 + 3) - V_{\rm A} - V_{\rm C} = 0$

$(\sum M)_{\rm A} = 0: \ (6 \times 2 + 3 \times 4) - V_{\rm C} \times 4 = 0$

よって，$H_{\rm B} = 0\,{\rm kN}$，$V_{\rm C} = (12 + 12)/4 = 6\,{\rm kN}$，

$V_{\rm A} = 6 + 3 - 6 = 3\,{\rm kN}$

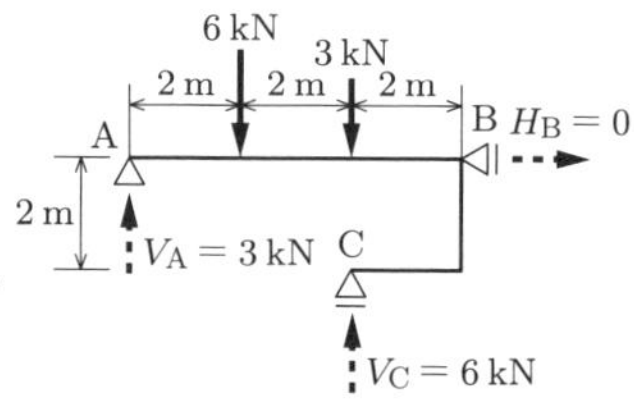

(d) $\sum X = 0: \ (0 + 0) + H_{\rm A} + H_{\rm B} = 0$

$\sum Y = 0: \ (6 + 3) - V_{\rm A} - V_{\rm B} = 0$

$(\sum M)_{{\rm C}(I)} = 0: \ -6 \times 1 - H_{\rm A} \times 4 + V_{\rm A} \times 3 = 0$

$(\sum M)_{{\rm C}(II)} = 0: \ -3 \times 1 + V_{\rm B} \times 3 = 0$

よって，$V_{\rm B} = 3/3 = 1\,{\rm kN}$，$V_{\rm A} = 9 - V_{\rm B} = 9 - 1 = 8\,{\rm kN}$，

$H_{\rm A} = (6 - 3V_{\rm A})/4 = (6 - 3 \times 8)/4 = -4.5\,{\rm kN}$，$H_{\rm B} = -H_{\rm A} = 4.5\,{\rm kN}$

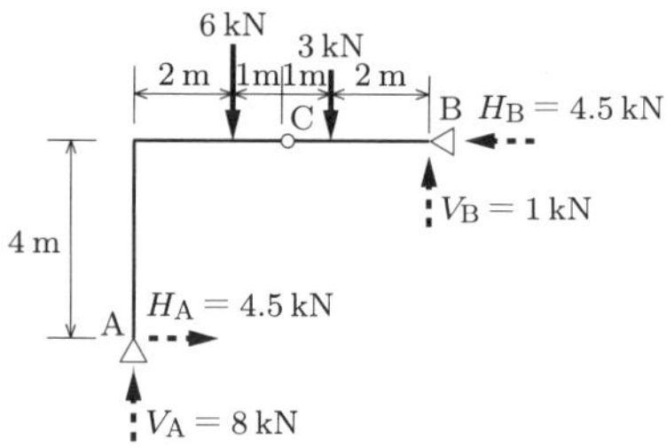

第4章

4.1 (a)

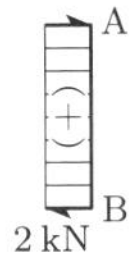

$$Q_{AB} = +\frac{8}{4} = +2\,\text{kN}$$

(b)

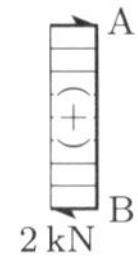

$$Q_{AB} = +\frac{10-2}{4} = +2\,\text{kN}$$

(c)

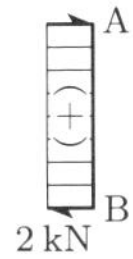

$$Q_{AB} = +\frac{6+2}{4} = +2\,\text{kN}$$

(d)

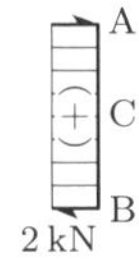

$$Q_{AB} = Q_{CB} = +\frac{2+2}{2} = +2\,\text{kN}$$

(e)

$$Q_{AB} = -\frac{10-2}{4} = -2\,\text{kN}$$

(f)

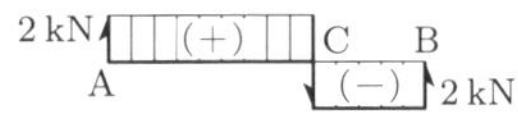

$$Q_{AC} = +\frac{6+2}{4} = +2\,\text{kN}$$

$$Q_{CB} = -\frac{2+2}{2} = -2\,\text{kN}$$

(g)

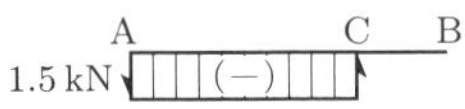

$$Q_{AC} = -\frac{6+0}{4} = -1.5\,\text{kN}$$
$$Q_{CB} = 0$$

第5章

5.1 (a)

$\sum X = 0: \ +H_B - P\cos\theta = 0$ 式 ①

$\sum Y = 0: \ +P\sin\theta - V_B = 0$ 式 ②

$\sum M_B = 0: \ -P\sin\theta \times l + M_B = 0$ 式 ③

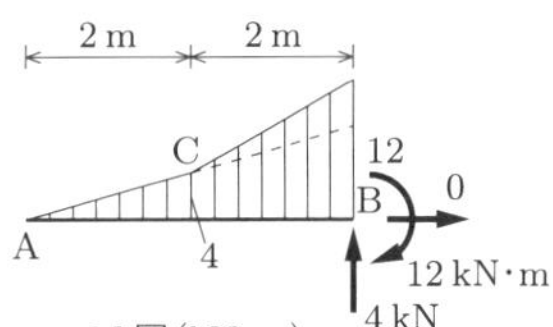

M 図(kN·m)

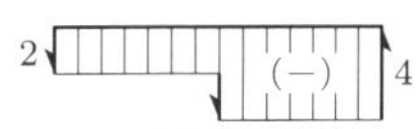

Q 図(kN)

式 ① より　$+H_B - 2\cos 90^\circ - 2\cos 90^\circ = 0$

$H_B = 0\,\text{kN}$

式 ② より　$+2\sin 90^\circ + 2\sin 90^\circ - V_B = 0$

$V_B = 2 + 2 = 4\,\text{kN}$

式 ③ より　$-2\sin\theta \times 4 - 2\sin\theta \times 2 + M_B = 0$

$M_B = 8 + 4 = 12\,\text{kN}\cdot\text{m}$

■ M 図　$M_A = 0\,\text{kN·m}$

$$M_{\mathrm{C}} = P \times l = -2 \times 2 = -4\,\mathrm{kN{\cdot}m}$$
$$M_{\mathrm{B}} = P \times l = -2 \times 4 - 2 \times 2 = -12\,\mathrm{kN{\cdot}m}$$

■ Q 図　$Q_{\mathrm{AC}} = -P\sin\theta = -2\sin 90^\circ = 2\,\mathrm{kN}$

$$Q_{\mathrm{CB}} = -P\sin\theta = -2\sin 90^\circ - 2\sin 90^\circ = -4\,\mathrm{kN}$$

(b)　$\sum X = 0:\ +H_{\mathrm{B}} - P\cos\theta = 0$　　式 ①

$\sum Y = 0:\ +P\sin\theta - V_{\mathrm{B}} = 0$　　式 ②

$\sum M_{\mathrm{B}} = 0:\ -P\sin\theta \times l + M_{\mathrm{B}} = 0$　　式 ③

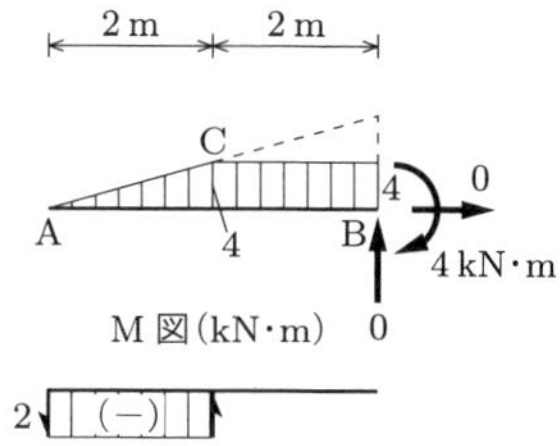

M 図 (kN·m)
Q 図 (kN)

式 ① より　$+H_{\mathrm{B}} - 2\cos 90^\circ - 2\cos 90^\circ = 0$

$H_{\mathrm{B}} = 0\,\mathrm{kN}$

式 ② より　$+2\sin 90^\circ - 2\sin 90^\circ - V_{\mathrm{B}} = 0$

$V_{\mathrm{B}} = 0\,\mathrm{kN}$

式 ③ より　$-2\sin\theta \times 4 + 2\sin\theta \times 2 + M_{\mathrm{B}} = 0$

$M_{\mathrm{B}} = 8 - 4 = 4\,\mathrm{kN{\cdot}m}$

■ M 図　$M_{\mathrm{A}} = 0\,\mathrm{kN{\cdot}m}$

$$M_{\mathrm{C}} = P \times l = -2 \times 2 = -4\,\mathrm{kN{\cdot}m}$$
$$M_{\mathrm{B}} = P \times l = -2 \times 4 + 2 \times 2 = -4\,\mathrm{kN{\cdot}m}$$

■ Q 図　$Q_{\mathrm{AC}} = -P\sin\theta = -2\sin 90^\circ = 2\,\mathrm{kN}$

$$Q_{\mathrm{CB}} = -P\sin\theta = -2\sin 90^\circ + 2\sin 90^\circ = 0\,\mathrm{kN}$$

(c)　$\sum X = 0:\ +H_{\mathrm{B}} - wL\cos\theta = 0$　　式 ①

$\sum Y = 0:\ +wL\sin\theta - V_{\mathrm{B}} = 0$　　式 ②

$\sum M_{\mathrm{B}} = 0:\ -wL\sin\theta \times l + M_{\mathrm{B}} = 0$　　式 ③

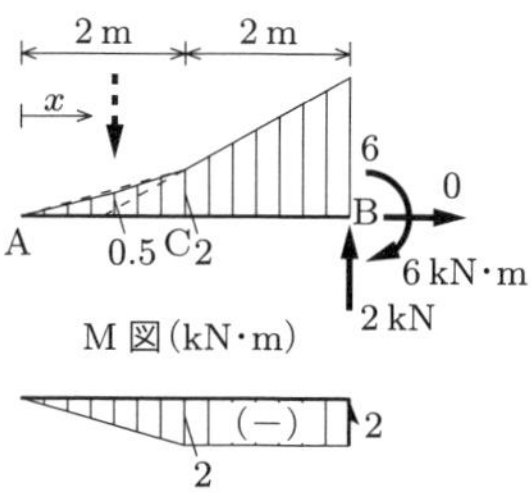

M 図 (kN·m)
Q 図 (kN)

式 ① より　$+H_{\mathrm{B}} - 1 \times 2 \times \cos 90^\circ = 0$

$H_{\mathrm{B}} = 0\,\mathrm{kN}$

式 ② より　$+1 \times 2 \times \sin 90^\circ - V_{\mathrm{B}} = 0$

$V_{\mathrm{B}} = 2\,\mathrm{kN}$

式 ③ より　$-1 \times 2 \times \sin 90^\circ \times (\frac{2}{2} + 2) + M_{\mathrm{B}} = 0$

$M_{\mathrm{B}} = 2 \times 3 = 6\,\mathrm{kN{\cdot}m}$

■ M 図　$M_{\mathrm{A}} = 0\,\mathrm{kN{\cdot}m}$

$$M_{\mathrm{AC\,中央}\,(x=1)} = \frac{wx^2}{2} = 1 \times \frac{1^2}{2} = 0.5\,\mathrm{kN{\cdot}m}$$
$$M_{\mathrm{C}} = wL \times l = -1 \times 2 \times \frac{2}{2} = -2\,\mathrm{kN{\cdot}m}$$
$$M_{\mathrm{B}} = wL \times l = -1 \times 2 \times (\frac{2}{2} + 2) = -6\,\mathrm{kN{\cdot}m}$$

■ Q 図　$Q_{\mathrm{A}} = 0\,\mathrm{kN}$

$$Q_{\mathrm{AC}} = wx = x\,[\mathrm{kN}]$$
$$Q_{\mathrm{CB}} = wL = -1 \times 2 = -2\,\mathrm{kN}$$

(d) $\sum X = 0 : +H_B - P\cos\theta - wL\cos\theta = 0$　式 ①

$\sum Y = 0 : +P\sin\theta + wL\sin\theta - V_B = 0$　式 ②

$\sum M_{\mathrm{B}} = 0 :$

$-P\sin\theta \times l - wL\sin\theta \times l + M_B = 0$　式 ③

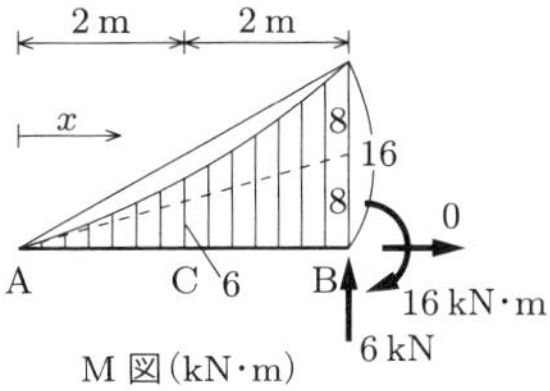

M 図(kN·m)

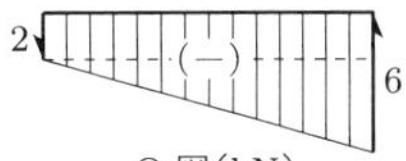

Q 図(kN)

式 ① より　$+H_{\mathrm{B}} - 2\cos 90^\circ - 1 \times 4 \times \cos 90^\circ = 0$

$H_{\mathrm{B}} = 0\,\mathrm{kN}$

式 ② より　$+2\sin 90^\circ + 1 \times 4\sin 90^\circ - V_{\mathrm{B}} = 0$

$V_{\mathrm{B}} = 2 + 4 = 6\,\mathrm{kN}$

式 ③ より　$-2 \times \sin 90^\circ \times 4 - 1 \times 4 \times \sin 90^\circ \times 2 + M_{\mathrm{B}} = 0$

$M_{\mathrm{B}} = 8 + 8 = 16\,\mathrm{kN{\cdot}m}$

■ M 図　$M_{\mathrm{A}} = 0\,\mathrm{kN{\cdot}m}$

$M_{\mathrm{C}} = Px + \dfrac{wx^2}{2} = 2 \times 2 + 1 \times \dfrac{2^2}{2} = 6\,\mathrm{kN{\cdot}m}$

$M_{\mathrm{B}} = Px + \dfrac{wx^2}{2} = 2 \times 4 + 1 \times \dfrac{4^2}{2} = 16\,\mathrm{kN{\cdot}m}$

■ Q 図　$Q_{\mathrm{A}} = -P - wx = -2 - 0 = -2\,\mathrm{kN}$

$Q_{\mathrm{AB}} = -P - wx$

$Q_{\mathrm{B}} = -P - wx = -2 - 1 \times 4 = -6\,\mathrm{kN}$

(e) $\sum X = 0 :\ H_{\mathrm{B}} = 0$　式 ①

$\sum Y = 0 :\ P - V_{\mathrm{B}} = 0$　式 ②

$\sum M_{\mathrm{B}} = 0 :\ -P \times l + M_{\mathrm{C}} + M_{\mathrm{B}} = 0$　式 ③

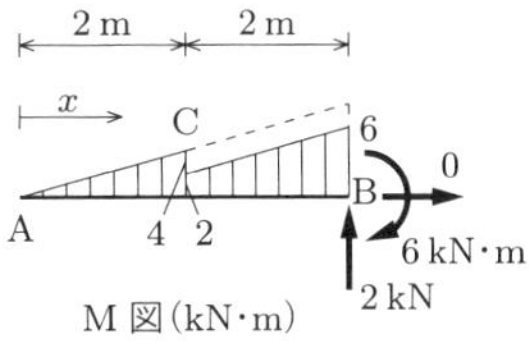

M 図(kN·m)

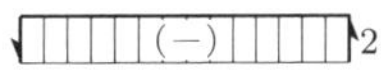

Q 図(kN)

式 ② より　$+2 - V_{\mathrm{B}} = 0$

$V_{\mathrm{B}} = 2\,\mathrm{kN}$

式 ③ より　$2 \times 4 - 2 + M_{\mathrm{B}} = 0$

$M_{\mathrm{B}} = 8 - 2 = 6\,\mathrm{kN{\cdot}m}$

■ M 図　$M_{\mathrm{A}} = 0\,\mathrm{kN{\cdot}m}$

$M_{\mathrm{C}\,左} = 2 \times 2 = 4\mathrm{kN{\cdot}m}$,　$M_{\mathrm{C}\,右} = 2 \times 2 - 2 = 2\,\mathrm{kN{\cdot}m}$

$M_{\mathrm{B}} = P_x - M_{\mathrm{C}} = 2 \times 4 - 2 = 6\,\mathrm{kN{\cdot}m}$

■ Q 図　$Q = -P = -2\,\mathrm{kN}$

(f)　$\sum X = 0: \ H_B = 0$　式①

$\sum Y = 0: \ P - V_B = 0$　式②

$\sum M_B = 0: \ -P \times l + M_A + M_B = 0$　式③

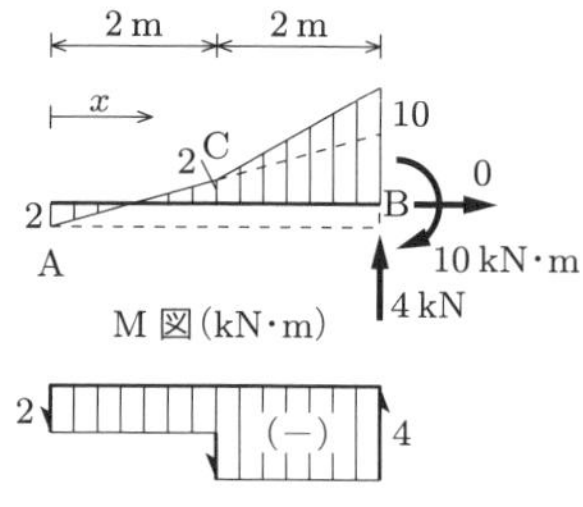

M 図(kN·m)

Q 図(kN)

式②より　$+2 + 2 - V_B = 0$

$V_B = 4\,\mathrm{kN}$

式③より　$2 \times 4 + 2 \times 2 - 2 + M_B = 0$

$M_B = 8 + 4 - 2 = 10\,\mathrm{kN \cdot m}$

■ M 図　$M_A = -2\,\mathrm{kN \cdot m}$

$M_C = M_A - P_x = 2 - 2 \times 2 = -2\,\mathrm{kN \cdot m}$

$M_B = M_A - P_x - P(x-2) = 2 - 2 \times 4 - 2 \times 2 = 10\,\mathrm{kN \cdot m}$

■ Q 図　$Q_{AC} = -P = -2\,\mathrm{kN}$

$Q_{CB} = -P - M_C = -2 - 2 = -4\,\mathrm{kN}$

5.2 (a)　$\sum X = 0: \ +H_B = 0$　式①

$\sum Y = 0: \ +P - V_A - V_B = 0$　式②

$\sum M_B = 0: \ -P \times l + V_A \times l = 0$　式③

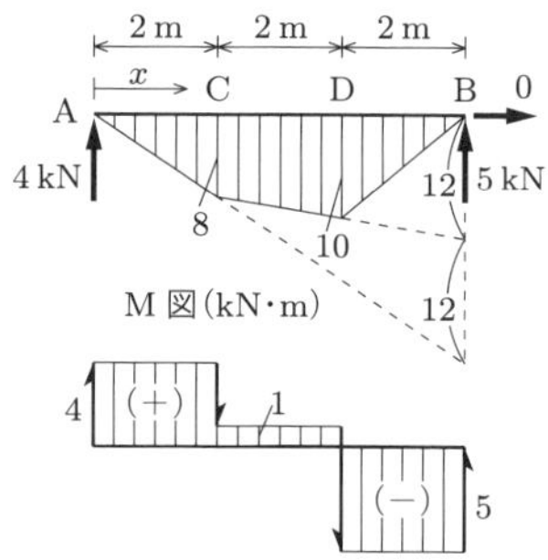

M 図(kN·m)

Q 図(kN)

式②より　$+3 + 6 - V_A - V_B = 0$

$V_A + V_B = 9$　　式②′

式③より　$-3 \times 4 - 6 \times 2 + 6V_A = 0$

$$V_A = \frac{12 + 12}{6} = 4\,\mathrm{kN}$$

式②′より　$V_B = 9 - V_A = 9 - 4 = 5\,\mathrm{kN}$

■ M 図　$M_A = 0\,\mathrm{kN \cdot m}$

$M_{AC} = V_A x = 4x\ [\mathrm{kN \cdot m}]$

$M_C = 4 \times 2 = 8\,\mathrm{kN \cdot m}$

$M_{CD} = V_A x - P(x-2) = 4x - 3(x-2) = x + 6\ [\mathrm{kN \cdot m}]$

$M_D = 4 + 6 = 10\,\mathrm{kN \cdot m}$

$M_{DB} = V_A x - P(x-2) - P(x-4) = 4x - 3(x-2) - 6(x-4)$

$= -5x + 30\ [\mathrm{kN \cdot m}]$

$M_B = 0\,\mathrm{kN \cdot m}$

■ Q 図　$Q_{AC} = V_A = 4\,\mathrm{kN}$

$Q_{CD} = V_A - P = 4 - 3 = 1\,\mathrm{kN}$

$Q_{DB} = V_A - P = 4 - 3 - 6 = -5\,\mathrm{kN}$

(b)

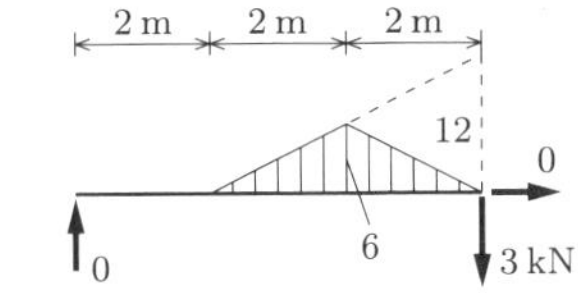

M 図(kN·m)

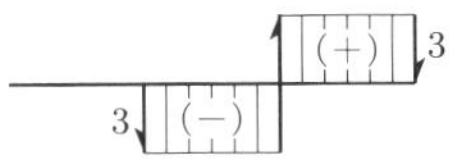

Q 図(kN)

(c)

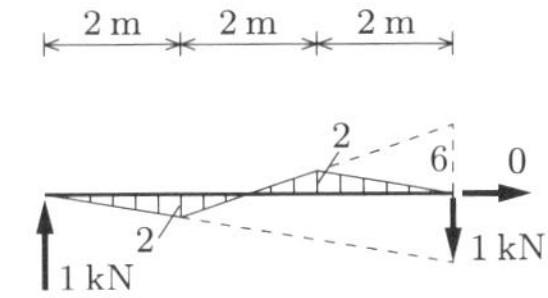

M 図(kN·m)

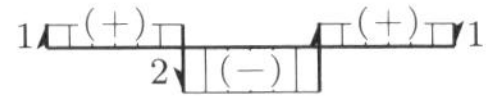

Q 図(kN)

(d)

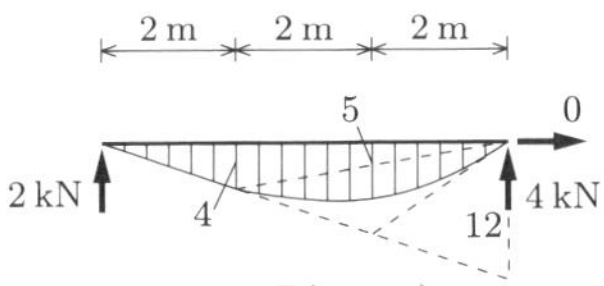

M 図(kN·m)

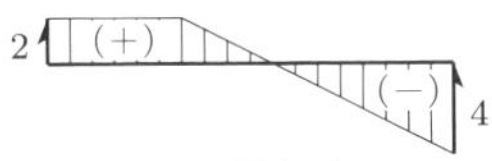

Q 図(kN)

(e)

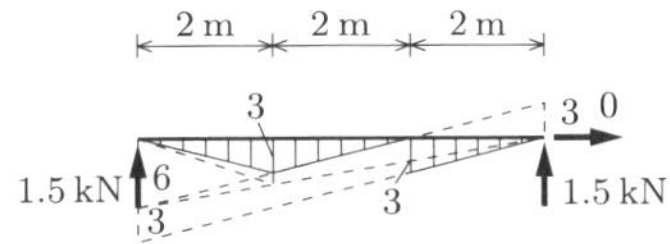

M 図(kN·m)

Q 図(kN)

(f)

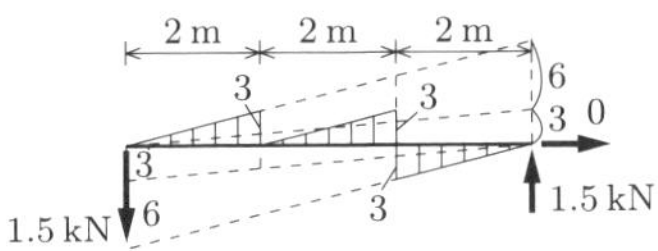

M 図(kN·m)

Q 図(kN)

(g)

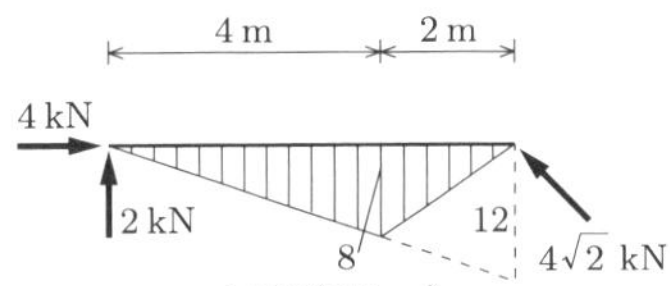

M 図(kN·m)

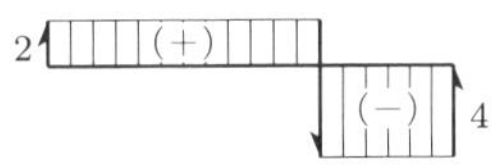

Q 図(kN)

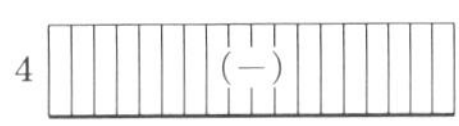

N 図(kN)

(h)

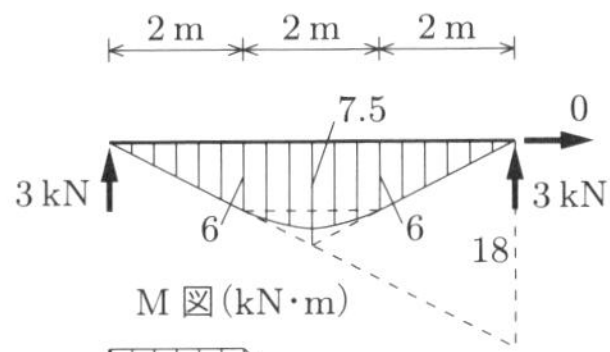

M 図(kN·m)

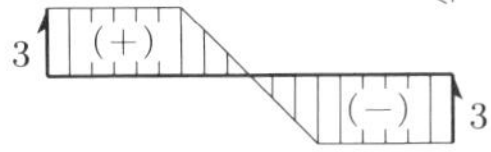

Q 図(kN)

第6章

6.1 (a)

$$\sum X = 0:\ +H_A = 0 \qquad \text{式①}$$

$$\sum Y = 0:\ +P - V_A - V_B - V_C = 0 \qquad \text{式②}$$

$$\left.\begin{array}{l}\sum M_{DL} = 0:\ -P \times l + V_A \times l + V_B \times l = 0 \\ \sum M_{DR} = 0:\ V_C \times l = 0\end{array}\right\} \qquad \text{式③}$$

式②より $+2 - V_A - V_B - V_C = 0$

$V_A + V_B + V_C = 2$ 式②′

式③，④′より $-2 \times 4 + 6V_A + 2V_B = 0$

$3V_A + V_B = 4$ 式③′

$V_C = 0\,\text{kN}$ 式③″

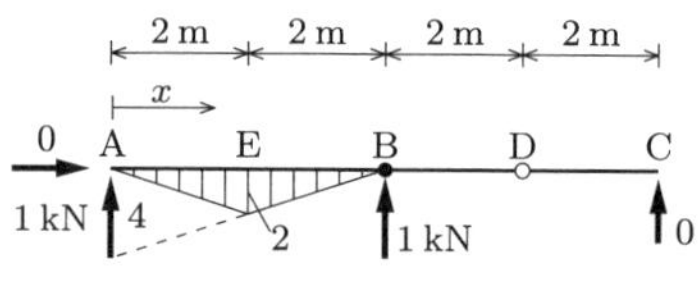

M 図(kN·m)

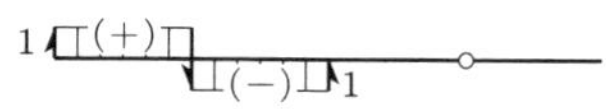

Q 図(kN)

式②′，式③′，式③″より

$V_A + V_B = 2,\quad 3V_A + V_B = 4$

$V_A = 1\,\text{kN},\quad V_B = 1\,\text{kN}$

■ M 図 $M_A = 0\,\text{kN·m}$

$M_{AE} = V_A x = x\,[\text{kN·m}]$

$M_E = 1 \times 2 = 2\,\text{kN·m}$

$M_{EB} = V_A x - P(x-2) = x - 2(x-2) = -x + 4\,[\text{kN·m}]$

$M_B = -4 + 4 = 0\,\text{kN·m}$

$M_{BD} = V_A x - P(x-2) + V_B(x-4) = x - 2(x-2) + (x-4)$
$= 0\,\text{kN·m}$

$M_D = M_C = 0\,\text{kN·m}$

■ Q 図 $Q_{AE} = V_A = 1\,\text{kN}$

$Q_{EB} = V_A - P = 1 - 2 = -1\,\text{kN}$

$Q_{BD} = V_A - P + V_B = 1 - 2 + 1 = 0\,\text{kN}$

$Q_{DC} = 0\,\text{kN}$

(b)

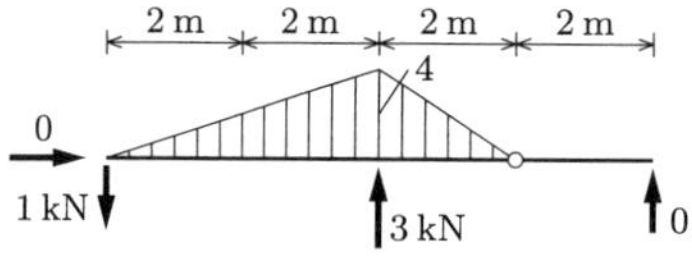

M 図(kN·m)

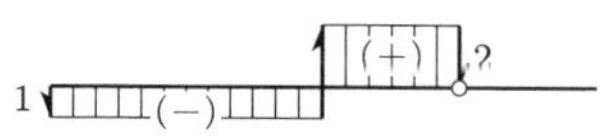

Q 図(kN)

(c)

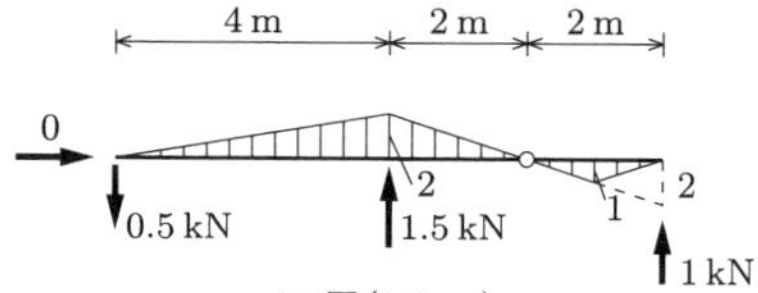

M 図(kN·m)

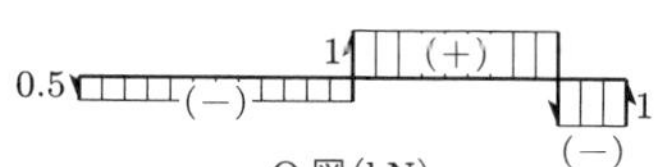

Q 図(kN)

(d)

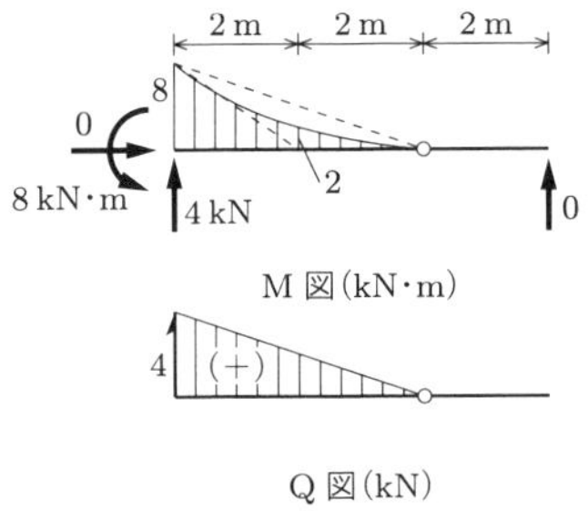

(e)

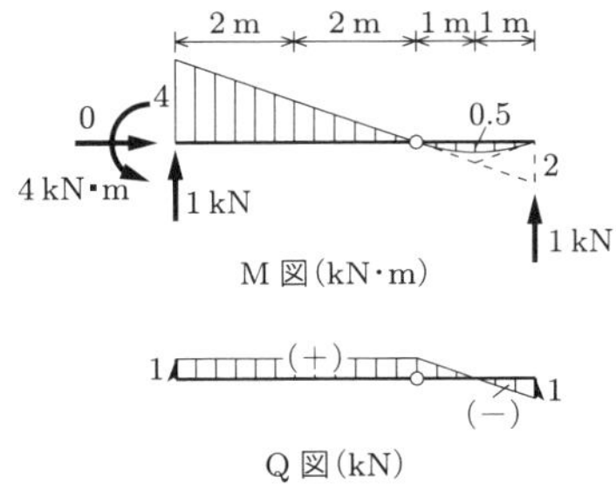

第7章

7.1 (a)

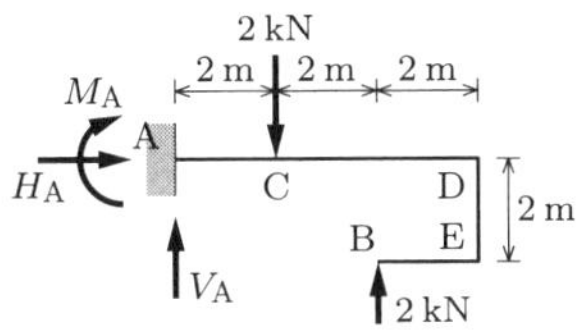

支点 A において反力 H_A, V_A, M_A を仮定すると，構造物全体での力のつり合い条件式

$$\sum X = 0 : +H_A = 0$$
$$\sum Y = 0 : +2 - 2 - V_A = 0$$
$$\sum M_A = 0 : +2 \times 2 - 2 \times 4 + M_A = 0$$

から，反力は次のように求められる．

$$H_A = 0\,\mathrm{kN}, \quad V_A = 0\,\mathrm{kN}, \quad M_A = 4\,\mathrm{kN{\cdot}m}$$

■ M 図　$M_C = 4\,\mathrm{kN{\cdot}m}$　AC 間: $M(x) = M_A = +4$
　　　　$M_D = -4\,\mathrm{kN{\cdot}m}$　CD 間: $M(x) = M_A - 2(x-2) = -2x + 8$
　　　　$M_E = -4\,\mathrm{kN{\cdot}m}$　DE 間: $M(x) = M_A - 2 \times 4 = -4$
　　　　$M_B = 0\,\mathrm{kN{\cdot}m}$　EB 間: $M(x) = M_A - 2 \times (4 - x) = 2x - 4$

■ Q 図　$Q_C = 0\,\mathrm{kN}$　AC 間: $Q(x) = V_A = 0$
　　　　$Q_D = -2\,\mathrm{kN}$　CD 間: $Q(x) = V_A - 2 = -2$
　　　　$Q_E = 0\,\mathrm{kN}$　DE 間: $Q(x) = H_A = 0$
　　　　$Q_B = 2\,\mathrm{kN}$　EB 間: $Q(x) = -V_A + 2 = +2$

■ N 図　$N_D = 0\,\mathrm{kN}$　AD 間: $N(x) = -H_A = 0$
　　　　$N_E = -2\,\mathrm{kN}$　DE 間: $N(x) = V_A - 2 = -2$
　　　　$N_B = 0\,\mathrm{kN}$　EB 間: $N(x) = H_A = 0$

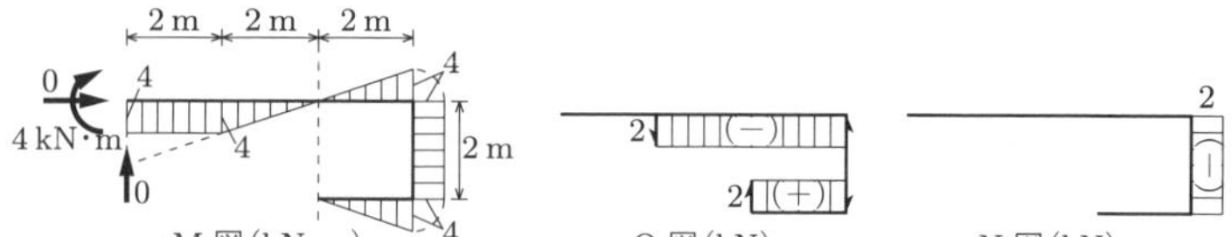

M 図(kN·m)　　Q 図(kN)　　N 図(kN)

(b)

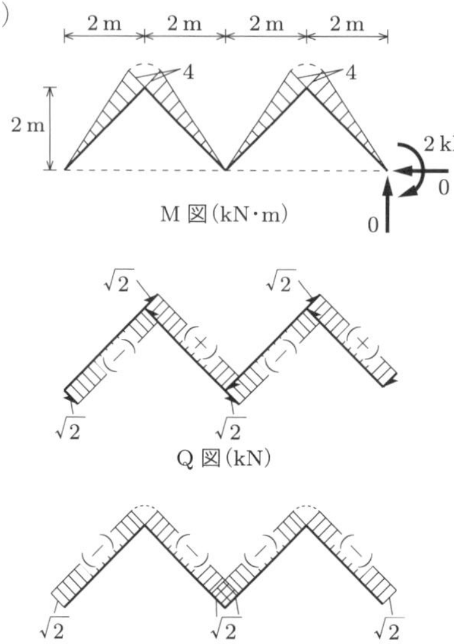

M 図(kN·m)

Q 図(kN)

N 図(kN)

(c)

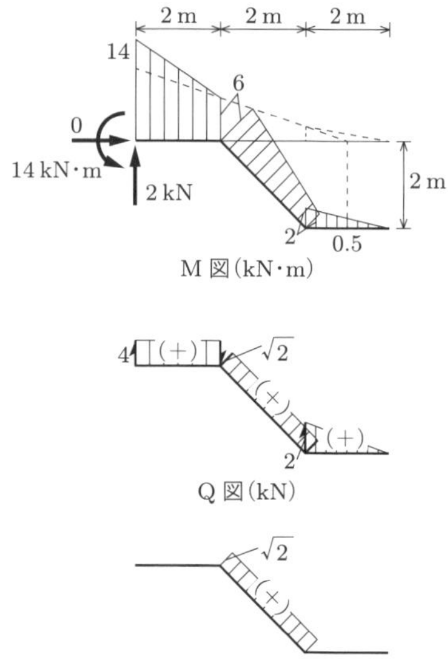

M 図(kN·m)

Q 図(kN)

N 図(kN)

(d)

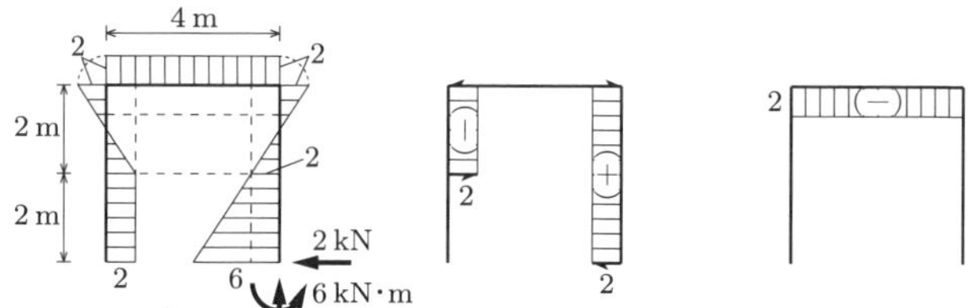

M 図(kN·m)　　Q 図(kN)　　N 図(kN)

(e)

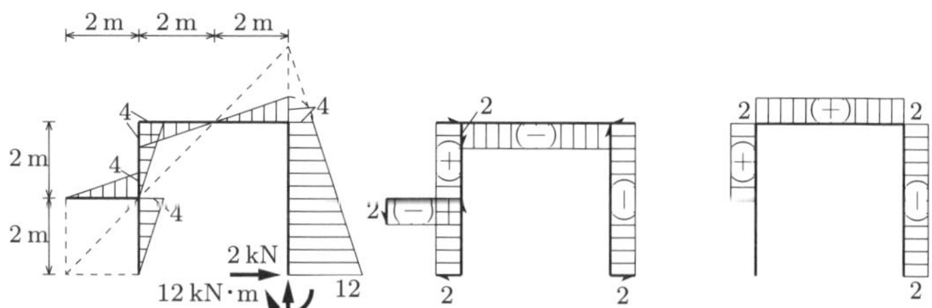

M 図(kN·m)　　Q 図(kN)　　N 図(kN)

7.2 (a) 支点 A において反力 V_{A} を，支点 B において反力 $H_{\mathrm{B}}, V_{\mathrm{B}}$ を仮定すると，構造物全体での力のつり合い条件式

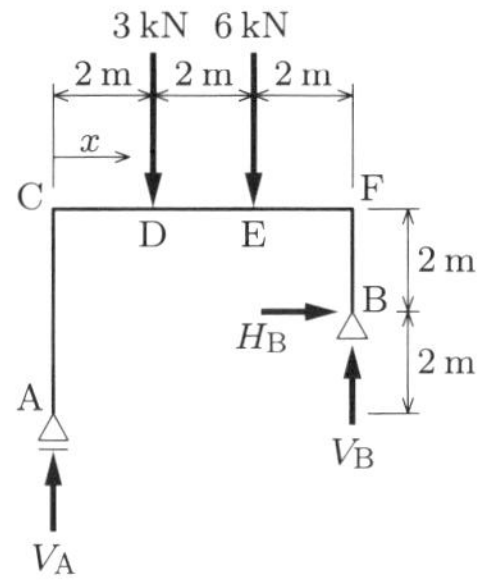

$$\sum X = 0 : +H_{\mathrm{B}} = 0$$
$$\sum Y = 0 : +3 + 6 - V_{\mathrm{A}} - V_{\mathrm{B}} = 0$$
$$\sum M_B = 0 : +V_{\mathrm{A}} \times 6 - 3 \times 4 - 6 \times 2 = 0$$

から，反力は次のように求められる．

$$V_{\mathrm{A}} = 4\,\mathrm{kN}, \quad V_{\mathrm{B}} = 5\,\mathrm{kN}, \quad H_{\mathrm{B}} = 0\,\mathrm{kN}$$

▪ M 図　$M_{\mathrm{C}} = 0\,\mathrm{kN{\cdot}m}$
　　　$M_{\mathrm{D}} = 8\,\mathrm{kN{\cdot}m}$　CD 間: $M(x) = V_{\mathrm{A}} \times x = 4x$
　　　$M_{\mathrm{E}} = 10\,\mathrm{kN{\cdot}m}$　DE 間: $M(x) = M_{\mathrm{CD}} - 3 \times (x-2) = x + 6$
　　　$M_{\mathrm{F}} = 0\,\mathrm{kN{\cdot}m}$　EF 間: $M(x) = M_{\mathrm{DE}} - 6 \times (x-4) = -5x + 30$

▪ Q 図　$Q_{\mathrm{C}} = 0\,\mathrm{kN}$
　　　$Q_{\mathrm{D}} = 4\,\mathrm{kN}$　CD 間: $Q(x) = V_{\mathrm{A}} = +4$
　　　$Q_{\mathrm{E}} = 1\,\mathrm{kN}$　DE 間: $Q(x) = Q_{\mathrm{CD}} - 3 = +1$
　　　$Q_{\mathrm{F}} = -5\,\mathrm{kN}$　EF 間: $Q(x) = Q_{\mathrm{DE}} - 6 = -5$

▪ N 図　$N_{\mathrm{C}} = -4\,\mathrm{kN}$　AC 間: $N(x) = -V_{\mathrm{A}} = -4$
　　　$N_{\mathrm{F}} = 0\,\mathrm{kN}$
　　　$N_{\mathrm{B}} = -5\,\mathrm{kN}$　FB 間: $N(x) = V_{\mathrm{A}} - 3 - 6 = -5$

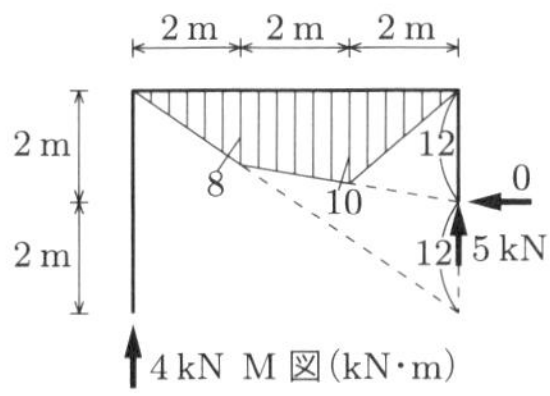

M 図(kN·m)

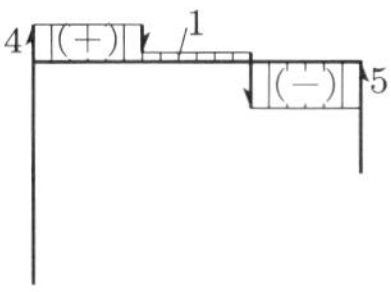

Q 図(kN)

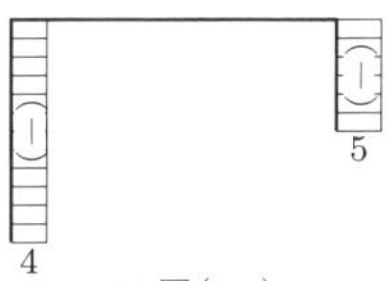

N 図(kN)

(b)

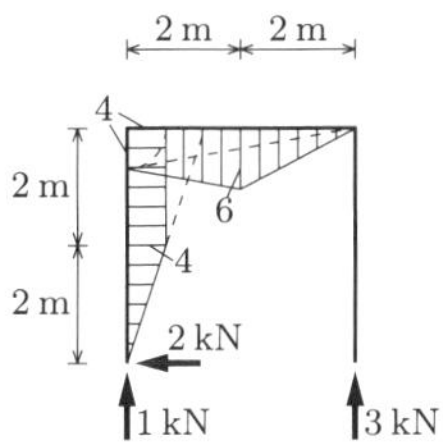

M 図(kN·m)

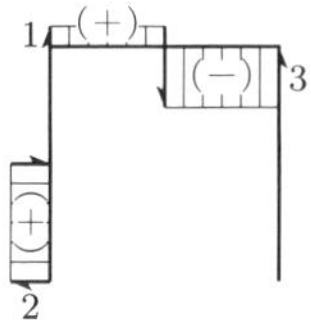

Q 図(kN)

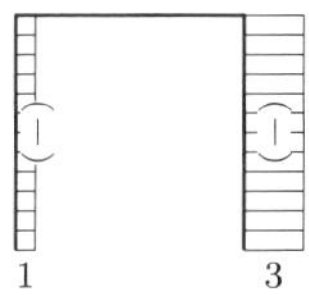

N 図(kN)

(c)

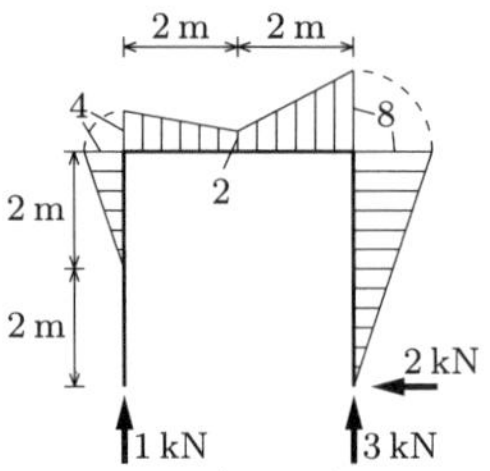

M 図(kN･m)

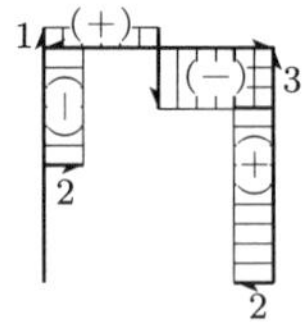

Q 図(kN)

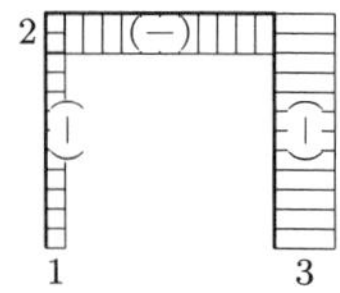

N 図(kN)

(d)

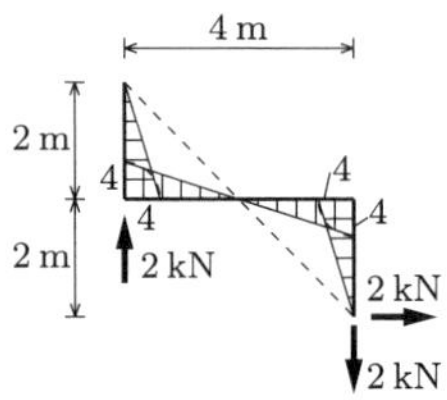

M 図(kN･m)

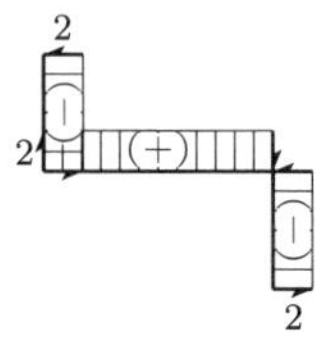

Q 図(kN)

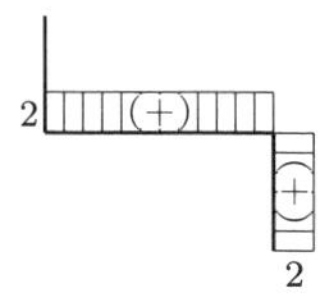

N 図(kN)

(e)

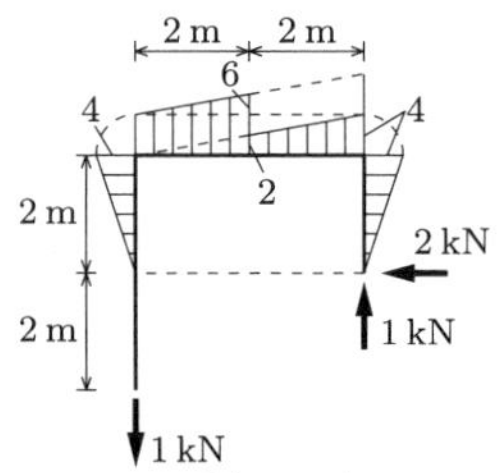

M 図(kN･m)

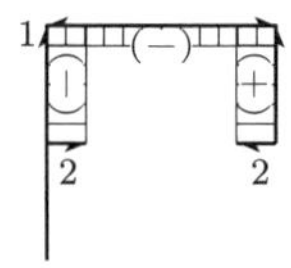

Q 図(kN)

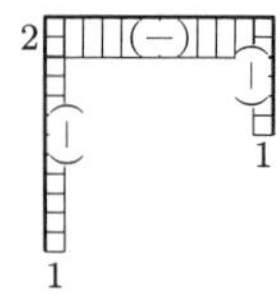

N 図(kN)

(f)

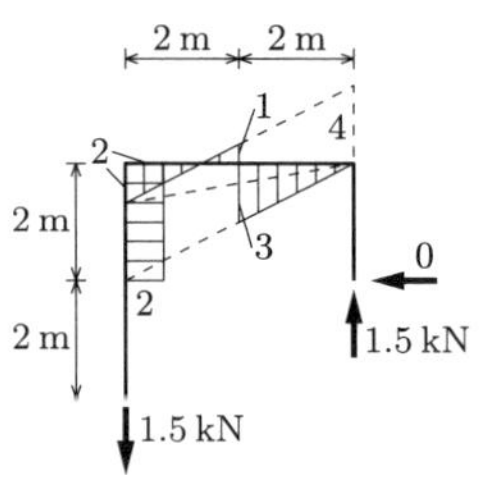

M 図(kN･m)

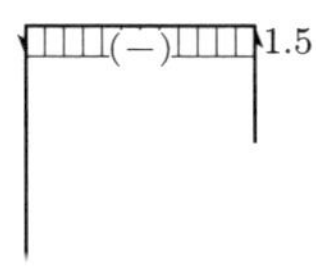

Q 図(kN)

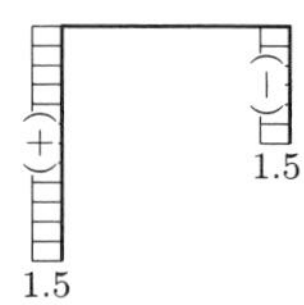

N 図(kN)

(g)

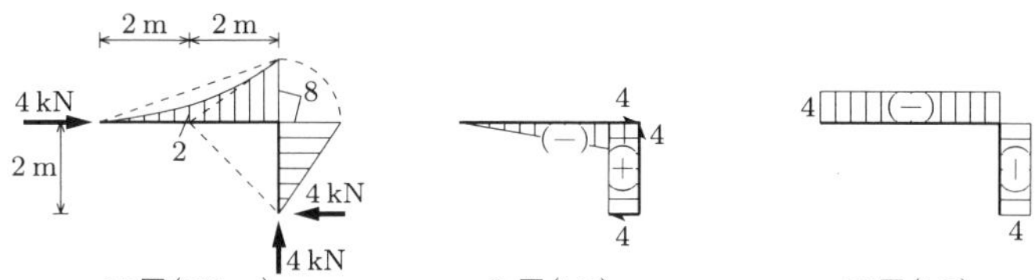

M 図(kN·m)　　Q 図(kN)　　N 図(kN)

(h)

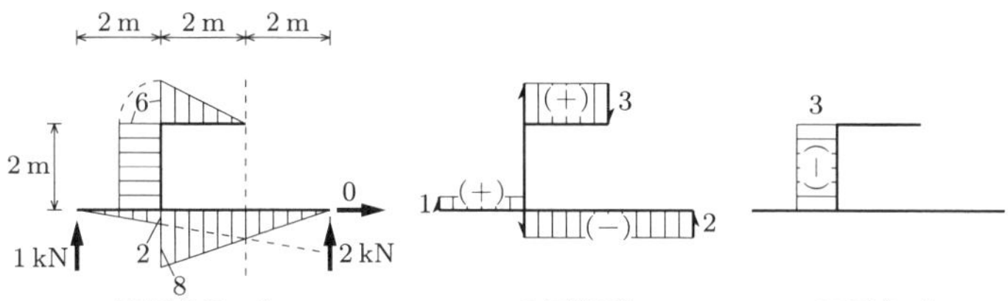

M 図(kN·m)　　Q 図(kN)　　N 図(kN)

(i)

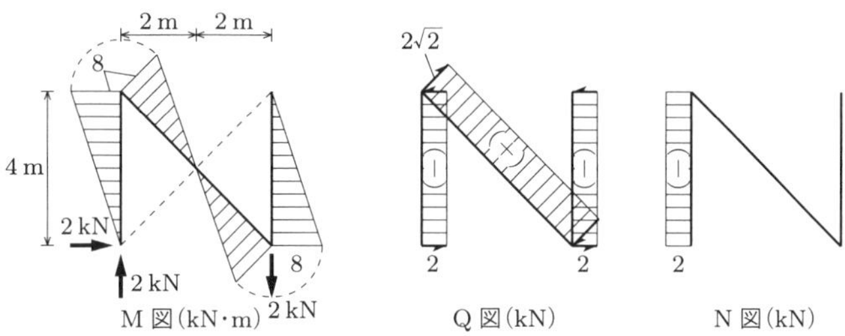

M 図(kN·m)　　Q 図(kN)　　N 図(kN)

(j)

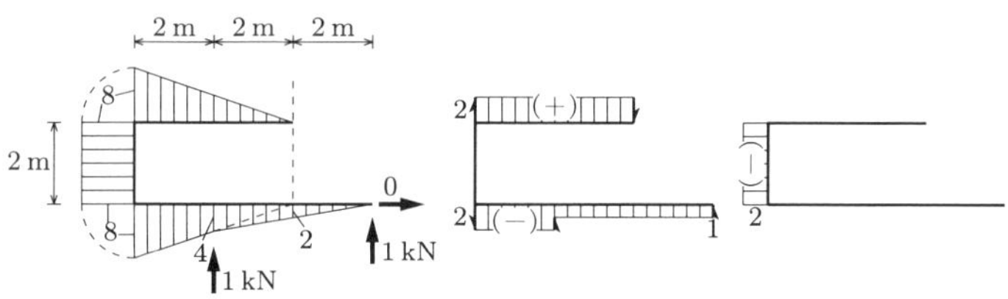

M 図(kN·m)　　Q 図(kN)　　N 図(kN)

(k)

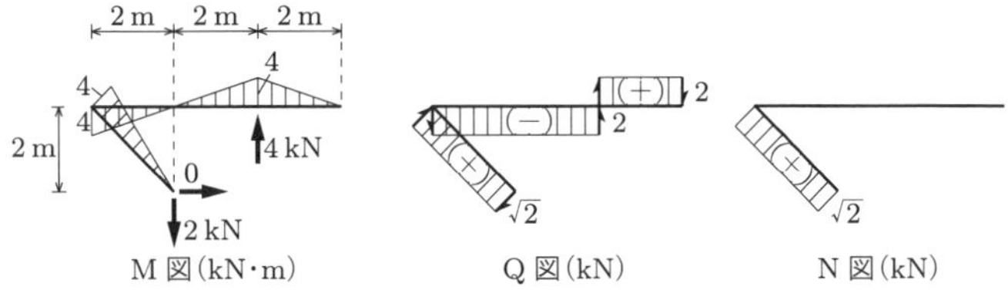

(l)

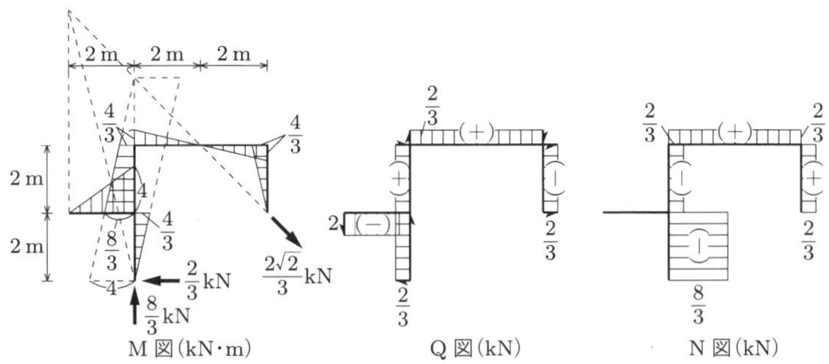

(m)

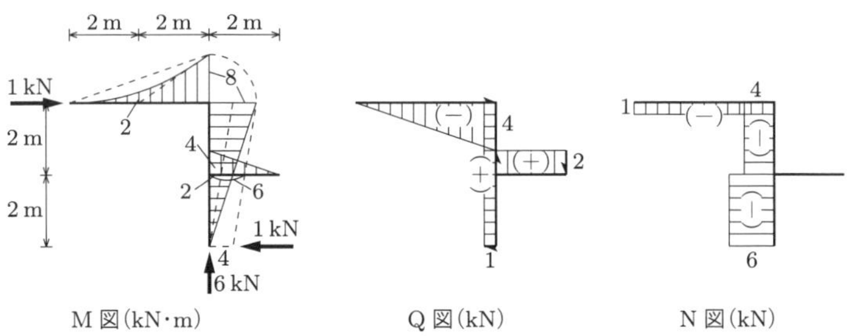

7.3 (a)　支点 A において反力 R_A を，支点 B において反力 H_B，支点 C において反力 V_C を仮定すると，構造物全体での力のつり合い条件式

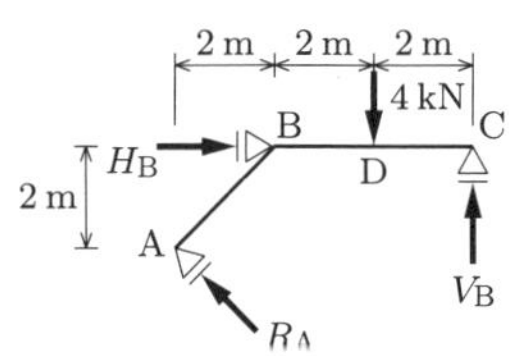

$$\sum X = 0 : -R_A \cos 45^\circ + H_B = 0$$
$$\sum Y = 0 : +4 - R_A \sin 45^\circ - V_C = 0$$
$$\sum M_A = 0 : +H_B \times 2 + 4 \times 4 - V_C \times 6 = 0$$

から，反力は次のように求められる．

$$R_A = \sqrt{2}\,\text{kN}, \quad H_B = 1\,\text{kN}, \quad V_C = 3\,\text{kN}$$

【別解】C 点でのモーメントのつり合い式

$$\sum M_{\mathrm{C}} = 0 :\ +R_{\mathrm{A}} \times (2\sqrt{2} + 2\sqrt{2}) - 4 \times 2 = 4\sqrt{2}R_{\mathrm{A}} - 8 = 0$$

より，反力 $R_{\mathrm{A}} = \sqrt{2}$ が一義的に求まる．

■ M 図　$M_{\mathrm{A}} = 0\,\mathrm{kN \cdot m}$
$M_{\mathrm{B}} = 4\,\mathrm{kN \cdot m}$　AB 間: $M(x) = R_{\mathrm{A}} \times x = \sqrt{2}x$
$M_{\mathrm{D}} = 6\,\mathrm{kN \cdot m}$　BD 間: $M(x) = R_{\mathrm{A}} \times (2\sqrt{2} + x/\sqrt{2}) = x + 4$
$M_{\mathrm{C}} = 0\,\mathrm{kN \cdot m}$　DC 間: $M(x) = M_{\mathrm{BD}} - 4 \times (x - 2) = -3x + 12$

■ Q 図　$Q_{\mathrm{B}} = \sqrt{2}\ \mathrm{kN}$　AB 間: $Q(x) = R_{\mathrm{A}} = +\sqrt{2}$
$Q_{\mathrm{D}} = 1\,\mathrm{kN}$　BD 間: $Q(x) = R_{\mathrm{A}} \sin 45^\circ = +1$
$Q_{\mathrm{C}} = 3\,\mathrm{kN}$　DC 間: $Q(x) = Q_{\mathrm{BD}} - 4 = -3$

■ N 図　$N_{\mathrm{B}} = 0\,\mathrm{kN}$
$N_{\mathrm{D}} = 0\,\mathrm{kN}$　BD 間: $N(x) = R_{\mathrm{A}} \cos 45^\circ - H_{\mathrm{B}} = 0$
$N_{\mathrm{C}} = 0\,\mathrm{kN}$　DC 間: $N(x) = N_{\mathrm{BD}} = 0$

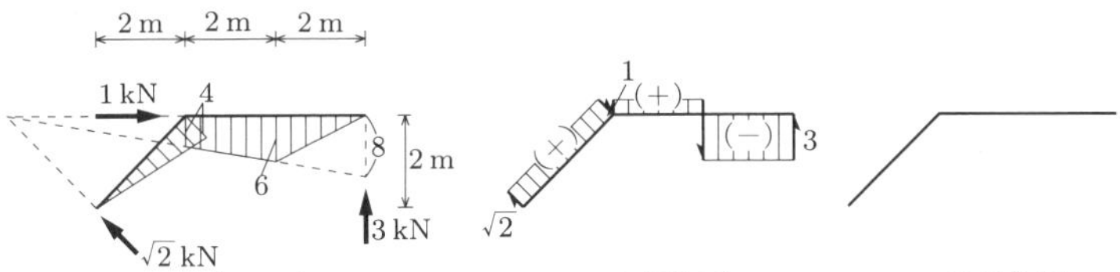

M 図 (kN·m)　Q 図 (kN)　N 図 (kN)

(b)

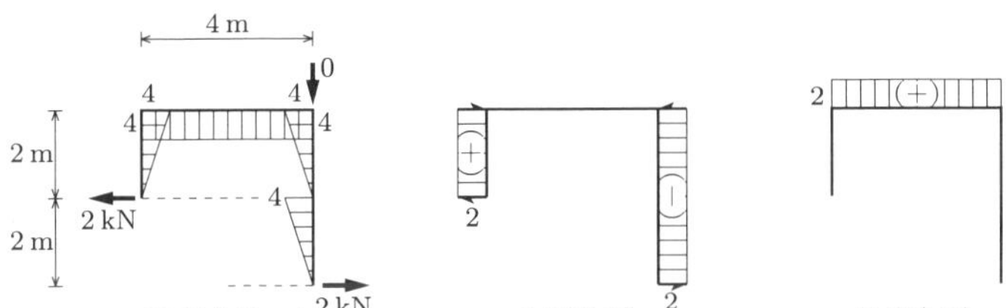

M 図 (kN·m)　Q 図 (kN)　N 図 (kN)

(c)

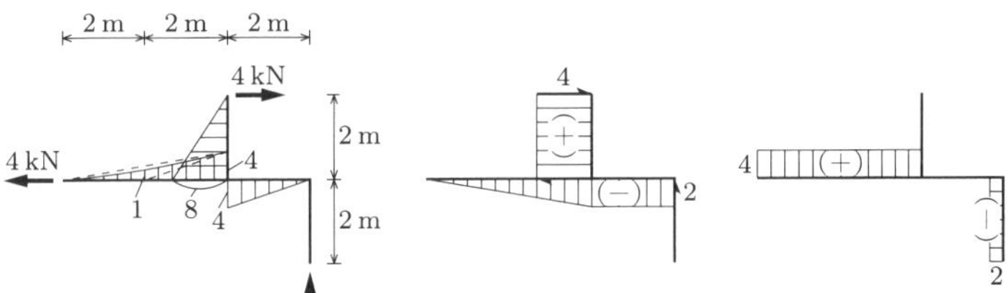

M 図 (kN·m)　Q 図 (kN)　N 図 (kN)

(d)

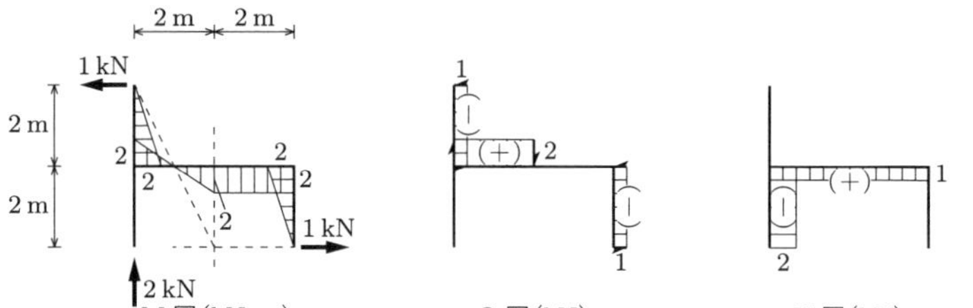

M 図(kN·m)　　Q 図(kN)　　N 図(kN)

(e)

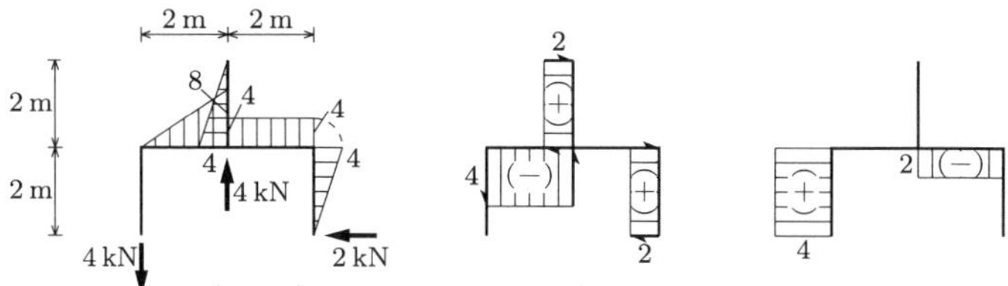

M 図(kN·m)　　Q 図(kN)　　N 図(kN)

(f)

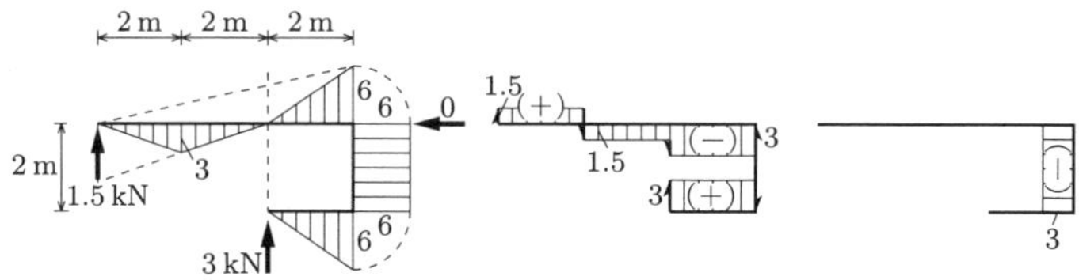

M 図(kN·m)　　Q 図(kN)　　N 図(kN)

第 8 章

8.1 (a)　支点 A において反力 H_A, V_A を，支点 B において反力 H_B, V_B を仮定すると，構造物全体での力のつり合い条件式

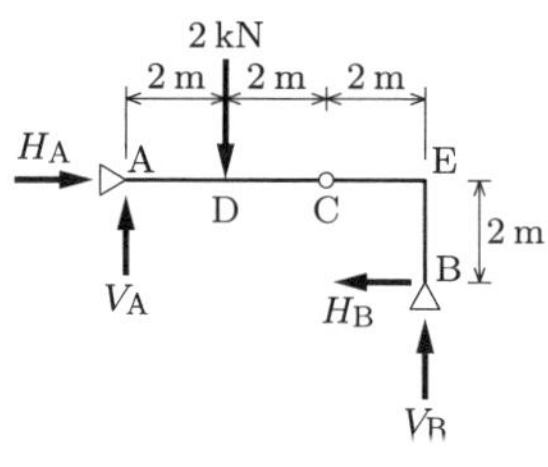

$$\sum X = 0 : H_A - H_B = 0$$
$$\sum Y = 0 : +2 - V_A - V_B = 0$$
$$\sum M_B = 0 : +H_A \times 2 + V_A \times 6 - 2 \times 4 = 0$$

が得られる．構造物内のヒンジ節点での曲げモーメントは，

$$M_C = 0 : \ +V_A \times 4 - 2 \times 2 = 0$$

となる．以上より，反力が以下のように求められる．

$$V_A = 1\,\mathrm{kN},\quad H_A = 1\,\mathrm{kN},\quad V_B = 1\,\mathrm{kN},\quad H_B = 1\,\mathrm{kN}$$

■ M 図　$M_A = 0\,\mathrm{kN{\cdot}m}$

　　$M_D = 2\,\mathrm{kN{\cdot}m}$　AD 間: $M(x) = V_A \times x = x$

　　$M_E = -2\,\mathrm{kN{\cdot}m}$　DE 間: $M(x) = M_{AD} - 2 \times (x-2) = -x+4$

　　$M_B = 0\,\mathrm{kN{\cdot}m}$　EB 間: $M(x) = H_A \times x + V_A \times 6 - 2 \times 4 = x-2$

■ Q 図　$Q_D = 1\,\mathrm{kN}$　AD 間: $Q(x) = V_A = +1$

　　$Q_E = -1\,\mathrm{kN}$　DE 間: $Q(x) = Q_{AD} - 2 = -1$

　　$Q_B = 1\,\mathrm{kN}$　EB 間: $Q(x) = H_A = 1$

■ N 図　$N_E = -1\,\mathrm{kN}$　AE 間: $N(x) = -H_A = -1$

　　$N_B = -1\,\mathrm{kN}$　ED 間: $N(x) = V_A - 2 = -1$

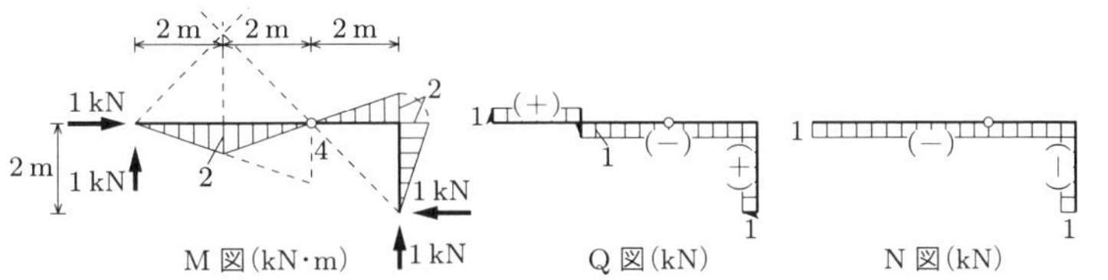

（b）

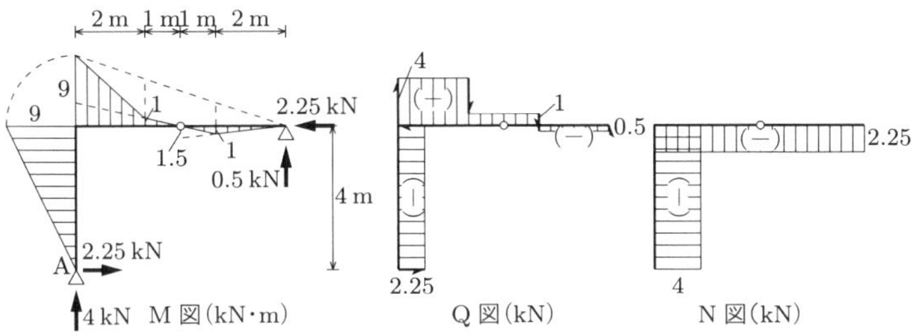

（c）

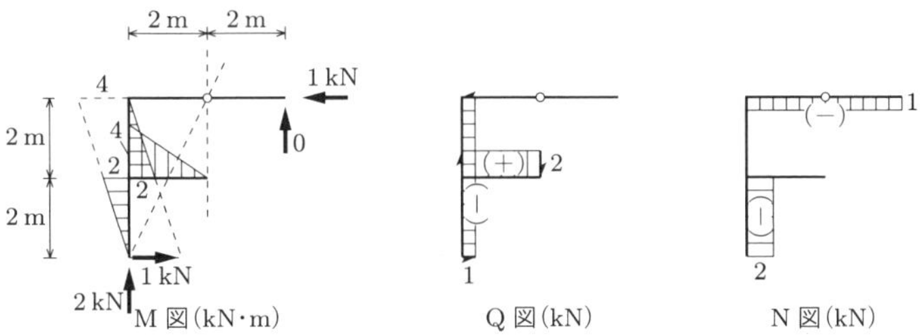

(d)

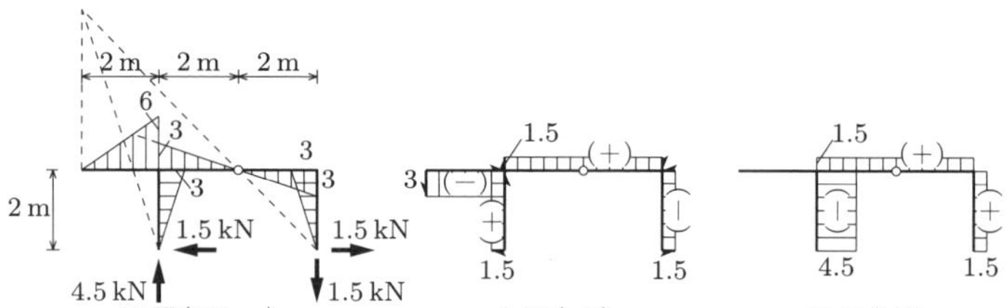

M 図(kN･m)　　Q 図(kN)　　N 図(kN)

(e)

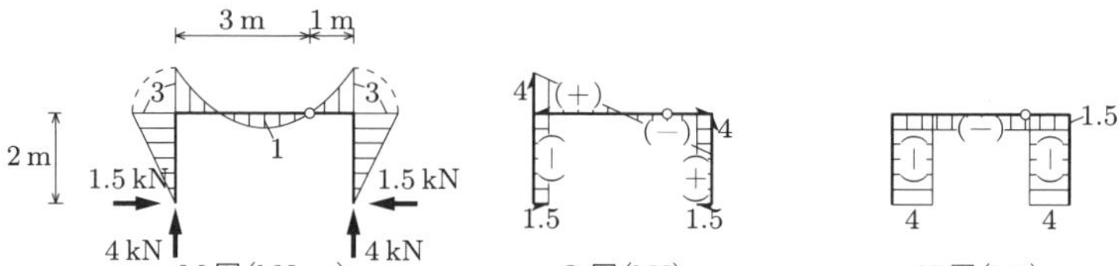

M 図(kN･m)　　Q 図(kN)　　N 図(kN)

(f)

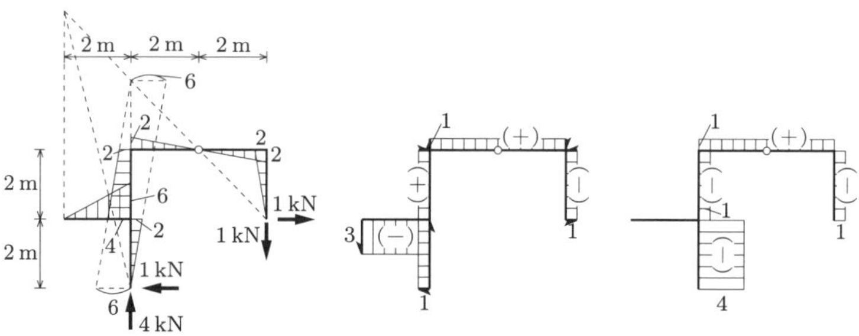

M 図(kN･m)　　Q 図(kN)　　N 図(kN)

8.2 (a)　支点 A において反力 H_A, V_A, M_A を，支点 B において反力 V_B を，支点 C において反力 V_C を仮定すると，構造物全体での力のつり合い条件式

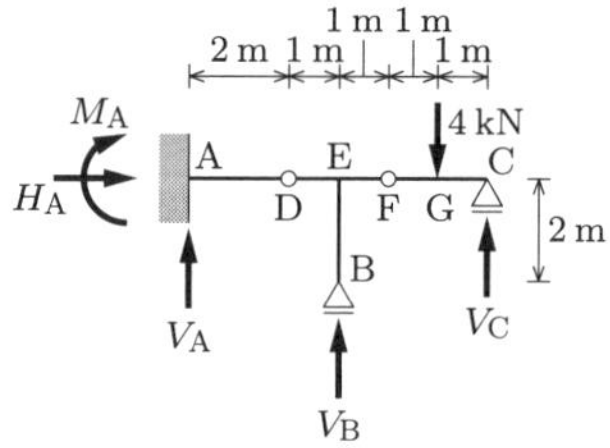

$$\sum X = 0 : H_A = 0$$

$$\sum Y = 0 : +4 - V_A - V_B - V_C = 0$$

$$\sum M_C = 0 : M_A + V_A \times 6 + V_B \times 3 - 4 \times 1 = 0$$

が得られる．構造物内のヒンジ節点での曲げモーメントは，

$$M_D = 0 : M_A + V_A \times 2 = 0$$

$$M_F = 0 : M_A + V_A \times 4 + V_B \times 1 = 0$$

となる．以上より，反力が以下のように求められる．

$$H_A = 0\,\text{kN},\quad V_A = -2\,\text{kN},\quad M_A = 4\,\text{kN·m},\quad V_B = 4\,\text{kN},\quad V_C = 2\,\text{kN}$$

【別解】F 点での曲げモーメントを右側で考えると

$$M_F = 0 :\ +V_C \times 2 - 4 \times 1 = 0$$

より，反力 $V_C = 2$ が一義的に求まる．

■ M 図　$M_E = -2\,\text{kN·m}$　AE 間: $M(x) = M_A + V_A \times x = -2x + 4$
$M_B = 0\,\text{kN·m}$
$M_G = 2\,\text{kN·m}$　EG 間: $M(x) = M_{AE} + V_B \times (x-3) = 2x - 8$
$M_C = 0\,\text{kN·m}$　GC 間: $M(x) = M_{EG} - 4 \times (x-5) = -2x + 12$

■ Q 図　$Q_E = -2\,\text{kN}$　AE 間: $Q(x) = V_A = -2$
$Q_B = 0\,\text{kN}$
$Q_G = 2\,\text{kN}$　EG 間: $Q(x) = Q_{AE} + V_B = +2$
$Q_C = -2\,\text{kN}$　GC 間: $Q(x) = Q_{EG} - 4 = -2$

■ N 図　$N_C = 0\,\text{kN}$　AC 間: $N(x) = -H_A = 0$
$N_B = -4\,\text{kN}$　BE 間: $N(x) = -V_B = -4$

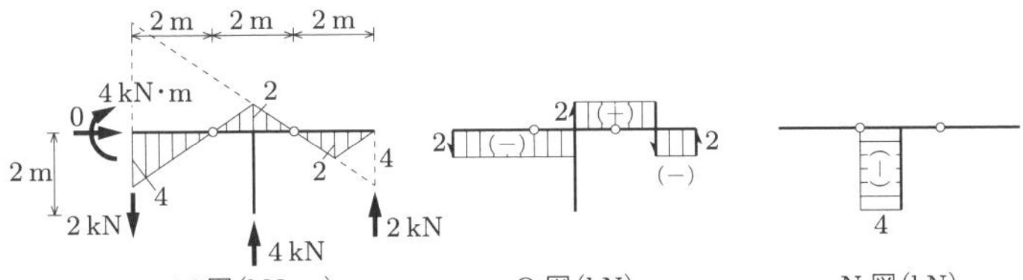

M 図(kN·m)　Q 図(kN)　N 図(kN)

(b)

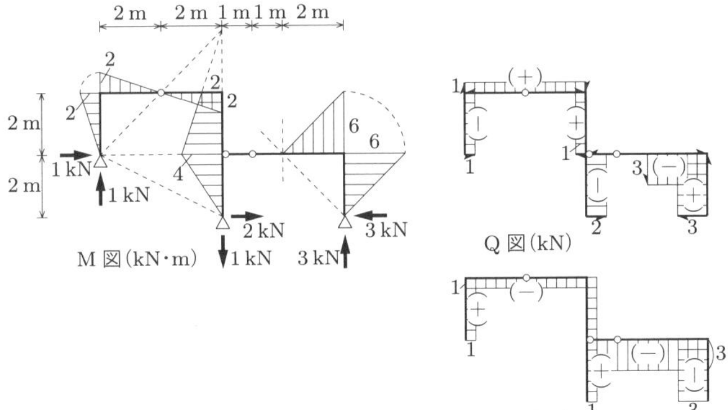

M 図(kN·m)

Q 図(kN)

N 図(kN)

(c)

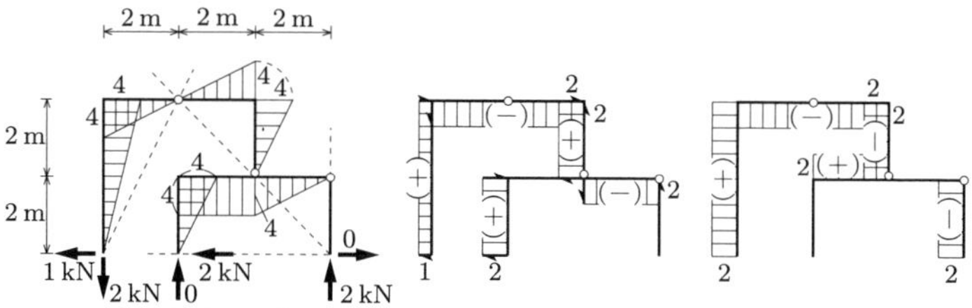

M 図(kN·m)　　Q 図(kN)　　N 図(kN)

(d)

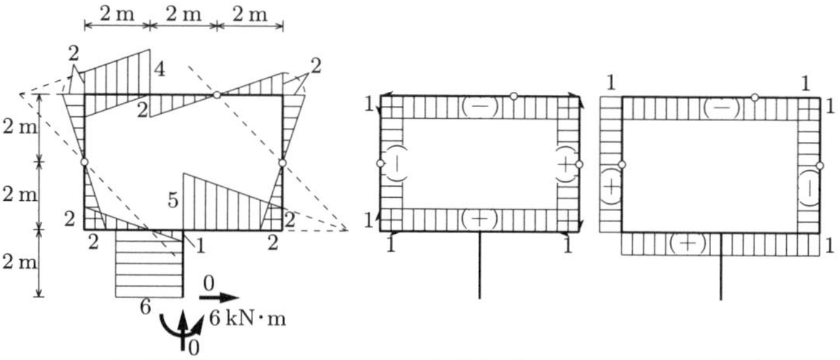

M 図(kN·m)　　Q 図(kN)　　N 図(kN)

8.3 (a) 上部の構造物の支点をそれぞれ C,D とすると，下部の構造体にはその反力が荷重として作用している（水平反力は明らかに 0 なので省略してある）.

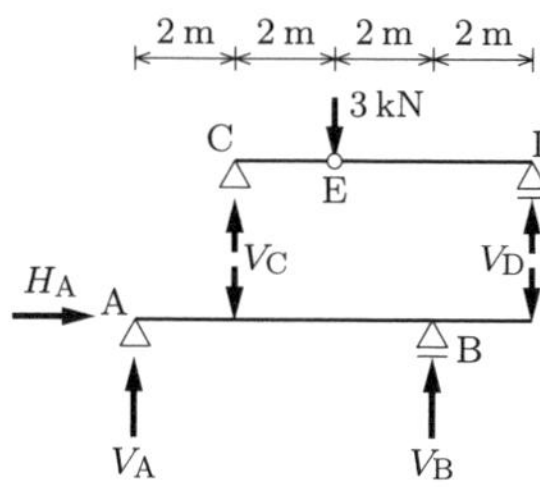

まず，上部の構造物での支点 C において反力 $(H_C = 0)$, V_C を，支点 D において反力 V_D を仮定すると，上部構造物での力のつり合い条件式

$$\sum Y = 0 : +3 - V_C - V_D = 0$$
$$\sum M_D = 0 : V_C \times 6 - 3 \times 4 = 0$$

が得られる．よって，上部構造物での反力

$$H_A = 0\,\text{kN}, \quad V_C = 2\,\text{kN}, \quad V_D = 1\,\text{kN}$$

が求められる.

下部構造物での力のつり合い条件式は,

$$\sum X = 0 : H_A = 0$$
$$\sum Y = 0 : +V_C + V_D - V_A - V_B = 3 - V_A - V_B = 0$$
$$\sum M_A = 0 : -V_C \times 2 + V_B \times 6 - V_D \times 8 = V_B \times 6 - 12 = 0$$

となり，反力が以下のように求められる.

$$H_A = 0\,\text{kN}, \quad V_A = 1\,\text{kN}, \quad V_B = 2\,\text{kN}$$

【別解】構造全体での力のつり合い

$$\sum X = 0 : H_A = 0$$
$$\sum Y = 0 : +3 - V_A - V_B = 0$$
$$\sum M_A = 0 : V_B \times 6 - 3 \times 2 = 0$$

から反力 H_A, V_A, V_B を直接求めることができる.

■ M 図　（下部構造）

$M_C = 2\,\text{kN·m}$	AC 間: $M(x) = V_A \times x = x$
$M_B = -2\,\text{kN·m}$	CB 間: $M(x) = M_{AC} - V_C \times (x-2)$
	$= x - 2(x-2) = -x + 4$
$M_D = 0\,\text{kN·m}$	BD 間: $M(x) = M_{CB} + V_B \times (x-6)$
	$= x - 8$　（上部構造）
$M_E = 4\,\text{kN·m}$	CE 間: $M(x) = V_C \times x = 2x$
$M_D = 0\,\text{kN·m}$	ED 間: $M(x) = M_{CE} - 3 \times (x-2) = -x + 6$
$N_B = -4\,\text{kN}$	BE 間: $N(x) = -V_B = -4$

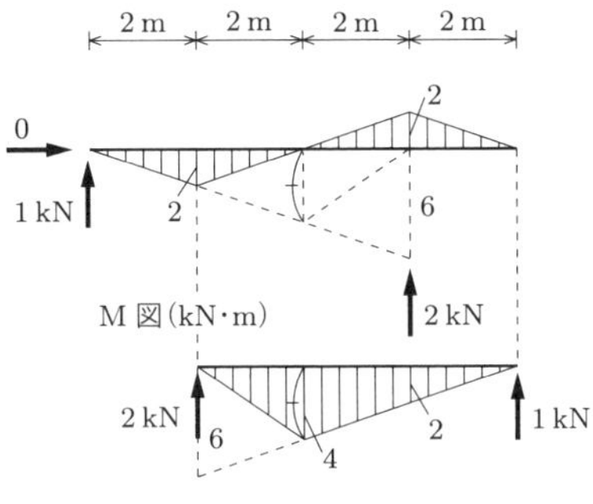

(b)

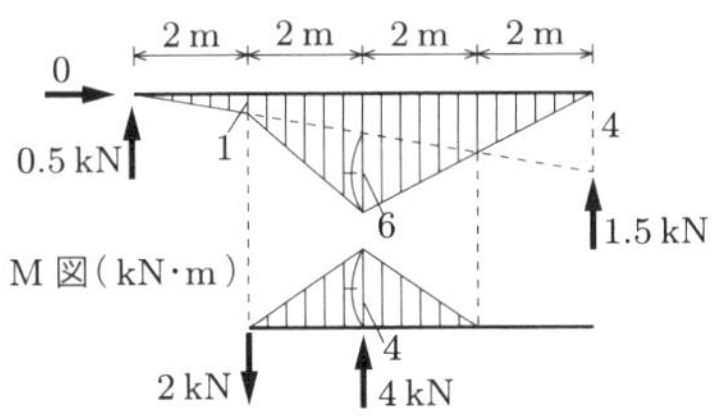

(c)

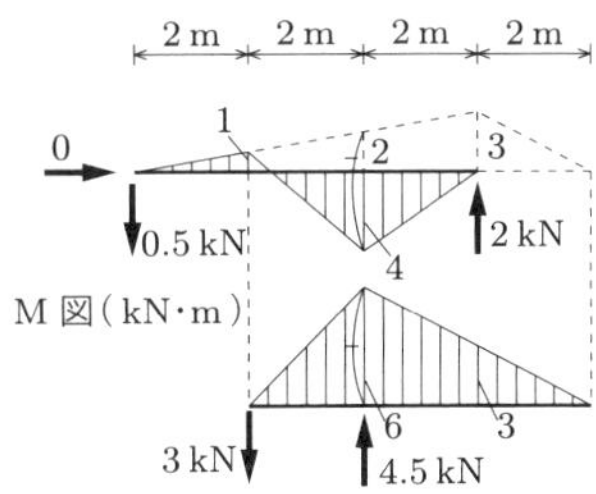

(d)

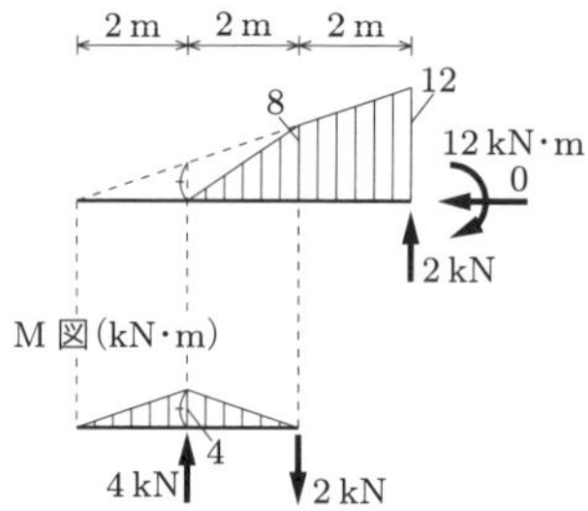

8.4 (a) 対称構造物なので左半分だけ考える．支点 A において反力 $H_{\mathrm{A}}, V_{\mathrm{A}}$ を，節点 C において水平力 H_{C} を仮定すると，構造物全体での力のつり合い条件式

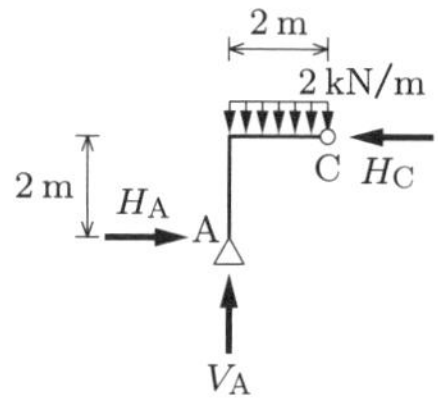

$$\sum X = 0 : H_{\mathrm{A}} - H_{\mathrm{C}} = 0$$
$$\sum Y = 0 : +2 \times 2 - V_{\mathrm{A}} = 0$$
$$\sum M_{\mathrm{A}} = 0 : 4 \times 1 - H_{\mathrm{C}} \times 2 = 0$$

が得られる．よって，反力が以下のように求められる．

$$H_{\mathrm{A}} = 2\,\mathrm{kN}, \quad V_{\mathrm{A}} = 4\,\mathrm{kN} \quad (H_{\mathrm{C}} = 2\,\mathrm{kN})$$

■ M 図　$M_{\mathrm{D}} = -4\,\mathrm{kN{\cdot}m}$　AD 間: $M(x) = -H_{\mathrm{A}} \times x = -2x$

　　　　$M_{\mathrm{C}} = 0\,\mathrm{kN{\cdot}m}$　DC 間: $M(x) = -H_{\mathrm{A}} \times 2 + V_{\mathrm{A}} \times x - 2x \times \dfrac{x}{2} = -x^2 + 4x - 4$

■ Q 図　$Q_{\mathrm{D}} = -2\,\mathrm{kN}$　AD 間: $Q(x) = -H_{\mathrm{A}} = -2$

　　　　$Q_{\mathrm{C}} = 0\,\mathrm{kN}$　DC 間: $Q(x) = V_{\mathrm{A}} - 2x = -2x + 4$

■ N 図　$N_{\mathrm{D}} = 0\,\mathrm{kN}$　AC 間: $N(x) = -V_{\mathrm{A}} = 0$

　　　　$N_{\mathrm{C}} = -2\,\mathrm{kN}$　DC 間: $N(x) = -H_{\mathrm{A}} = -2$

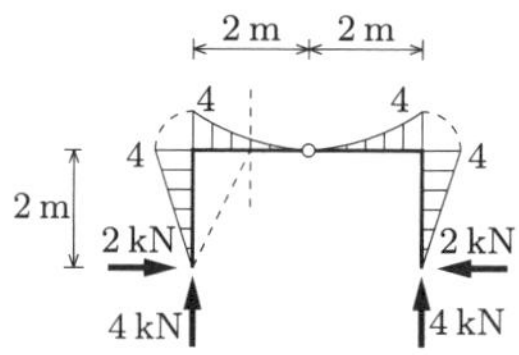

M 図(kN·m)

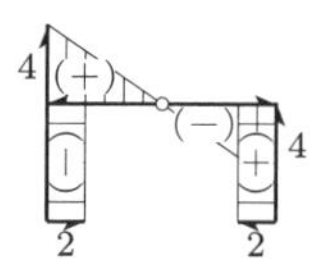

Q 図(kN)

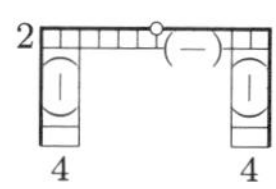

N 図(kN)

（b）

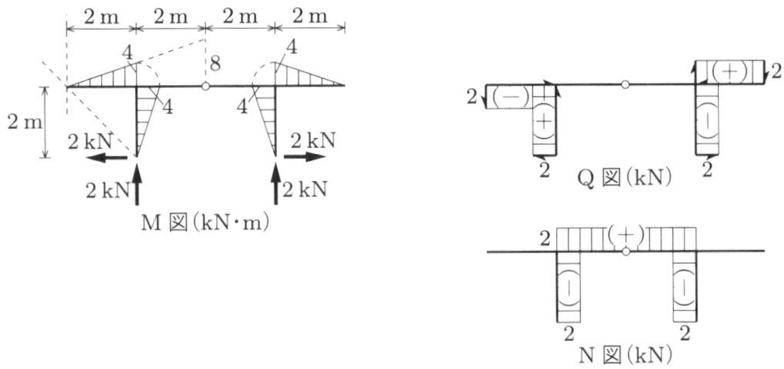
2 m
2 m
2 m
2 m
4
8
4
4
4
2 m
2 kN
2 kN
2 kN
2 kN
M 図(kN·m)
2
(−)
+
(+)
2
(−)
2
2
Q 図(kN)
2
(+)
(−)
(−)
2
2
N 図(kN)

（c）

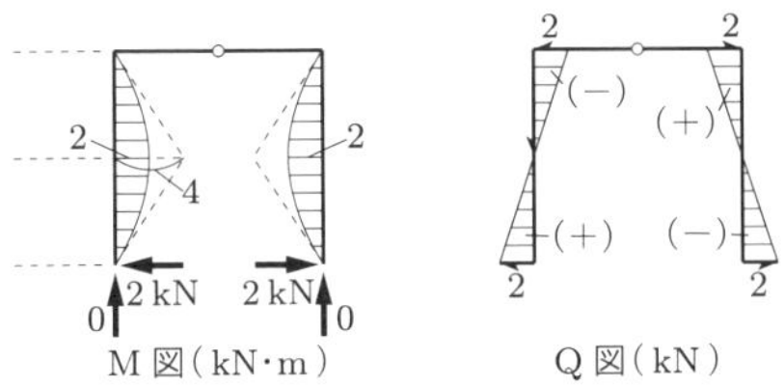
2
4
2
2 kN
2 kN
0
0
M 図（kN·m）
2
2
(−)
(+)
(+)
(−)
2
2
Q 図（kN）
2
(−)
N 図（kN）

（d）

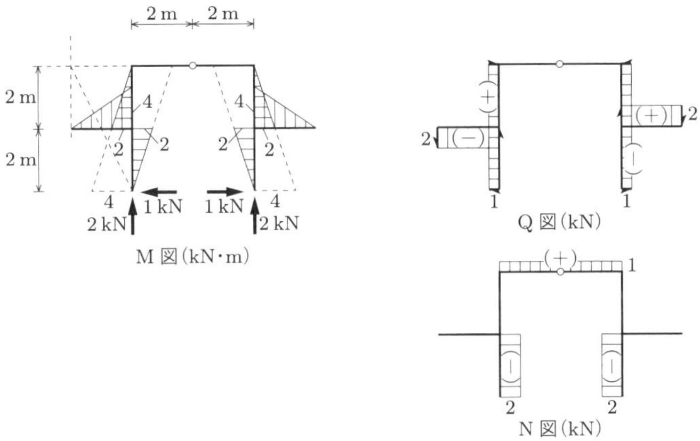
2 m
2 m
2 m
2 m
4
4
2
2
2
2
4
4
1 kN
1 kN
2 kN
2 kN
M 図(kN·m)
(+)
(+)
2
2
(−)
(−)
1
1
Q 図(kN)
(+)
1
(−)
(−)
2
2
N 図(kN)

(e)

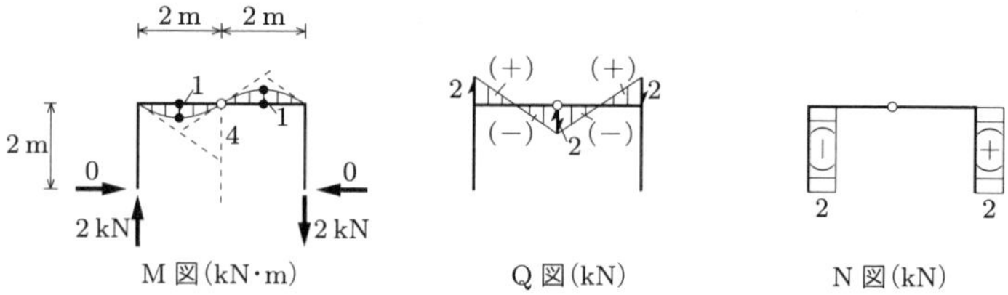
2 m
2 m
2 m
1
1
4
0
0
2 kN
2 kN
M 図(kN·m)
(+)
(+)
2
2
(−)
(−)
2
Q 図(kN)
2
2
N 図(kN)

(f)

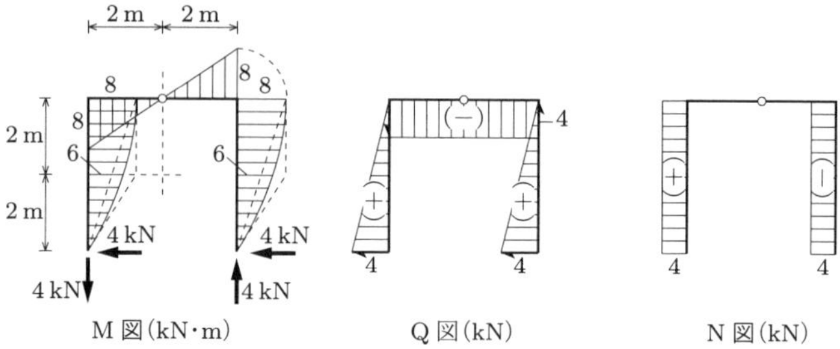
2 m
2 m
2 m
2 m
8
8
8
8
6
6
4 kN
4 kN
4 kN
4 kN
M 図(kN·m)
(−)
4
(+)
(+)
4
4
Q 図(kN)
4
4
N 図(kN)

(g)

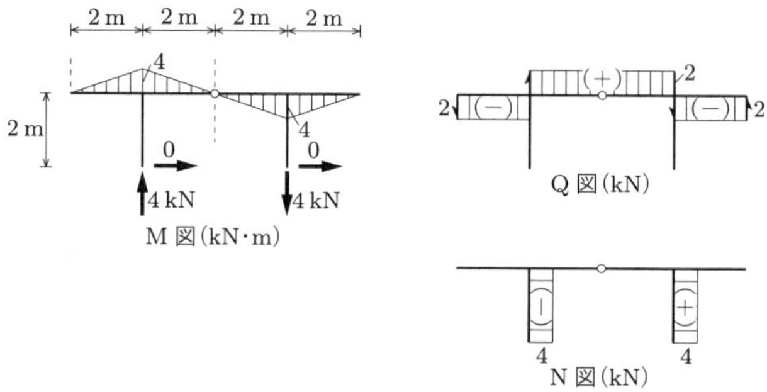
2 m
2 m
2 m
2 m
4
4
2 m
0
0
4 kN
4 kN
M 図(kN·m)
(+)
2
2
(−)
(−)
2
Q 図(kN)
4
4
N 図(kN)

(h)

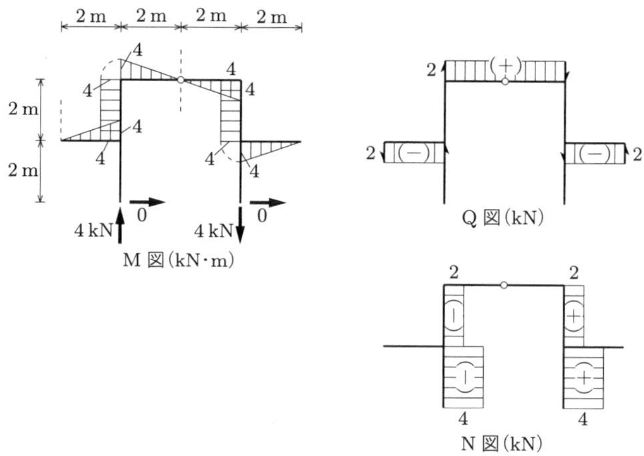
2 m
2 m
2 m
2 m
2 m
2 m
4
4
4
4
4
4
4
4
0
0
4 kN
4 kN
M 図(kN·m)
2
(+)
2
(−)
(−)
2
Q 図(kN)
2
2
4
4
N 図(kN)

第 9 章

9.1　(a) 支点 A において反力 $H_{\mathrm{A}}, V_{\mathrm{A}}$ を，支点 B において反力 V_{B} を仮定すると，構造物全体での力のつり合い条件および対称性から，反力は次のように求められる．

図式解法（クレモナ図）:

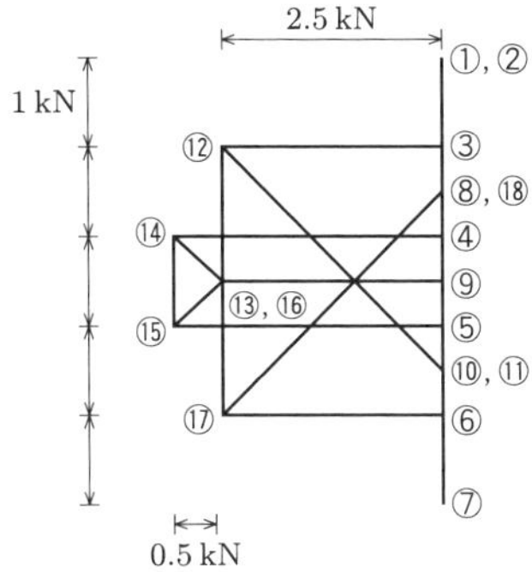

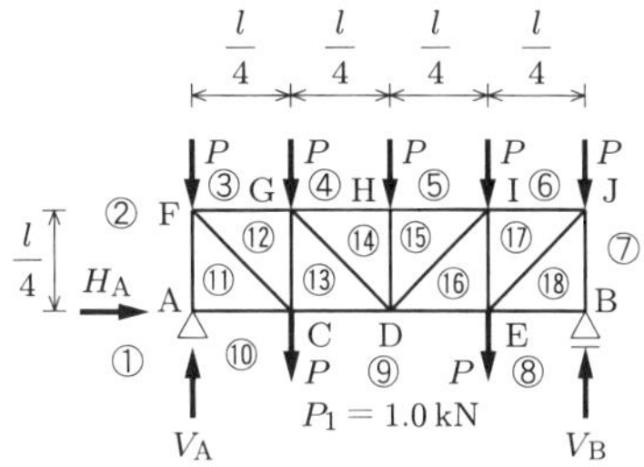

$$H_{\mathrm{B}} = 0\,\mathrm{kN}, \quad V_{\mathrm{A}} = V_{\mathrm{B}} = 3.5\,\mathrm{kN}$$

数式解法：

$$\text{節点 A}\begin{cases} \sum X = 0: \quad +H_{\mathrm{A}} + N_{\mathrm{AC}} = 0 \\ \sum Y = 0: \quad +V_{\mathrm{A}} + N_{\mathrm{AF}} = 0 \end{cases}$$

よって，$N_{\mathrm{AC}} = 0,\ N_{\mathrm{AF}} = -3.5\,\mathrm{kN}$

$$\text{節点 F}\begin{cases} \sum X = 0: \quad +N_{\mathrm{FG}} + N_{\mathrm{FC}}\cos 45^\circ = +N_{\mathrm{FG}} + \dfrac{1}{\sqrt{2}}N_{\mathrm{FC}} = 0 \\ \sum Y = 0: \quad -P - N_{\mathrm{FA}} - N_{\mathrm{FC}}\sin 45^\circ \\ \qquad\qquad = -1 + 3.5 - \dfrac{1}{\sqrt{2}}N_{\mathrm{FC}} = 0 \end{cases}$$

よって，$N_{\mathrm{FC}} = +2.5\sqrt{2} \fallingdotseq +3.5\,\mathrm{kN},\ N_{\mathrm{FG}} = -1/\sqrt{2}N_{\mathrm{FC}} = -2.5\,\mathrm{kN}$

$$\text{節点 C}\begin{cases} \sum X = 0: \quad -N_{\mathrm{CA}} - N_{\mathrm{CF}}\cos 45^\circ + N_{\mathrm{CD}} = 0 - 2.5 + N_{\mathrm{CD}} = 0 \\ \sum Y = 0: \quad -P + N_{\mathrm{CF}}\sin 45^\circ + N_{\mathrm{CG}} = -1 + 2.5 + N_{\mathrm{CG}} = 0 \end{cases}$$

よって，$N_{\mathrm{CD}} = +2.5\,\mathrm{kN},\ N_{\mathrm{CG}} = -1.5\,\mathrm{kN}$

$$\text{節点 G}\begin{cases} \sum X = 0: \quad -N_{\mathrm{GF}} + N_{\mathrm{GD}}\cos 45^\circ + N_{\mathrm{GH}} \\ \qquad\qquad = 2.5 + \dfrac{1}{\sqrt{2}}N_{\mathrm{GD}} + N_{\mathrm{GH}} = 0 \\ \sum Y = 0: \quad -P - N_{\mathrm{GC}} - N_{\mathrm{GD}}\sin 45^\circ \\ \qquad\qquad = -1 + 1.5 - \dfrac{1}{\sqrt{2}}N_{\mathrm{GD}} = 0 \end{cases}$$

よって，$N_{\mathrm{GD}} = +0.5\sqrt{2} \fallingdotseq +0.7\,\mathrm{kN},\ N_{\mathrm{GH}} = -2.5 - 0.5 = -3.0\ \ \mathrm{kN}$

$$\text{節点 H}\begin{cases} \sum X = 0: & -N_{\mathrm{HG}} + N_{\mathrm{HI}} = 0 \\ \sum Y = 0: & -P - N_{\mathrm{HD}} = 0 \end{cases}$$

よって，$N_{\mathrm{HI}} = -3.0\ \ \mathrm{kN},\ N_{\mathrm{HD}} = -1.0\,\mathrm{kN}$

対称性のため，以下略．

(b) 支点 A において反力 $H_{\mathrm{A}}, V_{\mathrm{A}}$ を，支点 B において反力 $H_{\mathrm{B}}, V_{\mathrm{B}}$ を仮定すると，構造物全体での力のつり合い条件式は

$$\sum X = 0 : -H_{\mathrm{A}} + H_{\mathrm{B}} = 0$$
$$\sum Y = 0 : +1.5 + 1.5 - V_{\mathrm{A}} - V_{\mathrm{B}} = 0$$
$$\sum M_{\mathrm{B}} = 0 : +1.5 \times l + 1.5 \times 3l - H_{\mathrm{A}} \times l = 0$$

となる．構造体としては三ヒンジ式のトラス構造となる．部材には軸力しか作用しないので，反力 $V_{\mathrm{B}} = 0$ は明らか．よって，反力は次のように求められる．

$$H_{\mathrm{A}} = H_{\mathrm{B}} = 6\,\mathrm{kN}, \quad V_{\mathrm{A}} = 3\,\mathrm{kN}, \quad V_{\mathrm{B}} = 0$$

図式解法 (クレモナ図)：

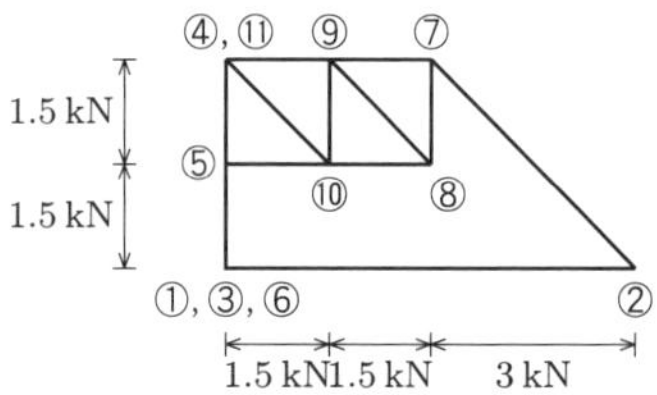

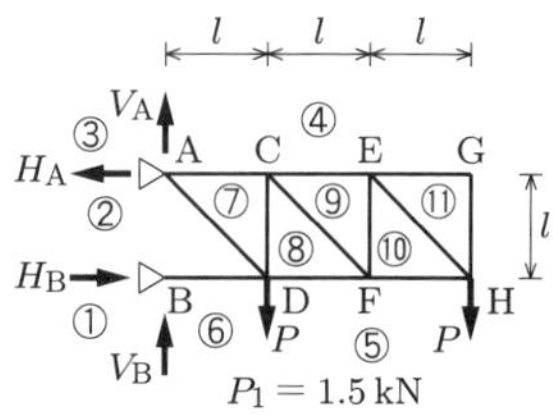

数式解法：

節点 G での力のつり合いを考えると，$N_{\mathrm{GE}} = N_{\mathrm{GH}} = 0$ は明らか．また，節点 B での力のつり合いから，$N_{\mathrm{BD}} = -H_{\mathrm{B}} = -6\,\mathrm{kN}$ についても自明である．以下，

$$\text{節点 A}\begin{cases} \sum X = 0: & -H_{\mathrm{A}} + N_{\mathrm{AC}} + N_{\mathrm{AD}} \cos 45^\circ \\ & \quad = -6 + N_{\mathrm{AC}} + \dfrac{1}{\sqrt{2}} N_{\mathrm{AD}} = 0 \\ \sum Y = 0: & -V_{\mathrm{A}} + N_{\mathrm{AD}} \sin 45^\circ = -6 + \dfrac{1}{\sqrt{2}} N_{\mathrm{AD}} = 0 \end{cases}$$

よって，$N_{\mathrm{AD}} = +3\sqrt{2} \fallingdotseq +4.3\,\mathrm{kN},\ N_{\mathrm{AC}} = 3\,\mathrm{kN}$

$$\text{節点 D}\begin{cases} \sum X = 0: & -N_{\mathrm{DB}} - N_{\mathrm{DA}} \cos 45^\circ + N_{\mathrm{DF}} = +6 - 3 + N_{\mathrm{DF}} = 0 \\ \sum Y = 0: & +P - N_{\mathrm{DA}} \sin 45^\circ - N_{\mathrm{DC}} = +1.5 - 3 - N_{\mathrm{DC}} = 0 \end{cases}$$

よって，$N_{\mathrm{DF}} = -3\,\mathrm{kN},\ N_{\mathrm{DC}} = -1.5\,\mathrm{kN}$

$$
\text{節点 C}\begin{cases}\sum X = 0: & -N_{CA} + N_{CF}\cos 45^\circ + N_{CE} \\ & \quad = -3 + \dfrac{1}{\sqrt{2}}N_{CF} + N_{CE} = 0 \\ \sum Y = 0: & +N_{CD} + N_{CF}\sin 45^\circ = -1.5 + \dfrac{1}{\sqrt{2}}N_{CF} = 0\end{cases}
$$

よって，$N_{CF} = +1.5\sqrt{2} \fallingdotseq +2.1\,\text{kN},\ N_{CE} = +1.5\,\text{kN}$

$$
\text{節点 F}\begin{cases}\sum X = 0: & -N_{FD} - N_{FC}\cos 45^\circ + N_{FH} = +3 - 1.5 + N_{FH} = 0 \\ \sum Y = 0: & -N_{FC}\sin 45^\circ - N_{FE} = -1.5 - N_{FE} = 0\end{cases}
$$

よって，$N_{FH} = -1.5\,\text{kN},\ N_{FE} = -1.5\,\text{kN}$

$$
\text{節点 E}\begin{cases}\sum X = 0: & -N_{EC} + N_{EH}\cos 45^\circ + N_{EG} \\ & \quad = -1.5 + \dfrac{1}{\sqrt{2}}N_{EH} + 0 = 0 \\ \sum Y = 0: & +N_{EF} + N_{EH}\sin 45^\circ = -1.5 + \dfrac{1}{\sqrt{2}}N_{EH} = 0\end{cases}
$$

よって，$N_{EH} = +1.5\sqrt{2} \fallingdotseq +2.1\,\text{kN}$

9.2

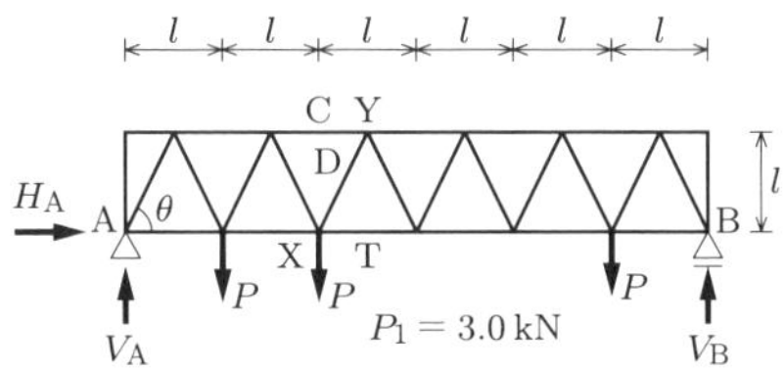

支点 A において反力 H_A, V_A を，支点 B において反力 V_B を仮定すると，構造物全体での力のつり合い条件式

$$
\begin{aligned}
&\sum X = 0 : +H_A = 0 \\
&\sum Y = 0 : +3P - V_A - V_B = +9 - V_A - V_B = 0 \\
&\sum M_A = 0 : +Pl + 2Pl + 5Pl - V_B \times 6l = +24l - V_B \times 6l = 0
\end{aligned}
$$

より，反力は次のように求められる．

$$
H_A = 0, \quad V_A = 5\,\text{kN}, \quad V_B = 4\,\text{kN}
$$

幾何学的処理のため，斜材の長さを

$$
l_D = \sqrt{\left(\frac{l}{2}\right)^2 + l^2} = \frac{\sqrt{5}}{2}l
$$

と求めておく．斜材の長さ水平面と斜材のなす角を θ とすると，

$$
\cos\theta = 0.5l \div l_D = \frac{1}{\sqrt{5}}, \quad \sin\theta = l \div l_D = \frac{2}{\sqrt{5}}
$$

となる．

【切断法による解法】

C,D,T を含む断面で切断すると，鉛直方向の力のつり合い条件式

$$\sum Y = 0:\ +2P - V_{\mathrm{A}} + D \times \sin\theta = +6 - 5 - D \times \frac{2}{\sqrt{5}} = 0$$

より，$D = +\sqrt{5}/2 \fallingdotseq +1.1\,\mathrm{kN}$ となる．節点 X でのモーメントのつり合い条件式

$$\sum M_X = 0:\ +V_{\mathrm{A}} \times 2l - P \times l + C \times l = +7l + C \times l = 0$$

より，$C = -7\,\mathrm{kN}$ となる．同様に，節点 Y でのモーメントのつり合い条件式

$$\sum M_Y = 0:\ +V_{\mathrm{A}} \times 2.5l - P \times 1.5l - P \times 0.5l - T \times l = +6.5l - T \times l = 0$$

より，$T = +6.5\,\mathrm{kN}$ が得られる．

第10章

10.1 $\tau = \dfrac{\sigma}{2} = 25\,\mathrm{N/mm^2}$

10.2 $\sigma = \dfrac{\sigma_x + \sigma_y}{2} + \dfrac{\sigma_x - \sigma_y}{2}\cos 2\theta = \dfrac{100 - 50}{2} + \dfrac{100 + 50}{2} \cdot \dfrac{1}{2} = 62.5\,\mathrm{N/mm^2}$

$$\tau = \frac{\sigma_x - \sigma_y}{2}\sin 2\theta = \frac{100 + 50}{2} \cdot \frac{\sqrt{3}}{2} = 65.0\,\mathrm{N/mm^2}$$

10.3 $\sigma_1 = \dfrac{\sigma_x + \sigma_y}{2} + \sqrt{\left(\dfrac{\sigma_x - \sigma_y}{2}\right)^2 + \tau_{xy}^2}$

$$= \frac{50 + 20}{2} + \sqrt{\left(\frac{50 - 20}{2}\right)^2 + 15^2}$$

$$= 56.2\,\mathrm{N/mm^2}$$

$$\sigma_2 = \frac{\sigma_x + \sigma_y}{2} - \sqrt{\left(\frac{\sigma_x - \sigma_y}{2}\right)^2 + \tau_{xy}^2}$$

$$= 13.8\,\mathrm{N/mm^2}$$

$$\tan 2\theta = \frac{2 \times 150}{20 - 50} = -1$$

$$\therefore\quad \theta = -22.5^\circ$$

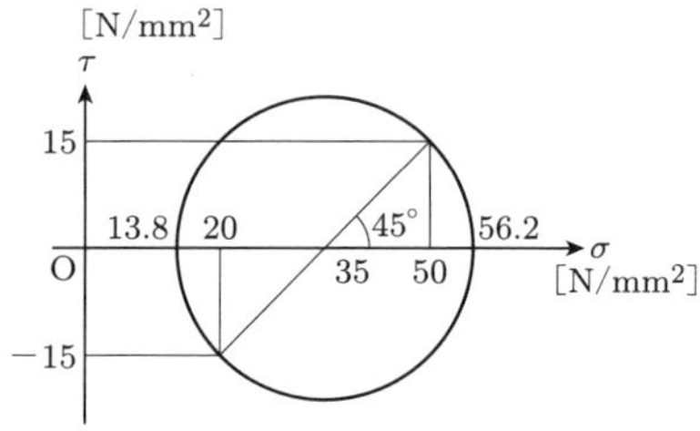

10.4 $\Delta l = \dfrac{Nl}{EA} = \dfrac{100 \times 10^3 \times 80}{2.05 \times 10^7 \times \dfrac{3.14 \times 2^2}{4}} = 0.12\,\mathrm{cm}$

$$\Delta d = \nu \cdot \frac{N}{EA} \cdot d = \frac{1}{3} \cdot \frac{100 \times 10^3 \times 2}{2.05 \times 10^7 \times \dfrac{3.14 \times 2^2}{4}} = 0.001\,\mathrm{cm}$$

第11章

11.1 断面積および断面一次モーメントと図心との関係式

$$y_G = \frac{S_x}{A}$$

図心まわりの断面二次モーメントとの関係式

$$I_X = I_x - y_G^2 A$$

を用いる.

$$A = \int_0^h dA = \int_0^h b\left(1 - \frac{y}{h}\right)dy = b\int_0^h \left(1 - \frac{y}{h}\right)dy$$
$$= b\left[y - \frac{y^2}{2h}\right]_0^h = \frac{1}{2}bh$$
$$S_x = \int_0^h ydA = \int_0^h yb\left(1 - \frac{y}{h}\right)dy = b\int_0^h y\left(1 - \frac{y}{h}\right)dy$$
$$= b\left[y^2 - \frac{y^3}{3h}\right]_0^h = \frac{2}{3}bh^2$$
$$I_x = \int_0^h y^2 dA = \int_0^h y^2 b\left(1 - \frac{y}{h}\right)dy = b\int_0^h y^2\left(1 - \frac{y}{h}\right)dy$$
$$= b\left[\frac{y^3}{3} - \frac{y^4}{4h}\right]_0^h = \frac{1}{12}bh^3$$

以上より,

$$y_G = \frac{S_x}{A} = \frac{2bh^2/3}{bh/2} = \frac{1}{3}h$$
$$I_X = I_x + y_G^2 A = \frac{1}{12}bh^3 - \left(\frac{1}{3}h\right)^2 \frac{1}{2}bh = \frac{1}{36}bh^3$$

11.2 与えられた台形断面を 2 つの三角形の組合せと考える. x 軸に関する断面積, 断面一次モーメント, 断面二次モーメントはそれぞれ次のようになる.

$$A = \frac{1}{2}ah + \frac{1}{2}bh = \frac{a+b}{2}h$$
$$S_x = \frac{2}{3}h \times \frac{1}{2}ah + \frac{1}{3}h \times \frac{1}{2}bh = \frac{1}{3}ah^2 + \frac{1}{6}bh^2 = \frac{2a+b}{6}h^2$$
$$I_x = \frac{1}{36}ah^3 + \left(\frac{2}{3}h\right)^2 \times \frac{1}{2}ah + \frac{1}{36}bh^3 + \left(\frac{1}{3}h\right)^2 \times \frac{1}{2}bh$$
$$= \frac{1}{36}ah^3 + \frac{2}{9}ah^3 + \frac{1}{36}bh^3 + \frac{1}{18}bh^3 = \frac{3a+b}{12}h^3$$

以上より,

$$y_{\mathrm{G}} = \frac{S_x}{A} = \frac{(2a+b)h^2/6}{(a+b)h/2} = \frac{2a+b}{3(a+b)}h$$

$$\begin{aligned}
I_X &= I_x + y_{\mathrm{G}}^2 A = \frac{3a+b}{12}h^3 - \left(\frac{2a+b}{3(a+b)}h\right)^2 \frac{a+b}{2}h \\
&= \frac{3(3a+b)(a+b) - 2\,(2a+b)^2}{36(a+b)}h^3 \\
&= \frac{3(3a^2+4ab+b^2) - 2(4a^2+4ab+b^2)}{36(a+b)}h^3 = \frac{a^2+4ab+b^2}{36(a+b)}h^3
\end{aligned}$$

【別解】定義式にもとづいて積分する．

$$\begin{aligned}
A &= \int dA = \int_0^h \left\{ b\left(1-\frac{y}{h}\right) + a\frac{y}{h} \right\} dy \\
&= \left[b\left(y - \frac{y^2}{2h}\right) + a\frac{y^2}{2h} \right]_0^h = b\frac{h}{2} + a\frac{h}{2} = \frac{a+b}{2}h \\
S_x &= \int y dA = \int_0^h y \left\{ b\left(1-\frac{y}{h}\right) + a\frac{y}{h} \right\} dy \\
&= \left[b\left(\frac{y^2}{2} - \frac{y^3}{3h}\right) + a\frac{y^3}{3h} \right]_0^h = b\frac{h^2}{6} + a\frac{h^2}{3} = \frac{2a+b}{6}h^2 \\
I_x &= \int y^2 dA = \int_0^h y^2 \left\{ b\left(1-\frac{y}{h}\right) + a\frac{y}{h} \right\} dy \\
&= \left[b\left(\frac{y^3}{3} - \frac{y^4}{4h}\right) + a\frac{y^4}{4h} \right]_0^h = b\frac{h^3}{12} + a\frac{h^3}{4} = \frac{3a+b}{12}h^3
\end{aligned}$$

以上より，

$$y_{\mathrm{G}} = \frac{S_x}{A} = \frac{(2a+b)h^2/6}{(a+b)h/2} = \frac{2a+b}{3(a+b)}h$$

$$I_X = I_x + y_{\mathrm{G}}^2 A = \frac{3a+b}{12}h^3 - \left(\frac{2a+b}{3(a+b)}h\right)^2 \frac{a+b}{2}h = \frac{a^2+4ab+b^2}{36(a+b)}h^3$$

11.3 与えられたひし形断面を 2 つの三角形の組合せと考える．図心位置が X 軸と重なるのは明らか．二等辺三角形 1 つ分の諸量は以下となる．

$$A = \frac{1}{2}a^2, \quad I_{\mathrm{G}} = \frac{1}{36}\sqrt{2}a\left(\frac{\sqrt{2}}{2}a\right)^3 = \frac{1}{72}a^4$$

よって X 軸に関する断面積，断面一次モーメント，断面二次モーメントはそれぞれ次のようになる．

$$I_X = 2\left\{ \frac{1}{72}a^4 + \left(\frac{\sqrt{2}}{6}a\right)^2 \times \frac{1}{2}a^2 \right\} = \frac{1}{12}a^4$$

【別解】正方形を $\theta = \pi/4$ 回転させた図形と考えると以下のようになる．

$$I_X = \frac{a^4/12 + a^4/12}{2} + \frac{a^4/12 - a^4/12}{2}\cos\left(2\frac{\pi}{4}\right) = \frac{1}{12}a^4$$

ひし形の対角線が主軸となることは明らか.

11.4 幅 b 高さ h の長方形断面の断面二次モーメントは,

$$I_X = \frac{bh^3}{12} = \frac{r\cos\theta(r\sin\theta)^3}{12} = \frac{r^4\cos\theta\sin^3\theta}{12}$$

となるので, 最大値となる θ を得るには, 微分を行えばよい.

$$\begin{aligned}\frac{d}{d\theta}I_X &= \frac{r^4}{12}\left(\sin^4\theta + 3\cos^2\theta\sin^2\theta\right) = \frac{r^4}{12}\sin^2\theta\left(\sin^2\theta + 3\cos^2\theta\right)\\ &= \frac{r^4}{12}\sin^2\theta\left(1 - 4\cos^2\theta\right)\end{aligned}$$

よって, 断面二次モーメントが最大となるのは, $\cos\theta = 1/2\,(\theta = 60^\circ)$ の場合で, 幅と高さの比および最大値は,

$$\mathrm{AB}:\mathrm{BC} = 1:\sqrt{3}$$

$$I_{X\max} = \frac{2r(1/2)\left\{2r(\sqrt{3}/2)\right\}^3}{12} = \frac{3\sqrt{3}}{12}r^4 = \frac{\sqrt{3}}{4}r^4$$

である. 同様に, 断面係数は,

$$Z_X = \frac{bh^2}{6} = \frac{r\cos\theta(r\sin\theta)^2}{6} = \frac{r^3\cos\theta\sin^2\theta}{6}$$

となるので, 最大値となる θ を得るには, 微分を行えばよい.

$$\begin{aligned}\frac{d}{d\theta}Z_X &= \frac{r^3}{6}\left(\sin^3\theta + 2\cos^2\theta\sin\theta\right) = \frac{r^3}{6}\sin\theta\left(\sin^2\theta + 2\cos^2\theta\right)\\ &= \frac{r^3}{6}\sin\theta\left(1 - 3\cos^2\theta\right)\end{aligned}$$

よって, 断面係数が最大となるのは, $\cos\theta = 1/\sqrt{3}\,(\theta \fallingdotseq 54.7^\circ,\ \sin\theta = \sqrt{2}/\sqrt{3})$ の場合で, 幅と高さの比および最大値は,

$$\mathrm{AB}:\mathrm{BC} = 1:\sqrt{2}$$

$$Z_{X\max} = \frac{2r(1/\sqrt{3})\left\{2r(\sqrt{2}/\sqrt{3})\right\}^2}{6} = \frac{8}{9\sqrt{3}}r^3 = \frac{8\sqrt{3}}{27}r^3$$

である.

11.5 上下フランジとウェブの 3 つの長方形の組合せとして断面の諸量が求められる. フランジおよびウェブの面積および主軸に関する断面二次モーメントはそれぞれ以下のようになる.

$$A_{フランジ} = 12 \times 1.5 = 18\,\mathrm{cm}^2, \qquad I_{フランジ} = \frac{12 \times 1.5^3}{12} = 3.375\,\mathrm{cm}^4$$

$$A_{ウェブ} = 1 \times (24 - 2 \times 1.5) = 21\,\mathrm{cm}^2, \quad I_{ウェブ} = \frac{1 \times 21^3}{12} = 771.75\,\mathrm{cm}^4$$

X 軸について，上下フランジの寸法は同じなので，重心 G はウェブの中央と考えてよい．重心 G からフランジの重心までの距離は $(24-1.5)/2=11.25\,\mathrm{cm}$ である．

$$
\begin{aligned}
A &= 2\times A_{フランジ}+A_{ウェブ}=2\times 18+21=57\,\mathrm{cm}^2\\
I_X &= 2\times\left(I_{フランジ}+11.25^2\times A_{フランジ}\right)+I_{ウェブ}\\
&= 2\times\left(3.375+11.25^2\times 18\right)+771.75\\
&= 5334.75\,\mathrm{cm}^4\\
Z_X &= \frac{I_X}{24/2}=\frac{5334.75}{12}=444.5625\,\mathrm{cm}^3\\
i_X &= \sqrt{\frac{I_X}{A}}=\sqrt{\frac{5334.75}{57}}\fallingdotseq 9.6743\,\mathrm{cm}
\end{aligned}
$$

【別解】断面図形の対称性から，

$$
I_X=\frac{12\times 24^3}{12}-\frac{11\times 21^3}{12}=13824-8489.25=5334.75\,\mathrm{cm}^2
$$

と求めることもできる．

11.6 上の長方形と下の長方形について，それぞれの面積および主軸に関する断面二次モーメントは以下のようになる．

$$
A_{上}=120\times 15=1800\,\mathrm{cm}^2,\qquad I_{上}=\frac{120\times 15^3}{12}=33750\ \mathrm{cm}^4
$$

$$
A_{下}=30\times(60-15)=1350\,\mathrm{cm}^2,\qquad I_{下}=\frac{30\times 45^3}{12}=227812.5\ \mathrm{cm}^4
$$

断面最下位置から断面図形の重心までの距離は

$$
\begin{aligned}
y_{\mathrm{G}} &= \frac{(60-15/2)\times A_{上}+45/2\times A_{下}}{A_{上}+A_{下}}=\frac{52.5\times 1800+22.5\times 1350}{1800+1350}\\
&= \frac{94500+30375}{3150}=\frac{124875}{3150}\fallingdotseq 39.64\,\mathrm{cm}
\end{aligned}
$$

となる．よって，X 軸に関する断面二次モーメントは以下のようになる．

$$
\begin{aligned}
I_X &= I_{上}+52.5^2\times A_{上}+I_{下}+22.5^2\times A_{下}-y_{\mathrm{G}}^2\times(A_{上}+A_{下})\\
&= 33750+52.5^2\times 1800+227812.5+22.5^2\times 1350-\left(\frac{124875}{3150}\right)^2\times 3150\\
&= 4995000+911250-4950402\fallingdotseq 955848\,\mathrm{cm}^4
\end{aligned}
$$

断面の重心は高さ方向の中心位置ではないので，断面係数は上下で異なる．

$$
\begin{aligned}
Z_{上} &= \frac{I_X}{60-39.6}=\frac{955848}{20.4}\fallingdotseq 46856\,\mathrm{cm}^3,\\
Z_{下} &= \frac{I_X}{39.6}=\frac{955848}{39.6}\fallingdotseq 24138\,\mathrm{cm}^3
\end{aligned}
$$

【別解】複合図形の断面二次モーメントを求めるには，計算表を作成すると便利で

	b	h	y_G	A	$y_G \times A$	I_X	$y_G^2 \times A$
①	120	15	52.5	1800	94500	33750.0	4961250.0
②	30	45	22.5	1350	30375	227812.5	683437.5
Σ				3150	124875	261562.5	5644687.5

ある．

よって，

$$y_G = \frac{124875}{3150} \fallingdotseq 39.6\,\mathrm{cm},$$

$$I_X = 261562.5 + 5644687.5 - \left(\frac{124875}{3150}\right)^2 \times 3150 \fallingdotseq 955848.2\,\mathrm{cm}^4$$

11.7 長方形 2 cm× 8 cm が 2 つ合わさっているものと考えておこう．

	b	h	y_G	x_G	A	$y_G \times A$	I_X	$y_G^2 \times A$	$x_G \times A$	I_Y	$x_G^2 \times A$
①	2	8	6	1	16	96	85.33	576	16	5.33	16
②	8	2	1	4	16	16	5.33	16	64	85.33	256
Σ					32	112	90.67	592	80	90.67	272

よって，

$$y_G = \frac{112}{32} = 3.5\,\mathrm{cm}, \quad x_G = \frac{80}{32} = 2.5\,\mathrm{cm}$$

$$I_X = 90.67 + 592 - 3.5^2 \times 32 = 290.67\,\mathrm{cm}^4,$$

$$I_Y = 90.67 + 272 - 2.5^2 \times 32 = 162.67\,\mathrm{cm}^4$$

断面の主軸を求めるには，断面相乗モーメントが必要．

$$\begin{aligned}
I_{XY} &= \int xydA = \int_{-1.5}^{6.5}\int_{-2.5}^{-0.5} xydxdy + \int_{-3.5}^{-1.5}\int_{-2.5}^{5.5} xydydy \\
&= \int_{-1.5}^{6.5}\left\{\frac{(-0.5)^2}{2} - \frac{(-2.5)^2}{2}\right\} ydy + \int_{-3.5}^{-1.5}\left\{\frac{5.5^2}{2} - \frac{(-2.5)^2}{2}\right\} ydy \\
&= -3\left\{\frac{6.5^2}{2} - \frac{(-1.5)^2}{2}\right\} + 12\left\{\frac{(-1.5)^2}{2} - \frac{(-3.5)^2}{2}\right\} \\
&= -3 \times 20 - 12 \times 5 = -120\,\mathrm{cm}^4
\end{aligned}$$

以上より，断面の主軸の傾きは，

$$\tan 2\theta = \frac{2I_{XY}}{I_Y - I_X} = 2\frac{-120}{162.67 - 290.67} = 1.875, \quad \theta = 30.96^\circ$$

と算定される．主断面二次モーメントを求めると，以下のようになる．

$$I_1 = \frac{I_X + I_Y}{2} + \sqrt{\left(\frac{I_X - I_Y}{2}\right)^2 + I_{XY}^2}$$

$$= \frac{162.67 + 290.67}{2} + \sqrt{\left(\frac{162.67 - 290.67}{2}\right)^2 + (-120)^2}$$
$$= 226.67 + \sqrt{4096 + 14400} = 226.67 + 136$$
$$= 362.67\,\mathrm{cm}^4$$

$$I_2 = \frac{I_X + I_Y}{2} - \sqrt{\frac{I_X - I_Y}{2} + I_{XY}}$$
$$= 226.67 - 136 = 90.67\,\mathrm{cm}^4$$

第12章

12.1 最大曲げ応力度は，曲げモーメントの最大値によって決定される．長方形断面では，図心軸について上下対称なので，断面の上下端に発生する断面の最大引張応力度と最大圧縮応力度は，それぞれ同一で以下のようになる．

$$\sigma_{b\,\max} = \frac{M_x}{I_x} y_{\max} = \frac{M_x}{bh^3/12} \times \frac{h}{2} = \frac{6}{bh^2} M_x$$

図の単純梁での最大曲げモーメントは梁中央部で

$$M_{\max} = \frac{wl^2}{8}$$

であるので，寸法値を代入すると最大曲げ応力度が具体的に求められる．

$$\sigma_{b\,\max} = \frac{6}{bh^2} \times \frac{wl^2}{8} = \frac{6}{150 \times 300^2} \times \frac{8000 \times 5^2 \times 10^3}{8}$$
$$= 11.11\mathrm{N/mm}^2$$

最大せん断応力度は，せん断力が最大となる梁の両端においての断面中央部に発生し，長方形断面においては以下のようになる．

$$\tau_{\max} = k\frac{Q}{A} = k\frac{wl/2}{bh} = \frac{3}{2} \times \frac{8000 \times 5/2}{150 \times 300} = 0.67\,\mathrm{N/mm}^2$$

12.2 図に示されるような片持梁において，左端で発生する曲げモーメントおよびせん断力の最大値はそれぞれ以下のようになる．

$$M_{\max} = Pl = 50 \times 10^3 \times 0.8 = 40 \times 10^3\,\mathrm{N{\cdot}m},$$
$$Q_{\max} = P = 50 \times 10^3\,\mathrm{N}$$

与えられた断面における図心軸（上下中央）についての断面二次モーメントは以下のようになる（演習問題 11.5 参照）．

$$I_X = 5334.75\,\mathrm{cm}^4$$

上下対称なので，断面の上下端に発生する断面の最大引張応力度と最大圧縮応力度は，それぞれ同一で以下のようになる．

$$\sigma_{b\,\max} = \frac{M_x}{I_x} y_{\max} = \frac{40 \times 10^3 \times 10^3}{5334.75 \times 10^4} \times \frac{240}{2} = 89.976 \fallingdotseq 90.0\,\mathrm{N/mm^2}$$

最大せん断応力度は，断面の主軸において発生し，

$$\begin{aligned}\tau_{\max} &= \frac{QS}{bI} = \frac{Q}{bI}\left(120\int_{105}^{120} y\,dy + 10\int_{0}^{105} y\,dy\right)\\ &= \frac{Q}{bI}\left\{120\left(\frac{120^2 - 105^2}{2}\right) + 10 \times \frac{105^2}{2}\right\}\\ &= \frac{50 \times 10^3}{10 \times 5334.75 \times 10^4} \times 257625\\ &= 24.146 \fallingdotseq 24.1\mathrm{N/mm^2}\end{aligned}$$

と算定できる．このとき，断面形状が I 形なので，ウェブにおける最大せん断応力度の略算値を適用すると以下のようになる．

$$\tau_{\max} \fallingdotseq \frac{Q}{jt} = \frac{50 \times 10^3}{0.85 \times 240 \times 10} = 24.5\,\mathrm{N/mm^2}$$

12.3 図に従って三角形断面の頂点からの距離を x とおくと，せん断応力の分布式は以下のようになる．

$$\begin{aligned}\tau_x &= \frac{QS_x}{b_x I} = \frac{Q}{bx/h \times I} \times \int_x^{2h/3} b\frac{2h/3 - s}{h} s\,ds\\ &= \frac{Q}{bx/h \times bh^3/36}\left[\frac{b}{h}\left(\frac{1}{3}hs^2 - \frac{s^3}{3}\right)\right]_x^{\frac{2}{3}h}\\ &= \frac{36Q}{xbh^3} \times \frac{hx^2 - x^3}{3} = \frac{12Q}{bh^3} \times \left(hx - x^2\right)\end{aligned}$$

よって，最大せん断応力度は $x = h/2$ において発生する．

$$\tau_{\max} = \frac{12Q}{bh^3} \times \frac{h^2}{4} = \frac{3Q}{bh}\left(= \frac{3}{2}\frac{Q}{A}\right)$$

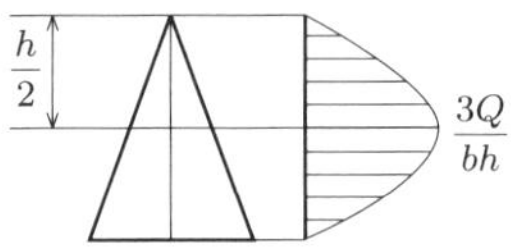

12.4 偏心軸力による垂直応力度分布は，円形断面の場合では

$$\sigma_y = \frac{N}{A}\left(1 + \frac{e}{i_x^2} y\right) = \frac{N}{\pi r^2}\left(1 + \frac{4e}{r^2} y\right)$$

であるから，A 点 ($y = 15\,\mathrm{cm}$) と B 点 ($y = -15\,\mathrm{cm}$) についての垂直応力度はそれぞれ以下のようになる．

$$\sigma_A = \frac{-100 \times 10^3}{150^2\pi}\left(1 - \frac{4 \times 50}{150^2}150\right) = \frac{1.48}{\pi} = 0.472\,\mathrm{N/mm^2},$$
$$\sigma_B = \frac{-100 \times 10^3}{150^2\pi}\left(1 + \frac{4 \times 50}{150^2}150\right) = -\frac{10.37}{\pi} = -3.303\,\mathrm{N/mm^2}$$

12.5 偏心軸力による垂直応力度分布は，以下のように表される．

$$\sigma_y = \frac{N}{A}\left(1 + \frac{e_y}{i_x^2}y + \frac{e_x}{i_y^2}x\right)$$

偏心位置が第一象限にある ($e_x > 0$, $e_y > 0$) 圧縮軸力 N が作用する場合に，断面の最外縁 ($x = -30/2\,\mathrm{cm}$, $y = -50/2\,\mathrm{cm}$) において垂直引張応力度が発生しない断面の核の範囲は，以下のように表される．

$$1 - \frac{50}{2}\frac{e_y}{i_x^2} - \frac{30}{2}\frac{e_x}{i_y^2} < 0$$

与えられた断面において，断面の諸量を求めておくと，

$$A = 30 \times 50 - 26 \times 42 = 1500 - 1092 = 408\,\mathrm{cm^2},$$
$$I_x = \frac{30 \times 50^3}{12} - \frac{26 \times 42^3}{12} = 312500 - 160524 = 151976\,\mathrm{cm^4},$$
$$I_y = \frac{50 \times 30^3}{12} - \frac{42 \times 26^3}{12} = 112500 - 61516 = 50984\,\mathrm{cm^4}$$

よって，断面の核の範囲は，

$$1 - \frac{50}{2}\frac{408}{151976}e_y - \frac{30}{2}\frac{408}{50984}e_x$$
$$= 1 - 0.067e_y - 0.120e_x$$
$$= 1 - \frac{e_y}{14.9} - \frac{e_x}{8.3} < 0$$

である．

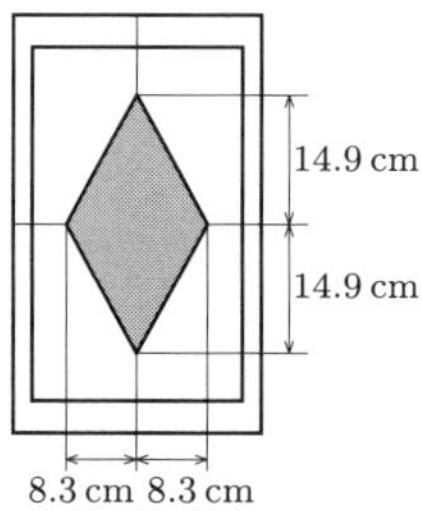

12.6 図 12.25 の単純梁において，自重による荷重も考慮すると，集中荷重 $P = 40\,\mathrm{kN}$ と等分布荷重 $w = 6000 \times 0.08 = 480\,\mathrm{N/m}$ が作用している．左端から 1 m の位置での曲げモーメントおよびせん断力は，以下のようになる．

$$M = \frac{40}{2} \times 1 + \frac{0.48}{2}\left(4 \times 1 - 1^2\right) = 20.72\,\mathrm{kN\cdot m},$$
$$Q = \frac{40}{2} + 0.48\left(\frac{4}{2} - 1\right) = 20.48\,\mathrm{kN}$$

図の断面における断面積および断面二次モーメントは，

$$A = 200 \times 400 = 80 \times 10^3\,\mathrm{mm^2}, \quad I = \frac{200 \times 400^3}{12} = 1066.67 \times 10^6\,\mathrm{mm^4}$$

である．よって，断面位置 A〜D における垂直応力度とせん断応力度はそれぞれ以

下のようになる．

$$\text{A 点}\quad \sigma_x = \frac{M}{I}y = \frac{20.72\times10^6}{1066.67\times10^6}\times(-200) = -3.885\,\mathrm{N/mm^2},\quad \tau = 0$$

$$\text{B 点}\quad \sigma_x = \frac{20.72\times10^6}{1066.67\times10^6}\times(-100) = -1.942\,\mathrm{N/mm^2},$$

$$\tau = \frac{QS_y}{b_yI} = \frac{20.48\times10^3}{200\times1066.67\times10^6}\times200\int_{100}^{200} s\,ds$$

$$= \frac{20.48\times10^3\times3.0\times10^6}{200\times1066.67\times10^6} = 0.288\,\mathrm{N/mm^2}$$

$$\text{C 点}\quad \sigma_x = 0\,\mathrm{N/mm^2},\quad \tau = \frac{3}{2}\times\frac{Q}{A} = \frac{3\times20.48\times10^3}{2\times80\times10^3} = 0.384\,\mathrm{N/mm^2}$$

$$\text{D 点}\quad \sigma_x = \frac{M}{I}y = \frac{20.72\times10^6}{1066.67\times10^6}\times200 = 3.885\,\mathrm{N/mm^2},\quad \tau = 0$$

主応力を表す式

$$\sigma_1, \sigma_2 = \frac{\sigma_x+\sigma_y}{2}\pm\sqrt{\left(\frac{\sigma_x+\sigma_y}{2}\right)^2+\tau_{xy}^2},\quad \tan2\theta = \frac{2\tau_{xy}}{\sigma_y-\sigma_x}$$

に，各位置での垂直応力度とせん断応力度を代入すると，主応力の大きさと方向が定められる．

$$\text{A 点}\quad \sigma_x = -3.885, \sigma_y = 0, \tau_{xy} = 0 \text{ より，}$$

$$\sigma_1 = 0, \sigma_2 = -3.885, \theta = 0^\circ(\tan2\theta = 0)$$

$$\text{B 点}\quad \sigma_x = -1.942, \sigma_y = 0, \tau_{xy} = 0.288 \text{ より，}$$

$$\sigma_1 = \frac{-1.942}{2}+\sqrt{\left(\frac{-1.942}{2}\right)^2+0.288^2}$$

$$= -0.971+\sqrt{1.025785} = 0.042$$

$$\sigma_2 = \frac{-1.942}{2}-\sqrt{\left(\frac{-1.942}{2}\right)^2+0.288^2}$$

$$= -0.971-\sqrt{1.025785} = 1.984$$

$$\theta = 8.26^\circ\quad\left(\tan2\theta = \frac{2\tau_{xy}}{\sigma_y-\sigma_x} = \frac{2\times0.288}{1.942} = 0.297\right)$$

$$\text{C 点}\quad \sigma_x = 0, \sigma_y = 0, \tau_{xy} = 0.384 \text{ より，}\quad \sigma_1 = 0.384, \sigma_2 = -0.384,$$

$$\theta = 45^\circ\quad(\tan2\theta = 1)$$

$$\text{D 点}\quad \sigma_x = 3.885, \sigma_y = 0, \tau_{xy} = 0 \text{ より，}\quad \sigma_1 = 3.885, \sigma_2 = 0,$$

$$\theta = 0^\circ\quad(\tan2\theta = 0)$$

第13章

13.1 (a) 分布荷重が対称に作用しているので，梁の微分方程式を利用するとよい．$0 < x < l/2$ において，

$$\frac{d^4y}{dx^4} = \frac{w_x}{EI} = \frac{1}{EI}\frac{2w_0}{l}x, \quad \frac{d^3y}{dx^3} = \frac{w_0}{EIl}x^2 + C_1,$$

$$\frac{d^2y}{dx^2} = \frac{w_0}{3EIl}x^3 + C_1x + C_2, \quad \frac{dy}{dx} = \frac{w_0}{12EIl}x^4 + \frac{C_1}{2}x^2 + C_2x + C_3,$$

$$y = \frac{w_0}{60EIl}x^5 + \frac{C_1}{6}x^3 + \frac{C_2}{2}x^2 + C_3x + C_4$$

梁の左端部 $(x = 0)$ はヒンジ支点なので，たわみと曲げモーメントが 0 である．よって，

$$x = 0 : \frac{d^2y}{dx^2} = C_2 = 0, \quad y = C_4 = 0$$

となる．また，梁中央部 $(x = l/2)$ において対称性を利用すると，たわみ角とせん断力がともに 0 であるので，

$$\frac{d^3y}{dx^3} = \frac{w_0}{EIl}\left(\frac{l}{2}\right)^2 + C_1 = 0 \quad よって \quad C_1 = -\frac{w_0l^2}{4EIl},$$

$$\frac{dy}{dx} = \frac{w_0}{12EIl}\left(\frac{l}{2}\right)^4 + \frac{C_1}{2}\left(\frac{l}{2}\right)^2 + C_3 = 0 \quad よって \quad C_3 = \frac{5w_0l^4}{192EIl}$$

以上より，たわみ曲線の式は以下のようになる．

$$y = \frac{w_0}{60EIl}x^5 - \frac{w_0l^2}{24EIl}x^3 - \frac{5w_0l^4}{192EIl}x = \frac{w_0l^4}{24EI}\left\{\frac{5}{8}\left(\frac{x}{l}\right) - \left(\frac{x}{l}\right)^3 + \frac{2}{5}\left(\frac{x}{l}\right)^5\right\}$$

たわみが最大となるのは，たわみ角

$$\frac{dy}{dx} = \frac{w_0}{12EIl}x^4 - \frac{w_0l^2}{8EIl}x^2 + \frac{5w_0l^4}{192EIl} = \frac{w_0l^3}{24EI}\left\{\frac{5}{8} - 3\left(\frac{x}{l}\right)^2 + 2\left(\frac{x}{l}\right)^4\right\}$$

が 0 となる位置で，梁中央部 $(x = l/2)$ になる．よって最大たわみは以下のようになる．

$$y = \frac{w_0l^4}{24EI}\left\{\frac{5}{8}\left(\frac{1}{2}\right) - \left(\frac{1}{2}\right)^3 + \frac{2}{5}\left(\frac{1}{2}\right)^5\right\} = \frac{w_0l^4}{24EI}\left\{\frac{5}{16} - \frac{1}{8} + \frac{1}{80}\right\} = \frac{w_0l^4}{120EI}$$

(b) 分布荷重なので，梁の微分方程式を利用するとよい．$0 < x < l$ において，

$$\frac{d^4y}{dx^4} = \frac{w_x}{EI} = \frac{1}{EI}\frac{w_0}{l}x, \quad \frac{d^3y}{dx^3} = \frac{w_0}{2EIl}x^2 + C_1,$$

$$\frac{d^2y}{dx^2} = \frac{w_0}{6EIl}x^3 + C_1x + C_2, \quad \frac{dy}{dx} = \frac{w_0}{24EIl}x^4 + \frac{C_1}{2}x^2 + C_2x + C_3,$$

$$y = \frac{w_0}{120EIl}x^5 + \frac{C_1}{6}x^3 + \frac{C_2}{2}x^2 + C_3x + C_4$$

梁の左端部 $(x=0)$ は固定支点なので，たわみとたわみ角が 0 である．よって，

$$x = 0 : \frac{d^3y}{dx^3} = C_3 = 0, \quad y = C_4 = 0$$

となる．また，梁右端部の自由端では，曲げモーメントとせん断力がともに 0 であるので，

$$\frac{d^3y}{dx^3} = \frac{w_0}{2EIl}l^2 + C_1 = 0 \quad \text{よって} \quad C_1 = -\frac{w_0 l}{2EI},$$

$$\frac{d^2y}{dx^2} = \frac{w_0}{6EIl}l^3 + C_1 l + C_2 = 0 \quad \text{よって} \quad C_2 = \frac{w_0 l^2}{3EI}$$

以上より，たわみ曲線の式は以下のようになる．

$$\begin{aligned} y &= \frac{w_0}{120EIl}x^5 - \frac{w_0 l}{12EI}x^3 + \frac{w_0 l^2}{6EI}x^2 \\ &= \frac{w_0 l^4}{120EI}\left\{20\left(\frac{x}{l}\right)^2 - 10\left(\frac{x}{l}\right)^3 + \left(\frac{x}{l}\right)^5\right\} \end{aligned}$$

最大たわみは，右端部で発生する．

$$y = \frac{w_0 l^4}{120EI}(20 - 10 + 1) = \frac{11w_0 l^4}{120EI}$$

13.2 (a) 与えられた構造物における曲げモーメント図は次のようになる．

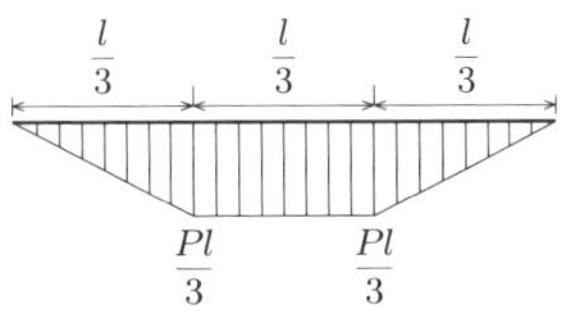

よって，たわみを求める仮想荷重図とそれに対応する共役な構造体は次のように描ける．

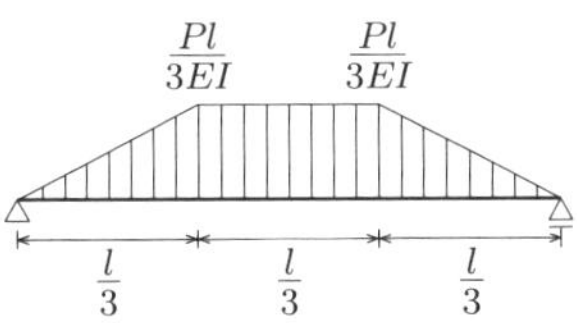

両端でのたわみ角は，共役な構造物でのせん断力を求めることと等価である．両端でのせん断力は，反力に等しいので，以下のように求められる．

$$\theta_A = \frac{1}{2} \times \frac{Pl}{3EI} \times \frac{l + l/3}{2} = \frac{Pl^2}{9EI} = -\theta_B$$

中央点でのたわみは，共役な構造物の曲げモーメントを求めればよい．

$$y_C = \theta_A \times \frac{l}{2} - \frac{1}{2} \times \frac{Pl}{3EI} \times \frac{l}{3} \times \left(\frac{l}{9} + \frac{l}{6}\right) - \frac{Pl}{3EI} \times \frac{l}{6} \times \frac{l}{12}$$
$$= \frac{Pl^3}{18EI} - \frac{5Pl^3}{324EI} - \frac{Pl^3}{216EI} = \frac{23Pl^3}{648EI}$$

(b) 与えられた構造物における曲げモーメント図は次のようになる.

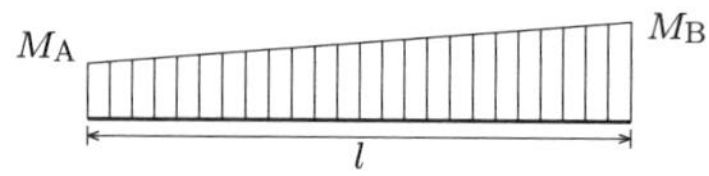

よって，たわみを求める仮想荷重図とそれに対応する共役な構造体は次のように描ける.

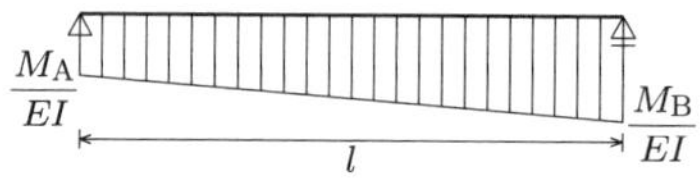

両端でのたわみ角は，共役な構造物でのせん断力を求めることと等価である.両端でのせん断力は，反力に等しいので，以下のように求められる.

$$\theta_A = -\frac{1}{2} \times \frac{M_A}{EI} \times \frac{2l}{3} - \frac{1}{2} \times \frac{M_B}{EI} \times \frac{l}{3} = -\frac{M_A l}{3EI} - \frac{M_B l}{6EI}$$
$$= -\frac{l}{6EI}(2M_A + M_B)$$
$$\theta_B = \frac{1}{2} \times \frac{M_A}{EI} \times \frac{l}{3} + \frac{1}{2} \times \frac{M_B}{EI} \times \frac{2l}{3} = \frac{M_A l}{6EI} + \frac{M_B l}{3EI} = \frac{l}{6EI}(M_A + 2M_B)$$

中央点でのたわみは，共役な構造物の曲げモーメントを求めればよい.

$$y_C = \theta_A \times \frac{l}{2} + \frac{1}{2} \times \frac{M_A}{EI} \times \frac{l}{2} \times \frac{l}{3} + \frac{1}{2} \times \frac{M_A + M_B}{2EI} \times \frac{l}{2} \times \frac{l}{6}$$
$$= -\frac{l^2}{12EI}(2M_A + M_B) + \frac{l^2}{12EI} M_A + \frac{l^2}{48EI}(M_A + M_B)$$
$$= -\frac{l^2}{16EI}(M_A + M_B)$$

13.3 (a) 与えられた構造物における曲げモーメント図は次のようになる.

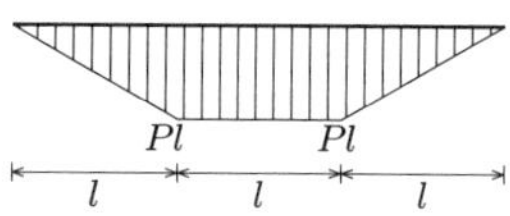

よって，たわみを求める仮想荷重図とそれに対応する共役な構造体は次のように描ける.

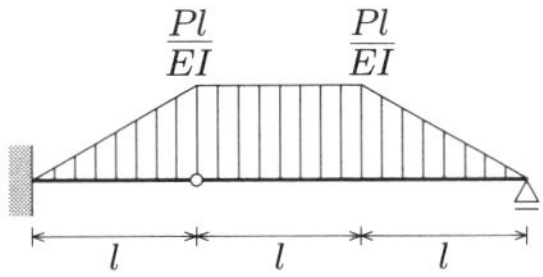

与えられた構造物でのたわみを求めることは，共役な構造物での曲げモーメントを求めることと等価である．右端での反力は，以下のように求められる．

$$\theta_{\mathrm{D}}=\frac{1}{2l}\left\{\frac{Pl^2}{EI}\times\frac{l}{2}+\frac{Pl^2}{2EI}\times\left(l+\frac{l}{3}\right)\right\}=\frac{1}{2l}\left(\frac{Pl^3}{2EI}+\frac{4Pl^3}{6EI}\right)=\frac{7Pl^2}{12EI}$$

よって，荷重点 A におけるたわみは，以下のようになる．

$$y_{\mathrm{A}}=\theta_{\mathrm{D}}\times 3l-\frac{3l}{2}\times\frac{1}{2}\times\frac{Pl}{EI}\times 4l=\frac{7Pl^3}{4EI}-\frac{3Pl^3}{EI}=-\frac{5Pl^3}{4EI}$$

同様に，荷重点 C におけるたわみは，以下のようになる．

$$\mathrm{y_C}=\theta_{\mathrm{D}}\times l-\frac{l}{3}\times\frac{1}{2}\times\frac{Pl}{EI}\times l=\frac{7Pl^3}{12EI}-\frac{Pl^3}{6EI}=\frac{5Pl^3}{12EI}$$

（b）与えられた構造物における曲げモーメント図は次のようになる．

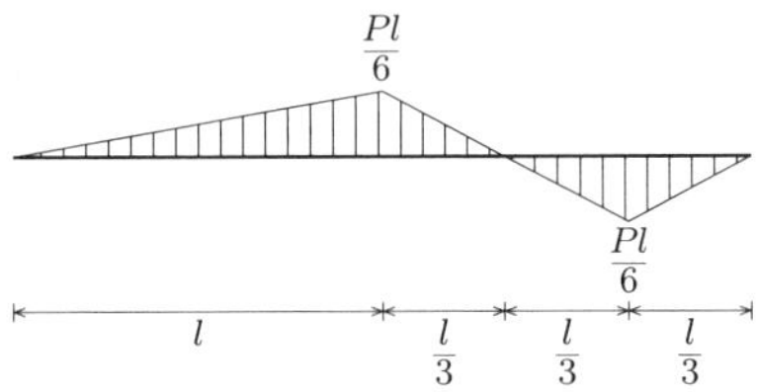

よって，たわみを求める仮想荷重図とそれに対応する共役な構造体は次のように描ける．

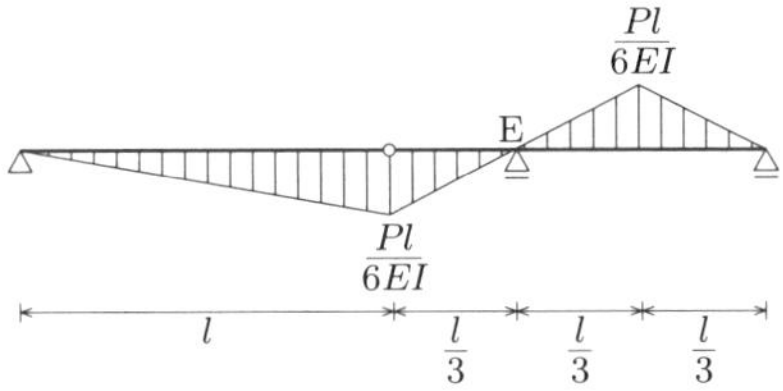

与えられた構造物でのたわみを求めることは，共役な構造物での曲げモーメントを求めることと等価である．左端での反力は，以下のように求められる．

$$\theta_{\mathrm{A}}=-\frac{1}{l}\times\frac{1}{2}\times\frac{Pl^2}{6EI}\times\frac{l}{3}=-\frac{Pl^2}{36EI}$$

右端での反力は，E 点におけるモーメントのつり合いから，以下のようになる．

$$\theta_{\mathrm{D}}=\frac{1}{2l/3}\times\left(\theta_A\times\frac{4l}{3}+\frac{Pl^2}{12EI}\times\frac{2l}{3}+2\times\frac{Pl^2}{36EI}\times\frac{2l}{9}+\frac{Pl^2}{36EI}\times\frac{4l}{9}\right)$$

$$= \frac{3}{2l} \times \left(-\frac{Pl^3}{27EI} + \frac{Pl^3}{18EI} + \frac{Pl^2}{81EI} + \frac{Pl^3}{81EI} \right) = \frac{7Pl^2}{108EI}$$

以上より，荷重点 C におけるたわみは，以下のよう計算できる．

$$y_C = \theta_D \times \frac{l}{3} - \frac{Pl^2}{36EI} \times \frac{l}{9} = \frac{7Pl^3}{324EI} - \frac{Pl^3}{324EI} = \frac{Pl^3}{54EI}$$

13.4　(a) 与えられた構造物における曲げモーメント図は次のようになる．

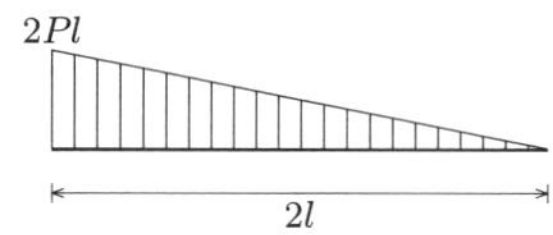

よって，たわみを求める仮想荷重図とそれに対応する共役な構造体は次のように描ける．

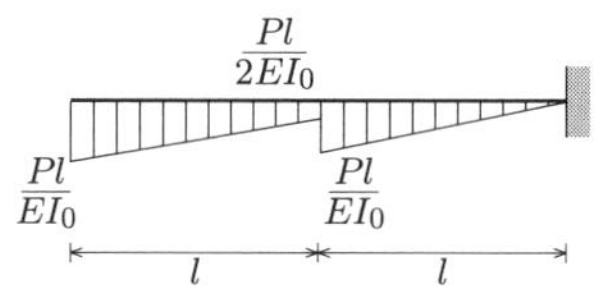

荷重点 C でのたわみを求めるには，共役な構造物について右端でのモーメントを求めればよい．

$$\begin{aligned} y_C &= \frac{1}{2} \times \frac{Pl}{EI_0} \times 2l \times \frac{2}{3} \times 2l + \frac{1}{2} \times \frac{Pl}{2EI_0} \times l \times \frac{2}{3} \times l \\ &= \frac{4Pl^3}{3EI_0} + \frac{Pl^3}{6EI_0} = \frac{3Pl^3}{2EI_0} \end{aligned}$$

(b) 与えられた構造物における曲げモーメント図は次のようになる．

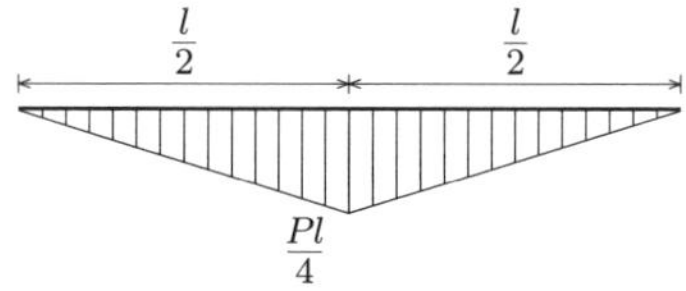

よって，たわみを求める仮想荷重図とそれに対応する共役な構造体は次のように描ける．

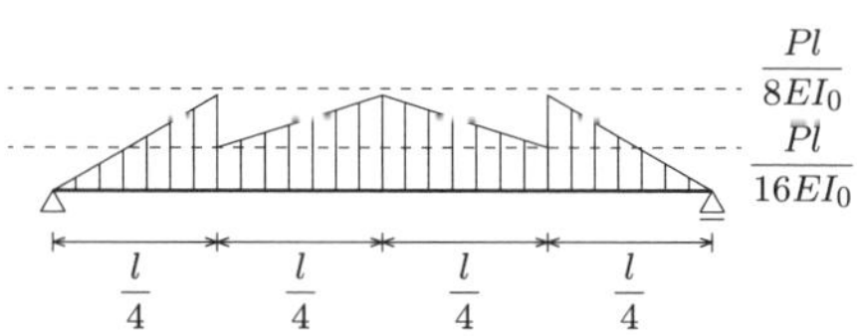

この共役な構造物での反力を求めておくと，それぞれ以下のように求められる．

$$\theta_A = \frac{1}{2} \times \frac{Pl}{8EI_0} \times \frac{l}{2} + \frac{1}{2} \times \frac{Pl}{16EI_0} \times \frac{l}{4} = \frac{Pl^2}{32EI_0} + \frac{Pl^2}{128EI_0} = \frac{5Pl^2}{128EI_0} = \theta_B$$

荷重点 C でのたわみを求めるには，共役な構造物についての曲げモーメントを求めればよい．

$$\begin{aligned} y_C &= \theta_A \times \frac{l}{2} - \frac{Pl^2}{32EI_0} \times \frac{l}{6} - \frac{Pl^2}{128EI_0} \times \left(\frac{l}{4} + \frac{l}{12}\right) \\ &= \frac{5Pl^3}{256EI_0} - \frac{Pl^3}{192EI_0} - \frac{Pl^3}{384EI_0} = \frac{3Pl^3}{256EI_0} \end{aligned}$$

付表　断面の係数表

	断面の形	断面積 A [cm^2]	図心の位置 c [cm]
1	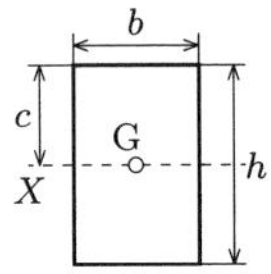	bh	$\dfrac{h}{2}$
2	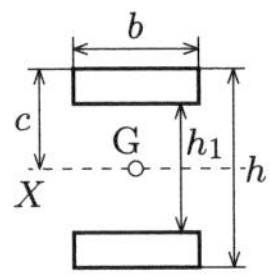	$b(h-h_1)$	$\dfrac{h}{2}$
3	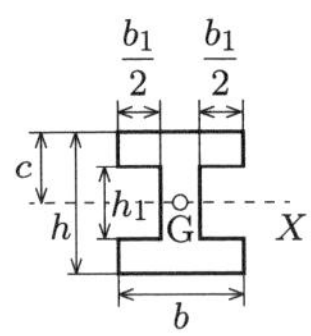	$bh-b_1h_1$	$\dfrac{h}{2}$
4	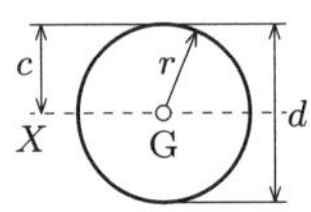	$\pi r^2=3.14r^2,\quad \dfrac{\pi d^2}{4}=0.785d^2$	$r=\dfrac{d}{2}$
5	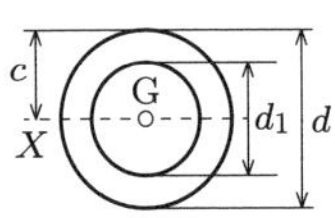	$\dfrac{\pi(d^2-d_1^2)}{4}=0.785\,(d^2-d_1^2)$	$r=\dfrac{d}{2}$
6	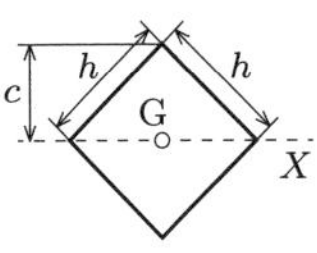	h^2	$\dfrac{h}{\sqrt{2}}=0.707\,h$
7	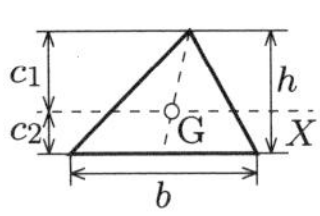	$\dfrac{bh}{2}$	$c_1=\dfrac{2h}{3}$ $c_2=\dfrac{h}{3}$
8	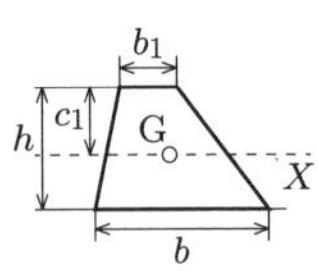	$\dfrac{(b+b_1)h}{2}$	$c_1=\dfrac{(2b+b_1)h}{3(b+b_1)}$

	断面二次モーメント I [cm^4]	断面係数 Z [cm^3]	断面二次半径 i [cm]
1	$\dfrac{bh^3}{12}$	$\dfrac{bh^2}{6}$	$\dfrac{h}{\sqrt{12}} = 0.289h$
2	$\dfrac{b(h^3 - h_1^3)}{12}$	$\dfrac{b(h^3 - h_1^3)}{6h}$	$\sqrt{\dfrac{h^3 - h_1^3}{12(h - h_1)}}$
3	$\dfrac{bh^3 - b_1 h_1^3}{12}$	$\dfrac{bh^3 - b_1 h_1^3}{6h}$	$\sqrt{\dfrac{bh^3 - b_1 h_1^3}{12A}}$
4	$\dfrac{\pi r^4}{4} = 0.785r^4,\ \dfrac{\pi d^4}{64} = 0.0491d^4$	$\dfrac{\pi r^3}{4} = 0.785r^3,\ \dfrac{\pi d^3}{32} = 0.0982d^3$	$\dfrac{r}{2} = \dfrac{d}{4}$
5	$\dfrac{\pi(d^4 - d_1^4)}{64} = 0.0491\,(d^4 - d_1^4)$	$\dfrac{\pi(d^4 - d_1^4)}{32d} = 0.0982\dfrac{d^4 - d_1^4}{d}$	$\dfrac{\sqrt{d^2 + d_1^2}}{4}$
6	$\dfrac{h^4}{12}$	$\dfrac{h^3}{6\sqrt{2}} = 0.118h^3$	$\dfrac{h}{\sqrt{12}} = 0.289h$
7	$\dfrac{bh^3}{36}$	$Z_1 = \dfrac{bh^2}{24},\quad Z_2 = \dfrac{bh^2}{12}$	$\dfrac{h}{\sqrt{18}} = 0.236h$
8	$\dfrac{(b^2 + 4bb_1 + b_1^2)h^3}{36(b + b_1)}$	$Z_1 = \dfrac{(b^2 + 4bb_1 + b_1^2)h^2}{12(2b + b_1)}$	$\dfrac{h\sqrt{2(b^2 + 4bb_1 + b_1^2)}}{6(b + b_1)}$

参考文献

[1] 谷口忠：「建造力学」，裳華房, 1944

[2] 二見秀雄：「構造力学」，市ヶ谷出版社, 1963

[3] 日置興一郎：「構造力学 I」，朝倉書店, 1970

[4] 高橋武雄：「構造力学入門 1, 2, 3」，培風館 , 1975

[5] 小西一郎, 横尾義貫, 成岡昌夫：「構造力学 I, II」，丸善, 1951-63

[6] 谷資信 ほか：「構造力学 I」，鹿島研究所出版会, 1969

[7] 武藤清, 辻井静二, 梅村魁：「新制建築構造力学」，オーム社, 1956

[8] 斎藤謙次：「建築構造力学」，理工図書, 1964

[9] 原道也：「構造力学 I」，学献社, 1964

[10] 田口武一：「初級建築構造力学」，昭晃堂, 1956

[11] 松井源吾：「建築構造力学入門」，彰国社, 1973

[12] 岡島孝雄：「構造力学解法の基礎」，理工学社, 1968

[13] 井上治, 後藤健夫, 井沢明義：「例題解説構造力学」，理工図書, 1976

[14] 小幡守：「最新建築構造力学 I，II」，森北出版, 1976-78

英文索引

和文索引

な　行

は　行

ま　行

や　行

ら　行

著 者 略 歴

山田　孝一郎（やまだ・こういちろう）

1950 年　東京工業大学建築学科卒業
1954 年　福井大学講師
1958 年　福井大学助教授
1964 年　福井大学教授
1993 年　福井大学名誉教授，現在に至る（工学博士）

松本　芳紀（まつもと・よしのり，故人）

1963 年　東京工業大学理工学部建築学科卒業
1971 年　福井大学講師
1972 年　福井大学助教授
2005 年　福井大学教授
2006 年　退官（工学博士）

持田　泰秀（もちだ・やすひで）

1983 年　福井大学工学部建築学科卒業
1985 年　東京工業大学大学院理工学研究科修士課程修了
2004 年　福井大学大学院工学研究科博士課程単位取得退学
1985 年～2010 年（株）清水建設を経て
2010 年　石川工業高等専門学校教授
2012 年　立命館大学教授, 現在に至る（博士（工学），
構造設計一級建築士，技術士（建設部門））

船戸　慶輔（ふなと・けいすけ）

1990 年　福井大学工学部建設工学科卒業
1992 年　神戸大学大学院工学研究科博士前期課程修了
1995 年　石川工業高等専門学校助手
1999 年　福井大学大学院工学研究科博士課程修了
2007 年　長野工業高等専門学校准教授
2008 年　石川工業高等専門学校准教授
2020 年　石川工業高等専門学校教授，
現在に至る（博士（工学））

編集担当　丸山隆一（森北出版）
編集責任　石田昇司（森北出版）
組　　版　藤原印刷
印　　刷　　同
製　　本　　同

建築構造力学 I（第 3 版）

1977 年 2 月 15 日　第 1 版第 1 刷発行
1999 年 9 月 25 日　第 1 版第 23 刷発行
2001 年 5 月 10 日　第 2 版第 1 刷発行
2014 年 2 月 10 日　第 2 版第 13 刷発行
2015 年 11 月 20 日　第 3 版第 1 刷発行
2024 年 8 月 9 日　第 3 版第 7 刷発行

著　　者　山田孝一郎・松本芳紀・持田泰秀・船戸慶輔
発 行 者　森北博巳
発 行 所　**森北出版株式会社**
東京都千代田区富士見 1-4-11（〒 102-0071）
電話 03-3265-8341 ／ FAX 03-3264-8709
https://www.morikita.co.jp/
日本書籍出版協会・自然科学書協会　会員

Printed in Japan ／ ISBN978-4-627-50043-3